Philipp Hoelscher
Thomas Ebermann
Andreas Schlüter (Hrsg.)

Venture Philanthropy in Theorie und Praxis

Maecenata Schriften Bd. 7

Philipp Hoelscher, Thomas Ebermann,
Andreas Schlüter (Hrsg.)

Venture Philanthropy in Theorie und Praxis

Lucius & Lucius · Stuttgart · 2010

Bibliografische Information der Deutschen Nationalbibliothek
Die Deutsche Nationalbibliothek verzeichnet diese Publikation in der Deutschen Nationalbibliografie; detaillierte bibliografische Daten sind im Internet über http://dnb.d-nb.de abrufbar

ISBN 978-3-8282-0506-2

Gerokstraße 51 · D-70184 Stuttgart
www.luciusverlag.com

Satz: Claudia Rupp, Stuttgart
Umschlaggestaltung: I. Devaux, Stuttgart
Druck und Bindung: Rosch-Buch, Scheßlitz

Inhaltsverzeichnis

Vorwort der Herausgeber

Das Vermögen deutscher Stiftungen beträgt derzeit schätzungsweise 100 Milliarden Euro. Einen unbefangenen Betrachter vermag diese Summe zu beeindrucken. Sie relativiert sich aber deutlich, wenn man an die vielen gesellschaftlichen Fragestellungen und Probleme denkt, an deren Lösung Stiftungen gemeinsam mit anderen Nonprofit-Organisationen arbeiten: Wissenschaft in Forschung und Lehre, Bildung, Kultur, Soziales, Naturschutz, Völkerverständigung, Entwicklungshilfe und vieles mehr.

Die große Mehrheit der Stiftungen in Deutschland verfügt über ein knappes Budget, das strategisch klug, zielgerichtet und effizient eingesetzt werden sollte. Das Interesse an Möglichkeiten einer besonders ergebniswirksamen Arbeit wächst im Dritten Sektor – gerade auch in der gegenwärtigen Zeit der weltweiten Wirtschafts- und Finanzkrise, die auch die Handlungsspielräume von Stiftungen, Stiftern und Spendern einengt. Aktuelle Fachkonferenzen und Zeitschriftenbeiträge sind daher verstärkt der Frage gewidmet, wie Stiftungen mit der Krise umgehen, wie sie in ihr vielleicht auch eine Chance sehen können: etwa durch vermehrte Kooperationen, durch eine stärkere Profilierung und Konzentration auf Kernthemen und generell durch eine weitere Steigerung der Effizienz und Effektivität ihrer wichtigen Arbeit.

Hier bietet die aktuelle, unter dem Begriff *Venture Philanthropy* geführte Diskussion um den Transfer ökonomischer Handlungsmaximen in den Dritten Sektor spannende Anregungen. Während sich *Venture Philanthropy* in den USA bereits etabliert und weiterentwickelt hat, wird das Konzept in Deutschland und Europa noch vergleichsweise selten umgesetzt. Doch auch hier wächst die Aufmerksamkeit für diese Variante der Philanthropie, die ihre Aktivitäten als Investition in gemeinwohlorientierte Organisationen begreift und dazu auf Methoden aus *Venture Capital* und Betriebswirtschaft zurückgreift. Inzwischen bildet sich eine spezifisch europäische Variante von *Venture Philanthropy* heraus, eingebettet in verwandte Konzepte wie „Soziale Investitionen“, „Strategische Philanthropie“ oder „Soziales Unternehmertum“.

Allerdings beschränkten sich die deutschsprachigen Publikationen zu diesem Thema bisher auf wenige, meist deskriptive Beiträge. Umfassendere, analytische Veröffentlichungen vor allem aus gesellschaftswissenschaftlicher Perspektive werden bis dato vermisst. Der vorliegende Band schließt diese Lücke. Er umfasst eine geistes- und sozialwissenschaftliche Analyse von *Venture Philanthropy* und ihrer Entwicklung in Deutschland und Europa. Zentrale Aspekte sind dabei ihre theoretischen Grundlagen, ihr Verhältnis zur „herkömmlichen“ Philanthropie sowie ihre Auswirkungen auf das Innenleben der Zivilgesellschaft. Auch kritische Perspektiven, in der deutschen Diskussion bisher wenig beachtet, kommen nicht zu kurz. Andererseits wird der handlungsorientierte Blick in die Praxis ausführlich berücksichtigt. Im Mittelpunkt stehen dabei insbesondere die verschiedenen involvierten Akteure. Es wird erläutert, wie diese vorgehen, welche Handlungsansätze sich als erfolgreich erwiesen haben und auf welche Weise dieser Erfolg untersucht und gemessen werden kann. Ein eigener Beitrag geht zudem detailliert auf die rechtlichen Grundlagen der *Venture Philanthropy* ein. Abgerundet wird der Sammelband schließlich durch einen Blick ins deutschsprachige Ausland sowie auf die Möglichkeiten einer globalen Ausweitung des Konzepts.

„Venture Philanthropy in Theorie und Praxis" richtet sich somit gleichermaßen an Sozialwissenschaftler, zivilgesellschaftliche Akteure wie Stiftungen und andere Nonprofit-Organisationen, Sozialunternehmer, Beratungsorganisationen und Interessierte aus der Privatwirtschaft. Es kommt damit nicht nur dem wachsenden wissenschaftlichen und praktischen Informationsbedarf entgegen, sondern leistet auch einen Beitrag zur Formulierung und Präzisierung des Konzepts *Venture Philanthropy* in Deutschland und Europa.

Den Autorinnen und Autoren danken wir herzlich für ihre Bereitschaft, mit ihren Ideen und ihrer Erfahrung zum Gelingen beizutragen. Besonders danken möchten wir Graf Strachwitz und dem Maecenata Institut für Philanthropie und Zivilgesellschaft an der Humboldt-Universität zu Berlin für die Möglichkeit der Realisierung dieses Projektes.

Essen/Berlin, März 2010

Philipp Hoelscher
Thomas Ebermann
Prof. Dr. Andreas Schlüter

Vorwort von Rob John

Venture Philanthropy besitzt die Fähigkeit, gleichermaßen zu faszinieren und zu erzürnen, besonders in Mitteleuropa, wo der Argwohn gegenüber vielen „angelsächsischen“ Ideen am größten ist. Dieses Buch erscheint zum richtigen Zeitpunkt für die Venture Philanthropie in Europa und untersucht ihren Einfluss und ihre Entwicklung in den letzten fünf Jahren in Deutschland. Ob der Leser nun fasziniert oder erzürnt ist, Venture Philanthropie fördert in jedem Fall eine sinnvolle Debatte über die Verwendung von Wirtschaftsmethoden im Bereich des Dritten Sektors, über die Finanzierungsbedürfnisse von unternehmerischen Nonprofit-Organisationen und über das Aufkommen sozialer Unternehmen in Europa.

Vor zehn Jahren war *Venture Philanthropy* ein selten benutzter Begriff innerhalb des europäischen Philanthropie-Wörterbuchs. Obwohl einzelne Philanthropen und fördernde Stiftungen bereits seit Jahrzehnten die Methoden und Ansätze der *Venture Philanthropy* verwendeten, gab es praktisch keine Organisationen, die sich mit Hilfe dieses Begriffes beschrieben. Seit dem Jahr 2000 wurden die ersten Experimente mit *Venture Philanthropy* in Europa durchgeführt, zunächst im Vereinigten Königreich und in Irland, aber innerhalb kurzer Zeit auch auf dem europäischen Festland. Viele dieser bahnbrechenden Bestrebungen gingen von einzelnen Philanthropen mit einem unternehmerischen Hintergrund aus, oft aus den Bereichen *Private Equity* oder alternativen Investments. Warum fanden diese Leute neue Modelle für philanthropisches Spenden so verlockend? Berufstätige, die in großem Maße Karriere machten, indem sie durch die Unterstützung kluger Unternehmer und Management-Teams den wirtschaftlichen Wert eines Unternehmens vergrößerten, sahen in Nonprofit-Organisationen Unternehmen, in die sie investieren konnten, nicht um finanzielle Erträge einzufahren, sondern um soziale Werte zu erzeugen. Diejenigen, die auf diesem ungewohnten Gebiet des Dritten Sektors erfolgreich unterwegs waren, erkannten, dass soziale Unternehmer den gleichen Antrieb, die gleiche Innovation und die gleiche ruhelose Energie aufwiesen wie ihre Gegenüber aus der Wirtschaft.

Obwohl die meisten dahingehend argumentieren, dass die moderne *Venture Philanthropy* ihren Ursprung in den „dot-com“-Philanthropen des Silicon Valley der 1990er Jahre hat, hat die europäische Bewegung eine andere Entwicklung durchgemacht als die amerikanische. Mit Hilfe der Anreize, die die European Venture Philanthropy Association (EVPA) bietet, ist die Venture Philanthropie in Europa gut vernetzt, verfügt über enge Verbindungen zu der *Private Equity*-Gemeinschaft und ist recht „draufgängerisch“ in Bezug auf die Bandbreite finanzieller Instrumente, die sie verwendet. Außerdem hat die EVPA *Venture Philanthropy* so positioniert, dass sie sich als Ergänzung zu traditioneller Förderung sieht und nicht als Konkurrenz.

Der bahnbrechende Venture Kapitalist Sir Ronald Cohen vergleicht das Verhältnis zwischen Wirtschaftsunternehmern und Venture Kapital mit den zwei Strängen der DNA – beide unterstützen gleichermaßen das Wachstum und die Entwicklung des anderen. Diese Analogie trifft meiner Meinung nach auch auf soziale Unternehmer und Venture Philanthropen zu. Aufgrund des Aufkommens der Mischformen der sozialen Unternehmen muss der soziale Kapitalmarkt neue Produkte und Dienstleistungen entwickeln, um den aggressiven Wachstumsambitionen der heutigen sozialen Unternehmer zu entsprechen. Durch die Kombination von Investitionen in der Wachstumsphase und Geschäftstüchtigkeit trägt *Venture Philanthropy* zur Schaffung eines Marktes bei, der für wachsende soziale Unternehmen empfänglicher ist. *Venture Philanthropy* ist engagiert, praxisorientiert und stellt eine wirklich aktive Partnerschaft zwischen Unternehmer und Kapitalanleger dar. Im Gegensatz zur traditionellen passiven Förderung – einer bloßen Transaktion – ist der Venture-Ansatz auf eine Beziehung ausgerichtet und verlangt ein viel höheres Maß an gegenseitiger Verantwortlichkeit. Diese neuen Kapitalanleger müssen mit Hilfe von qualitativ hochwertiger strategischer und operativer Beratung Wachstumskapital und Mehrwert liefern. Bisher war die Venture Philanthropie-Bewegung nicht sehr gut darin, den Einfluss dieses aktiven Ansatzes im Vergleich zu weniger aktiven Fördermodellen zu messen. Es muss noch viel getan werden, um Venture Philanthropie so weit zu etablieren, dass sie zu einem ständigen Bestandteil der Förderlandschaft wird und nicht nur eine vorübergehende Mode bleibt.

Jede Bewegung, die so eng mit der Wirtschaft verbunden ist, zieht Kritik auf sich. Die „Anti-Philanthrokapitalisten" haben gute Argumente für eine Trennung zwischen der Zivilgesellschaft und dem privaten Sektor, aber meine eigene Forschung am Skoll Centre zeigt durchweg, wie sehr soziale Unternehmer den Mehrwert zu schätzen wissen, den ihre *Venture Philanthropy*-Kapitalanleger liefern. Für einen Unternehmer war die ganze Investitionsphase sehr erfrischend: „Sie haben uns stimuliert, haben uns hochwertige Beratung zukommen lassen, uns gute Netzwerke zur Verfügung gestellt, uns mit exzellenten Leuten versorgt und mir alles gegeben, was ich im Hinblick auf Beratung, Struktur und Unterstützung brauchte. Ich mag den Schwung und die Dringlichkeit, die sie mit sich bringen – sie helfen mir als CEO, externen Druck auf die Organisation auszuüben." *Venture Philanthropy* ist jedoch nicht für alle sozialen Unternehmer attraktiv oder angemessen und genauso wenig sind alle an so einem hohen Maß an Beteiligung seitens der Förderer interessiert.

Venture Philanthropy schlägt in Deutschland und in anderen Teilen Europas Wurzeln, aber ihr Expansionspotential ist global. Überall, wo soziale Unternehmer an scheinbar unlösbaren sozialen Problemen arbeiten, werden Venture Philanthropen gebraucht, um zu helfen, den Ideen den richtigen Maßstab zu verleihen. In Afrika sind bereits die ersten Samen der Venture Philanthropie zu sehen und in Asien wird gerade das erste Netzwerk für *Venture Philanthropy*-Fonds aufgebaut, mit engen Verbindungen zur asiatischen *Private Equity*-Gemeinschaft, ähnlich der Entwicklung in Europa.

Möglicherweise wird das Erbe der *Venture Philanthropy* nicht an der Zahl und der Größe der *Venture Philanthropy*-Fonds gemessen werden, denn sie wird immer eine Nische in der größeren Philanthropie-Landschaft bleiben. Die Macht der *Venture Philanthropy* liegt in ihrer Fähigkeit, Einfluss auszuüben. In seinem meisterhaften Buch über Stiftungen in den USA argumentiert Joel Fleishman (2007), dass die heutigen Venture Philanthropen „sich lediglich benehmen wie große Gestalten wie Andrew Carnegie dies taten und wie er es anderen reichen Stiftern in seinem Buch Gospel of Wealth (Frohe Botschaft des Reichtums) empfahl“. Vielleicht ist *Venture Philanthropy* also nichts Neues, sondern eine Wiederentdeckung der unternehmerischen Philanthropie, die zur Gründung der großen amerikanischen Stiftungen führte. Fleishman behauptet, dass „Venture Philanthropy und soziale Unternehmerschaft nicht nur in wachsendem Maße darauf Einfluss haben wird, wie Philanthropie in den USA und anderen reichen Ländern organisiert wird, sondern auch darauf, wie Stiftungen ihre Fördergelder vergeben.“ Dies ist eine gewagte Behauptung aus dem Mund des Altmeisters der amerikanischen Stiftungswelt. Er behauptet sogar noch weiter, dass seit vielen Jahren bestehende Stiftungen Merkmale der *Venture Philanthropy* entwickeln werden, um den Organisationen, die sie unterstützen, mit Hilfe von Methoden, die „an Einfluss beträchtlich mehr erreichen als auf althergebrachte Weise ausgegebenes Geld“, besser zu dienen.

Mein Lob gilt dem Stifterverband für die Deutsche Wissenschaft und dem Maecenata Institut für Philanthropie und Zivilgesellschaft an der Humboldt Universität zu Berlin für diese zur rechten Zeit erscheinende Publikation.

Dr. Rob John
Bristol, Großbritannien

Advisor, European Venture Philanthropy Association
Visiting Fellow, Skoll Centre for Social Entrepreneurship
Saïd Business School, University of Oxford

Teil 1 – Einführung

Venture Philanthropy in Deutschland und Europa – Eine Einführung

von Philipp Hoelscher

Inhalt

Ein neues Konzept weckt seit einigen Jahren das Interesse von Stiftungsmanagern, Sozialunternehmern und gemeinnützigen Organisationen in Deutschland wie in Europa: *Venture Philanthropy*. Erstmals in den Vereinigten Staaten der späten 1990er Jahre zu großer Bekanntheit gelangt und dort zunächst als Revolution in der Welt der Philanthropie, des Stiftens und Spendens gefeiert, hat diese begriffliche Verschmelzung aus *Venture Capital* und ‚Philanthropy' den Sprung über den Atlantik geschafft und etabliert sich schrittweise auch in Europa. Dabei fügt sie sich ein in den Kontext neuerer Entwicklungen und Debatten um soziale Investitionen, effektives Spenden und strategische Philanthropie. In den USA hat das Auftreten von *Venture Philanthropy* (VP) für Veränderungen in der Denkweise vieler philanthropischer Akteure gesorgt und intensive Diskussionen losgetreten – eine Entwicklung, die in Europa gerade erst einsetzt.

Als Einführung in diese junge Form der Philanthropie[1] werden im Folgenden grundlegende Elemente des Konzeptes der VP vorgestellt. Zu diesem Zweck erfolgt zunächst eine Darstellung ihrer (US-amerikanischen) Entstehungsgeschichte. Anschließend werden ihr Leistungsvermögen sowie einige kritische Argumente aus der angelsächsischen Debatte diskutiert, die hierzulande bisher kaum erörtert wurden. Schließlich beschäftigt sich ein weiterer Abschnitt mit der Rezeption des Konzeptes in Europa. Die Analyse der bisherigen Wirkungs- und Rezeptionsgeschichte mündet schließlich in das Fazit: VP hat das Potenzial, dank ihrer besonderen Eigenschaften eine bedeutende Rolle für die Weiterentwicklung der Philanthropie und des gemeinnützigen

1 Ob es sich bei *Venture Philanthropy* tatsächlich um eine neuartige Entwicklung handelt, gilt keineswegs als ausgemacht. So wird häufig argumentiert, es gebe bereits seit Jahrzehnten Stiftungen und andere Organisationen, die Elemente der VP in ihren Aktivitäten berücksichtigen (vgl. John 2006: 8; siehe auch den Beitrag von Strachwitz in diesem Band). Kramer (2002) stellt dazu fest, bei der VP handele es sich möglicherweise eher um eine „Evolution" denn eine „Revolution".

Sektors zu spielen – sollte aus Gründen der Funktionslogik und daraus resultierender „Blindstellen" aber nur eines von mehreren Elementen des philanthropischen Spektrums und der fördernden Infrastruktur sein.

Was ist Venture Philanthropy?

Eine exakte Definition von VP ist umstritten und kaum in einen Satz zu fassen. Im Kern geht es darum, Prinzipien des *Venture Capital* aus der gewinnorientierten Wirtschaft auf den gemeinnützigen Sektor zu übertragen. *Venture Capital*, auch mit Risikokapital übersetzt, wird in junge, aufstrebende Unternehmen investiert, um diese für einige Jahre in einer strategischen Partnerschaft zu unterstützen. Anschließend zieht sich der Investor wieder zurück und erzielt im Idealfall dabei eine ansehnliche Rendite, während das mittlerweile konsolidierte Unternehmen für die Zukunft gerüstet ist. Venture-Philanthropen übernehmen nun einige der Strategien des Risikokapitals und wenden diese auf die Welt der Philanthropie an, d. h. sie investieren in gemeinnützige Organisationen (vgl. Hoelscher 2007: 46). Auch sie erhoffen sich dadurch einen Gewinn – in der Regel dürfte dies jedoch eher ein gesamtgesellschaftlicher denn ein monetärer sein.

Als Geburtsstunde der VP wird gemeinhin (vgl. Sievers 2001; Moody 2006) ein Artikel aus dem ‚Harvard Business Review' bezeichnet, der im Jahr 1997 erschien. Darin diagnostizieren die Autoren, zahlreiche vielversprechende gemeinwohlorientierte Projekte und Programme seien nicht strategisch genug ausgerichtet und würden daher letztlich nur marginale Ergebnisse produzieren; gleichzeitig würden insbesondere Förderstiftungen zu wenig darauf achten, dass die unterstützten Nonprofit-Organisationen (NPO) oder Sozialunternehmen[2] auch über ausreichende organisatorische Kapazitäten zur nachhaltigen Durchführung dieser Programme verfügten (Letts/Ryan/Grossman 1997: 3). Die Lösung: Stiftungen sollten Techniken des *Venture Capital* studieren und auf ihre eigene Arbeit anwenden. Dieser Vorschlag sorgte in der Folgezeit für einige Furore in den USA: „The new model of grantmaking called ‚venture philanthropy' burst loudly onto the scene in the mid-to-late-1990s, promoted as a way to revolutionize grantmaking and the nonprofit sector." (Moody 2006: 1)[3]

2 Die Empfängerorganisationen bzw. Destinatäre sind in der Regel gemeinnützige Organisationen und werden daher hier als Nonprofit-Organisationen bezeichnet. Soll hingegen der nichtstaatliche Charakter betont werden, sprechen manche Autoren von NGOs (*Non-Governmental Organizations*); in der jüngeren Vergangenheit ist im Umfeld der VP insbesondere von „Sozialunternehmern" die Rede – dabei wird v. a. deren unternehmerischer Ansatz zur Lösung gesellschaftlicher Problemlagen unterstrichen. Im Rahmen dieses Beitrags werden alle Bezeichnungen synonym verwendet.

3 Es wäre allerdings falsch, den Beitrag von Letts/Ryan/Grossman als monokausalen Auslöser der Entwicklung von VP anzusehen. So wurde der Begriff bereits 1969 von John D. Rockefeller während einer Senatsanhörung verwendet (Edwards 2008: 22); auch verweisen einige Autoren (John 2006: 8) darauf, dass es schon immer Stiftungen gegeben habe, die nach VP-Prinzipien arbeiteten. Letts/Ryan/Grossman selbst, die den Begriff *Venture Philanthropy* übriges kein einziges Mal verwenden, sprechen in ihrem Aufsatz davon, dass einige (nicht namentlich genannte) Stiftungen diese neuen Ansätze bereits anwendeten (Letts/Ryan/Grossman 1997: 3).

Das Modell der VP folgt bei der Förderung von Sozialunternehmen durch Stiftungen oder andere Geldgeber den folgenden Kernprinzipien (vgl. Achleitner 2007; John 2006; Moody 2006):

- Hohes Engagement seitens der „Investoren"
- Unterstützung durch finanzielles, intellektuelles und soziales Kapital
- Aufbau organisatorischer Kapazitäten (*Capacity Building*)
- Investment in mehrjährige Business-Pläne (i. d. R. 3-7 Jahre)
- Erfolgskontrolle anhand von Zielvorgaben und Performance-Messung
- Exit-Strategien

Konkret bedeutet dies, dass Venture-Philanthropen ein „Portfolio" handverlesener Organisationen aktiv zusammenstellen und fördern. Bei dieser Förderung, innerhalb derer alle beteiligten Organisationen partnerschaftlich und auf Augenhöhe agieren sollten (Alberg-Seberich 2009: 1), stehen nicht bestimmte Projekte oder Programme im Mittelpunkt, sondern die Stärkung der geförderten Organisation selbst. Dies geschieht durch finanzielle Mittel wie Spenden, Darlehen, Eigenkapital und Mezzanine-Finanzierung (Achleitner 2007: 6), aber auch durch Unterstützung etwa in strategischem Management, Fundraising oder Buchführung sowie durch die Bereitstellung von Kontakten und Netzwerken (John 2007: 8). Besondere Aufmerksamkeit wird auf Effizienz und Effektivität der geförderten Organisationen gelegt - diese müssen Business-Pläne für ihre Aktivitäten erstellen und regelmäßig überprüfen bzw. nachweisen, dass die gesetzten Ziele tatsächlich erreicht wurden. Schließlich besteht von vornherein eine sogenannte „Exit-Strategie", die festlegt, wann und unter welchen Bedingungen die Zusammenarbeit wieder beendet wird.

Durchbruch des Konzepts

Insbesondere die frühen Vertreter der VP in den USA grenzten sich unter Rückgriff auf diese Charakteristika bewusst von der „traditionellen" Philanthropie ab. Diese vergebe ihre Mittel unstrategisch nach dem Gießkannenprinzip, pflege hierarchische Beziehungen zu Empfängerorganisationen und könne gesellschaftliche Wirkung nicht nachweisen (Katz 2005: 126). Der Anspruch einer neuen, auf Effizienz und Nachhaltigkeit ausgerichteten Philanthropie führte zu einigen Auseinandersetzungen: „In many cases, comparative philanthropic novices were telling seasoned philanthropic professionals that their way of doing grantmaking was ineffective, inefficient, and frankly in need of replacement in the same way that traditional business models were being replaced." (Moody 2006: 3)

Dieser Verweis auf die Veränderungen von Geschäftsmodellen in der Wirtschaft benennt einen zentralen Punkt für das Verständnis des Aufkommens der VP in den USA. Für dieses Verständnis ist es lohnenswert, den gesellschaftlichen Kontext der späten 1990er Jahre näher zu betrachten - spiegelt doch die neue Form der Philanthropie den „Ethos" (Kressner Cobb 2002: 125) dieser Ära wieder. Das Aufkommen der VP in den Vereinigten Staaten fand zeitgleich mit den Boomjahren des „Neuen Marktes“ und der „Dot-Com-Millionäre“ statt. In den folgenden Jahren stellten diese auch die wesentlichen Finanziers der jungen philanthropischen Herangehensweise (Moody 2006: 9; Edwards 2008: 7). Die zu dieser Zeit weit verbreitete Anerkennung neuerer ökonomischer Modelle bereitete den Boden für die Idee, die modernen Ansätze auch auf den gemeinnützigen Sektor zu übertragen. Dies taten v.a. eben jene Akteure aus der Wirtschaft, die in den Boomjahren ein Vermögen verdient hatten: „With capitalism ascendant at home and abroad and the entry of a new entrepreneurial class into philanthropy, it should not be surprising to find a reform movement within philanthropy that views venture capitalism as an appropriate model for charitable giving and uses its terminology“. (Kressner Cobb 2002: 129)[4] Einige weitere Faktoren begünstigten die rasche Popularität von VP, darunter insbesondere eine Veränderung auf Seiten der Philanthropen selbst: Im Durchschnitt sinkt nicht nur das Alter der neuen Geldgeber, sondern sie zeigen auch zunehmendes Interesse daran, über die Ergebnisse ihrer philanthropischen Aktivitäten informiert zu werden.[5] Mit dem Auftreten dieser neuen Akteure veränderte sich auch die Terminologie: Aus Stiftern bzw. Spendern wurden „Investoren“, die Effekte der Aktivitäten von NPOs zu einem *Social Return On Investment* des Engagements von „Sozialunternehmern“ (vgl. Martin 2009: 27ff.).

Während VP in Deutschland und im restlichen Kontinentaleuropa einige Jahre später rezipiert wurde und erst allmählich intensiver diskutiert und umgesetzt wird,[6] hat sich in den USA seit dem Ende der „Dot-Com-Bubble“ und der frühen Euphorie die Bewegung ein wenig „abgekühlt“ und bereits wieder eine – v.a. terminologische – Veränderung vollzogen (vgl. Moody 2006: 15). Viele US-Organisationen beschreiben ihre Aktivitäten seither unter weniger kontrovers diskutierten Bezeichnungen, wie etwa „engaged philanthropy“, „strategic philanthropy“ oder „mission-driven philanthropy“ (vgl. Katz 2005: 123). So verwendet der Vorsitzende der Edna McConnell Clark Foundation aus New York, die vor einigen Jahren einen kompletten Strategiewechsel vollzog und die „traditionelle“ Mittelvergabe zugunsten des „neuen“ Konzeptes aufgab, in einem Artikel (Bailin 2003) über die Implikationen dieser Umstellung den Begriff *Venture Philanthropy* kein einziges Mal, obwohl diese eindeutig Pate für den Wandel stand. Auch das ‚Nonprofit Enterprise and Self-sustainability Team‘ (NESsT) formuliert in seinem Leitfaden für engagierte Philanthropie: „In diesem Leitfaden verwenden wir den Ausdruck engagierte Philanthropie. Der Begriff soll das Wesentliche dieser Spendenstrategie ausdrücken, ohne – wie der Begriff Venture Philanthropy – eine ‚wirtschaftliche Überlegenheit‘ zu suggerieren.“ (NESsT 2005: 2) Inzwischen

4 Wie Moody (2006: 12) argumentiert, wurde die Verbreitung unternehmerischer Ansätze in der (amerikanischen) Zivilgesellschaft auch dank der positiven Verankerung des Unternehmertums in der US-amerikanischen Kultur gefördert – „a key explanation offered for the emergence of this new philanthropic field“. Dies ist ein Umstand, dem bei der Übertragung des Konzeptes insbesondere nach Deutschland Rechnung getragen werden sollte.

5 Siehe auch den Beitrag von Gemelli in diesem Band.

6 So entstand die European Venture Philanthropy Association (EVPA) in Brüssel im Jahr 2004.

wird mit der sogenannten „catalytic philanthropy" (Kramer 2009) bereits der nächste Trend ausgerufen, der die angeblichen Schwächen sowohl der traditionellen als auch der *Venture Philanthropy* ablege.

Im Gegensatz dazu scheint die Bezeichnung *Venture Philanthropy* in Europa nicht in vergleichbarem Ausmaß in Frage gestellt worden zu sein. Zwar ist auch hier häufig von strategischer Philanthropie und verwandten Begriffen die Rede, doch ist *Venture Philanthropy* als spezifische Form der strategischen Philanthropie hierzulande weiterhin ohne negative Assoziationen gebräuchlich (vgl. John 2007; Martin 2009). Dazu trägt auch der VP-Verband European Venture Philanthropy Association (EVPA) bei, der sich vorgenommen hat, den Begriff für den europäischen Kontext beizubehalten und zu schützen.

Was kann Venture Philanthropy leisten?

Unabhängig von der Frage, ob es sich bei der VP nun tatsächlich um eine neue Art der Förderstrategie handelt, bietet ihr Ansatz einige spezifische Vorteile für eine nachhaltige Stärkung des gemeinnützigen Sektors. Zu diesen Vorteilen gehören in erster Linie

- *Capacity Building* für NPOs,
- die Steigerung von Transparenz und Effizienz im gemeinnützigen Sektor,
- eine Optimierung der Effekte gemeinwohlorientierter Aktivitäten sowie
- die Gewinnung neuer Investoren für den gemeinnützigen Sektor, etwa aus der *Private Equity*-Wirtschaft.

Als bedeutendster Gewinn dürfte *erstens* die organisationsinterne Stärkung derjenigen NPOs gelten, die von einem Venture-Philanthropen unterstützt werden. Denn nach den Prämissen der VP werden nicht inhaltliche Programme oder Projekte, sondern die organisatorischen Strukturen und Fähigkeiten der NPOs gestärkt, die dann die Projekte im Feld selbst durchführen. Sie verfügen zwar meist über exzellente Fachkenntnisse und eine hohe intrinsische Motivation, haben jedoch häufig Bedarf an professionellen Management-Kenntnissen (NESsT 2005: 10). Venture-Philanthropen können durch die Unterstützung mit Finanz-, Marketing- oder Fundraisingexperten dabei behilflich sein, „eine visionäre Idee in eine nachhaltige Strategie zu verwandeln" (ebd.). Im Idealfall entstehen nach einigen Jahren der Zusammenarbeit leistungsstarke Organisationen, die nicht nur wirkungsvolle Projekte durchführen, sondern sich auch auf dem umkämpften Spendenmarkt behaupten können. Die besondere Bedeutung dieses Ansatzes liegt auch darin begründet, dass sich viele Geldgeber auf Projektförderung beschränken und unter Spendern häufig der Wunsch vorherrscht, ihre finanzielle Unterstützung möge ausschließlich in Projektarbeit und nicht in den Verwaltungsapparat von NPOs fließen (Alberg-Seberich 2009: 5; Enquete-Kommission 2007: 166). Dabei wird übersehen, dass nur solide aufgebaute und professionalisierte Organisationen auch effektive Projektarbeit leisten können.

VP kann daher einen bedeutenden Beitrag zu einer infrastrukturellen Stärkung des gemeinnützigen Sektors leisten.

Zweitens kann VP für eine Erhöhung von Transparenz und Effizienz im gemeinnützigen Sektor sorgen. Gerade im Hinblick auf Transparenz besteht insbesondere in Deutschland noch häufig Nachholbedarf (Strachwitz 2007). Da die Durchführung von Projekten in der VP auf im Vorfeld festgelegten Business-Plänen beruht, Zwischenergebnisse öffentlich gemacht werden und schließlich eine Wirkungsanalyse durchgeführt wird, können Verwendung und „Ertrag“ von Spenden besser nachvollzogen werden (vgl. Funken 2005: 43). Da die von Venture-Philanthropen geförderten NPOs diesen Transparenzregeln in ihrer Arbeit unterworfen sind und die besten „Performer“ belohnt werden (Achleitner 2007: 7), erhofft man sich gleichzeitig eine erhöhte Effizienz dieser Organisationen.

Drittens kann VP auch für eine Verbesserung der Effektivität gemeinwohlorientierter Aktivitäten sorgen, also deren Wirkung optimieren. Denn die Überprüfung der erzielten Ergebnisse führt nicht nur zu erhöhtem Leistungsdruck, sondern kann auch wichtige Rückschlüsse über Erfolgs- und Misserfolgsfaktoren liefern. Gleichzeitig vermag eine Ausweitung der Organisationskapazitäten und der Netzwerke einer NPO diese dazu befähigen, erfolgreiche Projekte auszubauen, in größerem Maßstab zu wiederholen und damit deren Effekte über einen lokal begrenzten Rahmen hinauszutragen (NNEsT 2005: 10). Auch die übliche Konzentration von Venture-Philanthropen auf bestimmte inhaltliche Bereiche (wie z.B. Jugendarbeit, Umwelt, Gesundheit) kann schließlich dazu beitragen, innerhalb dieser Bereiche fokussiert Ergebnisse zu erzielen, anstatt potenzielle Synergieeffekte durch ein verästeltes Themenspektrum zu gefährden.

Weitere positive Effekte lassen sich *viertens* nicht auf Seiten der Sozialunternehmen, sondern bei den Investoren erhoffen: So stellt VP ein attraktives Instrument für bürgerschaftliches Engagement von Unternehmerpersönlichkeiten dar, da ihr Programm unternehmerische Prinzipien wie Business-Pläne und Wirkungsmessung beinhaltet. Durch ihre handlungslogische Nähe zum profitorientierten *Venture Capital* kann die VP außerdem eine sinnvolle *Corporate Citizenship*-Strategie für Unternehmen der *Venture Capital*- bzw. *Private Equity*-Branche darstellen, die ihr gesellschaftliches Engagement gerne eng am eigenen Kerngeschäft ausrichten wollen (John 2006: 17).[7] Die Zivilgesellschaft kann auf diese Weise neues Kapital für ihre Aktivitäten gewinnen.

7 Bisweilen wird sogar angestrebt, durch soziale Investitionen finanzielle Gewinne zu erzielen oder zumindest einen ausgewogenen Saldo zu erzielen. Siehe dazu die Beiträge von Oldenburg und Stahl/Lülf in diesem Band.

Kritik

Entstehung und Verbreitung der *Venture Philanthropy* riefen, trotz der frühen Erfolge, auch zahlreiche Kritiker auf den Plan. Diese wenden sich zum einen gegen das Auftreten und den Habitus der neuen Philanthropen (vgl. Moody 2006: 3), zum anderen hinterfragen sie die Funktionslogik und Auswirkungen von VP, insbesondere ihre Rolle für die Entwicklung der Zivilgesellschaft.

Ein Argument der Kritiker zielt auf die Implikationen von Wirkungsmessung, einem zentralen Element der VP.[8] Demnach ist eine objektive Überprüfung der Effekte gemeinwohlorientierter Aktivitäten mit dem bisherigen sozialwissenschaftlichen Methodenarsenal nicht zu leisten - insbesondere, da die Ursachen dieser Effekte nicht zweifelsfrei einzelnen Faktoren zugeschrieben werden können (Sievers 2001: 3; Katz 2005: 127; Di Maggio 2001: 251).[9] Die Vielzahl an unterschiedlichen NPOs, ihrer Ziele und Vorgehensweisen mache es unmöglich, Ursache-Wirkungs-Zusammenhänge herzustellen; im Unterschied zu Forprofit-Unternehmen sei Erfolg hier außerdem eine Frage der subjektiven Wahrnehmung bzw. des jeweiligen Standpunktes.[10]

Zudem wird angeführt, dass Wirkungsnachweise als Förderkriterium mittelfristig bewirkten, dass NPOs nur noch solche - unriskanten - Projekte durchführen, deren positive Effekte einfach nachzuweisen sind (Edwards 2008: 71). Dies gefährde die besondere Fähigkeit zivilgesellschaftlicher Organisationen, innovative (und damit zumeist auch riskante) Projekte jenseits des Mainstream zu initiieren (Sievers 2001: 3) und sorge für eine Vereinheitlichung der von NPOs angebotenen Leistungen.[11] Ergebnis dieser Entwicklung sei letztlich, dass soziale Investoren wie Venture-Philanthropen diejenigen Organisationen, die für den nachhaltigsten sozialen Wandel sorgen können,[12] nicht unterstützten, da tatsächliche Veränderung langfristig sei und sich damit einer Messung entziehe (Edwards 2008: 65).

Der zweite wesentliche Kritikpunkt an VP zielt auf den Einzug betriebswirtschaftlicher Methoden in den Bereich des Nonprofit-Sektors bzw. der Zivilgesellschaft ab. Diese sei durch Pluralismus sowie bestimmte Werte und Verhaltensweisen charakterisiert, die sich grundsätzlich von denen des Marktes oder des Staates unterscheiden (vgl. Sievers 2001: 5).[13] Tatsächlich betrachtet die sozialwissenschaftliche Theorie einige Formen der NPOs als potenzielle Kontrollinstanzen für Unternehmen und staatliche

8 Siehe die Beiträge von Adloff, Bergmann/Krüger sowie Sandberg in diesem Band.

9 Auch Achleitner (2007: 7) stellt dieses Defizit fest („...wobei ein Kern sozialen Einflusses wohl zu keinem Zeitpunkt quantitativ wird greifbar sein können"), ist jedoch im Vergleich zu den genannten Autoren hinsichtlich einer pragmatischen Lösung optimistischer.

10 Tatsächlich gehen zahlreiche Sozialwissenschaftler bisher davon aus, dass eine objektive Wirkungsmessung im gemeinnützigen Sektor unmöglich sei (vgl. Flynn/Hodgkinson 2001). Edwards (2008: 69) führt das Beispiel des US-amerikanischen Beratungsunternehmens GiveWell an, dass Effektivität definiert als „the most lives saved for the least money". In polemischer Absicht nennt Edwards dies „an assessment that has defeated the best social scientist for at least a hundred years."

11 Siehe auch den Beitrag von Adloff in diesem Band.

12 Edwards nennt als Beispiel die afroamerikanische Bürgerrechtsbewegung in den Vereinigten Staaten.

13 Siehe auch den Beitrag von Edwards in diesem Band.

Institutionen (Croissant/Lauth/Merkel 2000: 14). Gleichzeitig werden ihr Auftreten und ihre spezifische Handlungsweise eben gerade mit dem punktuellen Versagen von Staat und Markt begründet (Toepler/Anheier 2005: 48): Sie sollen Nischen füllen, die von diesen Bereichen nur unzureichend bearbeitet werden. Fragen der Effizienz und Wirtschaftlichkeit sind in diesen Nischen oft zweitrangig (vgl. Sievers 2001: 3). Der mit VP einhergehende Einzug von Business-Methoden, Wettbewerb sowie das Verständnis von Engagement als Investment gefährdeten auf diese Weise den besonderen Charakter von Zivilgesellschaft, der auf Werten wie Freiwilligkeit und Engagement, Teilhabe aller Bevölkerungsgruppen, Solidarität und Kooperation beruhe (Sievers 2001: 6; Edwards 2008: 49).

Rezeption in Europa

Während, wie oben gezeigt, in den Vereinigten Staaten im Anschluss an eine erste Boom-Phase mittlerweile ein Prozess zunehmender Differenzierung stattfindet, befindet sich die VP in Europa noch im Frühstadium (Martin 2009: 27), allerdings mit zahlreichen Neugründungen und guten Aussichten auf weitere Entwicklung (Martin/ John 2006: 1). Die EVPA zählt mittlerweile über 120 Vollmitglieder, bei steigender Tendenz (EVPA 2009). Der Großteil dieser Organisationen wird von mehreren Geldgebern getragen, einige wenige gehen auch auf einzelne Großspender zurück (Grenier 2006: 7). Die vergleichsweise kleine Zahl der bereits aktiven Venture-Philanthropen zeigt jedoch, dass VP in Europa längst nicht an die Größenordnung der „traditionellen" Philanthropie heranreichen kann.[14] Auch in Deutschland ist bisher nur eine Handvoll Organisationen[15] dem Bereich der *Venture Philanthropy* zuzuordnen (bei steigender Tendenz) – wobei der fließende Übergang zwischen expliziten Venture-Philanthropen und „traditionellen" Stiftungen, die strategisch operieren und intensive partnerschaftliche Beziehungen zu ihren Empfängerorganisationen unterhalten, keine trennscharfen Zuschreibungen zulässt.

Betrachtet man die Aktivitäten der europäischen VP-Organisationen, fällt ins Auge, dass diese trotz der vielfältigen Möglichkeiten bisher hauptsächlich auf das traditionelle Finanzierungsinstrument der nicht zurückzuzahlenden Spende zurückgreifen; viele verwenden aber auch andere Mittel wie Darlehen und Eigenkapital. Eine deutlich geringere Rolle spielen nicht-finanzielle Dienstleistungen (John 2007: 14).[16] Insgesamt kommt Martin (2009: 28) zu dem Schluss, die Unterschiede zu den traditionellen Förderstiftungen seien in Europa bisher nur gering ausgeprägt. Dennoch:

14 Ähnliches gilt auch für die USA, siehe dazu den Beitrag von Gemelli in diesem Band.

15 Siehe die Beiträge von Alberg-Seberich, Heller, Oldenburg und Stahl/Lülf in diesem Band.

16 Die Untersuchung von John (2007) enthält die Daten einer Befragung von 34 europäischen Venture Philanthropy-Organisationen und 20 Sozialunternehmern. Neben Zahlen über die verwendeten Finanzierungsinstrumente enthält sie Daten zu weiteren Aspekten der europäischen VP-Aktivitäten, etwa den geförderten Sektoren, die durchschnittliche Ausgabenhöhe und die Arten der nicht-finanziellen Dienstleistungen.

„Given the strong interest in financial innovation, new tools are likely to become significant in the medium term." (ebd.)

Bei der Adaption des ursprünglich amerikanischen VP-Konzeptes in Europa bestehen zudem einige soziokulturelle Hürden, die es zu beachten gilt, um nicht als „unwelcome Anglo-Saxon import" (John 2006: 21) etikettiert zu werden. Dies betrifft insbesondere den Sprachgebrauch: Das Wort ‚venture' wird mit Marktorientierung und Profitdenken verbunden und daher gerade in Deutschland oft skeptisch betrachtet (vgl. Martin 2009: 6); eine Anwendung dieser Prinzipien auf den gemeinnützigen Sektor wird deswegen oftmals abgelehnt (Grenier 2006: 8; Hoelscher 2007: 48). Hinzu kommen Übersetzungsschwierigkeiten sowie die Vielzahl der in Europa existierenden rechtlichen und kulturellen Kontexte im gemeinnützigen Bereich. John (2006: 21) kommt angesichts dieser Unterschiede zu den USA zum Schluss: „In whatever way venture philanthropy may develop in Europe, it must take on a distinctively European identity."

Fazit: Ein Element im philanthropischen Werkzeugkasten

„‚Venture' philanthropy is, I believe, the hottest trend in modern philanthropy", schreibt Stanley Katz im Jahr 2005 (Katz 2005: 128). Auch wenn sich dieser Trend zumindest in seinem Ursprungsland mittlerweile ein wenig abgekühlt hat und auch die absoluten Zahlen nicht dafür sprechen, dass er die US-amerikanische Philanthropie grundlegend revolutioniert hat, gingen und gehen von ihm doch Impulse aus, die soziale Investitionen, Stiften und Spenden bis heute nachhaltig beeinflussen. Die strukturellen Unterschiede in der philanthropischen Landschaft Deutschlands und Europas machen eine unreflektierte Übertragung des Konzeptes jedoch weder sinnvoll noch realisierbar.

Eine Bestandsaufnahme der deutschen Stiftungs- und Förderlandschaft legt jedoch nahe, dass VP auch hierzulande gewinnbringende Anregungen bereithält. So gehören Evaluationen und Reflexion über die eigene gesellschaftliche Rolle bis heute für viele Stiftungen nicht zum selbstverständlichen Arsenal; gleichzeitig leiden viele gemeinnützige Organisationen, NGOs bzw. Sozialunternehmen unter unzureichenden organisatorischen Kapazitäten sowie unter den Wechselfällen und der mangelnden Nachhaltigkeit der Projektfinanzierung. Die Hoffnung ist begründet, dass dem im Zuge von VP und einer stärker strategisch verstandenen Förderpolitik auch in Deutschland Abhilfe geschaffen werden kann und Transparenz sowie Effektivität gemeinnütziger Organisationen zunehmen.

Diese Hoffnungen rechtfertigen durchaus ein stärkeres Eintreten für mehr *Venture Philanthropy*. Dies sollte jedoch immer im Bewusstsein erfolgen, dass VP kein Allheilmittel sein kann, sondern eine spezifische Form der sozialen Investition neben anderen darstellt. Die Anerkennung dieser moderaten Position ist nicht zuletzt eine Erkenntnis aus der US-amerikanischen Entwicklung, innerhalb derer ein allzu forsches Auftreten der neuen Philanthropen zu Konflikten und Verwerfungen führte. Mit Recht will sich nicht die gesamte Zivilgesellschaft an Business-Plänen orientieren; riskante und/oder innovative Projekte sollten nicht einem „Zwang zum Erfolg" geopfert werden. Allen Beteiligten sollte klar sein, dass zivilgesellschaftlich initiierte Projekte auch scheitern können und dürfen.

Venture Philanthropy in der Praxis – Die Canopus Foundation

von Peter W. Heller

Inhalt

Die Gründung der Stiftung: Motive, Ziele, erste Versuche

Am Anfang war die Tat: Im Frühjahr 1997 fanden sich die Mitglieder meiner Familie zusammen und beschlossen ohne lange Diskussion die Gründung einer privaten Stiftung; den maßgeblichen Beitrag als Stifter leistete mein Vater Wolfgang Heller. Der Grundstock an Stiftungskapital, die Frucht jahrzehntelanger erfolgreicher Arbeit im mittelständischen Familienunternehmen, sollte durch den Übergang des Familienvermögens auf die jüngere Generation nicht nur privaten, sondern auch gemeinnützigen Zwecken zugute kommen, dabei sollte die „unternehmerische" Herkunft des Kapitals aber nicht in Vergessenheit geraten.

Keiner von uns hatte vor diesem Zeitpunkt etwas von *Venture Philanthropy* (VP) gehört, der Begriff trat nicht vor 2003 in unser Blickfeld. Allein die Verankerung des Projekts „Stiftungsgründung" im Umfeld langjähriger unternehmerischer Erfahrung, die Finanzierungsaufgaben ebenso umfasste wie direkte Managementverantwortung im operativen Geschäft, sorgte jedoch für eine schnelle Abkehr vom Modell einer reinen „Scheckbuch-Philanthropie". Die finanziellen Zuwendungen an Projekte sollten nicht wie Spenden passiv in die Hände anderer, intermediärer Organisationen gelegt werden. Des Risikos eines solchen Weges waren sich die Gründer zumindest ansatzweise bewusst und bereit, die eigene Expertise im schwierigen Terrain der Unternehmens- und Projektfinanzierung und -förderung in Entwicklungsländern zu erproben.

Die in der Satzung verankerte Zweckbestimmung der neuen Canopus Foundation wählten wir „sufficiently vague" (wie man in UNO-Kreisen gerne zu sagen pflegt), um einer zukünftigen genauen Festlegung des Tätigkeitsfelds der Stiftung viele Türen offen zu halten: Entwicklungshilfe und Armutsbekämpfung, Umwelt- und Klimaschutz, Förderung der Wissenschaft: Dies ermöglichte eine ausreichende thematische Bandbreite, die von der Definition gemeinnütziger Arbeit in der deutschen Abgabenordnung abgedeckt war. Der Name der neuen Stiftung sollte den Weg weisen: „Canopus" ist der zweithellste Stern des nächtlichen Himmels (nach Sirius), der seinen Namen der antiken oberägyptischen Hafenstadt Kanobos verdankt, er ist aber nur in südlichen Breiten zu sehen – dort sollte die Canopus Foundation ihre Aufgabe finden. De facto hatte ich als designierter geschäftsführender Vorstand „carte blanche", die thematische Fokussierung der Stiftungsarbeit, ihre Positionierung in der nationalen und internationalen Stiftungslandschaft, den organisatorischen Aufbau sowie meine persönlichen Interessenschwerpunkte in Einklang zu bringen und mit ersten Projekten zu testen. Nach der behördlichen Genehmigung der Stiftungsgründung im Oktober 1997 waren die drei folgenden Jahre ein Herantasten an Themen, Kriterien und Koordinaten, um Canopus ein eigenständiges Profil zu geben:

- Themenfelder der Stiftungsaktivitäten?
- „Hardware": Märkte und Technik, oder „Software": Bildung und Information?
- Projektarbeit in allen Regionen oder geographische Beschränkung?
- Projektbetreuung mit eigenem Personal oder „Outsourcing"?

Die Summe der vielen Irrtümer, Fehler und kleinen Erfolgserlebnisse in dieser Zeit lieferte eine brauchbare Erfahrungsgrundlage, um ein Canopus-eigenes Profil der Wagnis-Philanthropie herauszuarbeiten. Vor allem die in den Jahren 2000 und 2001 in Kooperation mit Grameen Shakti und Grameen Cybernet erfolgreich realisierte dezentrale elektrische Versorgung dreier Dorfschulen mit Solarsystemen in Bangladesch brachte Klarheit über den zukünftigen Weg der Stiftung – und machte Appetit auf weitere Projekte dieser Art.

Das Tätigkeitsfeld von Canopus

Was kann eine private Familienstiftung tun, wenn sie nicht die Förderarbeit der großen internationalen Stiftungen und NGOs, der staatlichen und halbstaatlichen Entwicklungshilfeorganisationen oder der UNO-Behörden UNDP, UNEP und HABITAT im kleineren Maßstab kopieren will? Sie sucht sich eine Nische, in der mit den spezifischen Vorteilen der privaten Stiftung – schnelle Entscheidungen bei der Vergabe von Fördermitteln, Expertise im Thema und hohes persönliches Engagement – ein katalytischer Mehrwert gewonnen werden kann.[1] Der unternehmerische „venture"-Charakter von Canopus ist wie beschrieben in der Stiftungs-„DNA" vorgeprägt, eine Ausrichtung der Förderung auf *Social Entrepreneurs* lag damit nahe. Im Dialog mit erfahreneren Kolleginnen und Kollegen anderer in diesem Sektor tätiger Organisa-

1 Die Synergie von hohem persönlichen Engagement und „unternehmerischer" Handlungsfähigkeit hat Mark Kramer jüngst unter dem Stichwort Catalytic Philanthropy thematisiert (Kramer 2009: 30–35).

tionen (Acumen Fund, Ashoka, E & Co., Technoserve) über die eigenen Erfahrungen formte sich über die ersten Jahre ein klares Tätigkeitsfeld für Canopus heraus: die Arbeit mit und für *Social Entrepreneurs* in Entwicklungs- und Schwellenländern, die mit dezentralen Energiesystemen netzferne ländliche Regionen und urbane Armutsviertel („Slums") elektrifizieren.

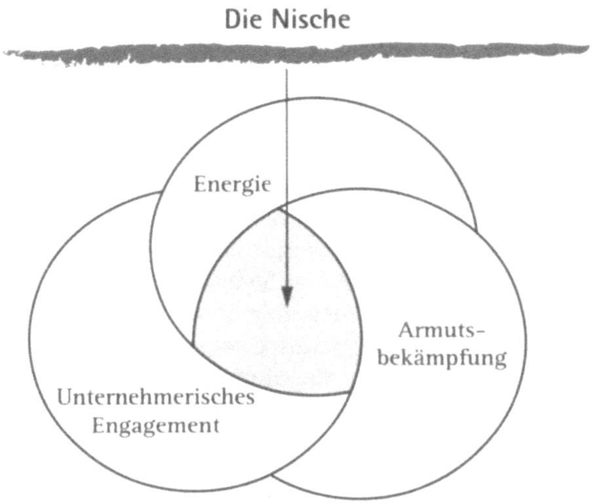

Als dezentrale und umweltfreundliche Energiesysteme sind kleine Laufwasserkraftwerke (micro hydro), kleine Windturbinen und vor allem solare Photovoltaik- Anlagen (PV) die Produkte der Wahl.

Der Zugang zu einer Stromversorgung für die Beleuchtung der Hütten und Häuser, die Ladung einer Batterie für den Nachtstrom, den Betrieb von Mobiltelefon, Radio, TV und Ventilator ist dort eine elementare Voraussetzung für die Verbindung zur „Welt", die Aufnahme einer Arbeit und die Erhöhung der Haushaltseinkommen. Das gilt auch für die schulischen Aussichten der Kinder: Wo sie tagsüber Feldarbeit zu leisten haben, können der Unterricht und die Hausarbeiten nur nach Einbruch der Nacht unter Einsatz künstlicher Beleuchtung stattfinden. International anerkannte Dorfentwicklungskonzepte wie das Barefoot College in Tilonia, Rajasthan kennen diese Herausforderungen gut und wissen um die zentrale Bedeutung, die eine dezentrale Stromversorgung für die Zukunft der Dörfer und Slums hat.

Die Selbstbegrenzung von Canopus auf unmittelbare Projektförderung und „direct action" ist ein wichtiger Aspekt unserer Bemühungen, sich im weiten Themenfeld der erneuerbaren Energien, der ländlichen Entwicklung und des Sozialunternehmertums nicht zu verzetteln und zu verlieren. Die eher politiknahe Überzeugungsarbeit („advocacy") und Kooperation bei öffentlichen Vorhaben wird von der Base Foundation (Basel Agency for Sustainable Energy) wahrgenommen, eine von Canopus im Jahr

2001 mit gegründete gemeinnützige Stiftung mit Sitz in Basel, die der UNO-Organisation UNEP (United Nations Environment Programme) als „Collaborating Center" formal assoziiert ist (www.energy-base.org).

Der „Modus Operandi" der Stiftung: Projektsuche und Auswahlverfahren, Leistungsangebot, Kooperationen

Aus den Erträgen des Stiftungskapitals, regelmäßigen Spenden sowie Zuwendungen der Forseo GmbH (meiner Investmentgesellschaft) steht Canopus ein jährliches operatives Budget von 300.000 bis 500.000€ zur Verfügung. Die Zahl der Mitarbeiterinnen und Mitarbeiter betrug in den Jahren 2000 bis 2009 zwischen drei und sechs Personen, Teilzeit- und Werkverträge sind üblich. Das Team verfügt über eine gute Expertise im Bereich der erneuerbaren Energiesysteme, Auslandserfahrungen und die notwendige Fremdsprachenkompetenz. Die Stiftung macht keinerlei „Werbung" für ihre Förderangebote, einzig der Internetauftritt (www.canopusfund.org) wird als Informationsquelle über die Arbeit der Stiftung regelmäßig aktualisiert. Wir erhalten Kenntnisse über *Social Entrepreneurs*, die in unserem Themenfeld aktiv sind, überwiegend durch die Vermittlung von Partnern, in erster Linie den großen Förderorganisationen Ashoka, Schwab Foundation For Social Entrepreneurship und die Skoll Foundation, sowie durch andere *Venture Philanthropy* Stiftungen und Fonds wie Avina, Acumen oder LGTVP und das Netzwerk der European Venture Philanthropy Association (EVPA), bei dem Canopus seit Januar 2008 Mitglied ist.

Es gibt kein formalisiertes Antragsverfahren für die Förderung. Wenn der Erstkontakt zum potentiellen Partner nahelegt, dass er im Themenfeld von Canopus tätig ist und die Stiftung sinnvoll für ihn tätig werden könnte, werden zunächst die schriftlich verfügbaren Unterlagen von einem Projektmanager ausgewertet, der eine Zusammenarbeit mit dem *Social Entrepreneur* übernehmen würde. Kommt die Vorprüfung zu einem guten Ergebnis, besucht der Projektmanager das Unternehmen im Rahmen eines „field trips", um die beteiligten Personen, die Infrastruktur, die „Kunden" des „Social Enterprise" und die lokalen Rahmenbedingungen kennen zu lernen. In der Regel gibt dieser Besuch hinreichend Aufschluss über den Bedarf an Förderung und führt zu einer ersten Einschätzung, inwieweit Canopus der richtige VP Partner ist. Der intuitive Anteil an der Entscheidung für ein Engagement ist hoch, unser Bauchgefühl hinsichtlich der Vertrauenswürdigkeit des *Social Entrepreneurs* und seiner moralischen Beweggründe ist letztlich ein ausschlaggebender Faktor, ob wir für sie oder ihn tätig werden.

Die primäre Fokussierung der Stiftung auf *Social Entrepreneurs* ist nicht gleichbedeutend mit einer Beschränkung auf wirtschaftlich selbsttragende Projekte, aber ihr Potential, zumindest langfristig eine Kostendeckung zu erreichen („financial sustainability"), stellt ein wichtiges Auswahlkriterium dar.

Im nächsten Schritt wird ein Memorandum of Understanding (MoU) unterzeichnet, das die Ziele der Zusammenarbeit, die Förderleistungen und die damit verbundenen Aufgaben beider Seiten enthält. Auf ein zeitaufwendiges Reporting, das für die *Social Entrepreneurs* im Regelfall kaum zu leisten ist, wird verzichtet, stattdessen werden die „field trips" in jährlicher Frequenz fortgesetzt und eine ständige Korrespondenz geführt. Nach Ablauf des MoU bewertet die Stiftung gemeinsam mit dem Partner die Fortschritte; die Zusammenarbeit wird entweder beendet oder mit einer neuen Vereinbarung fortgesetzt.

Das Leistungsangebot von Canopus umfasst *Zuwendungen* (grants) und Darlehen (loans), Eigenkapitalbeteiligungen (equity positions) und nicht-monetäre Unterstützungsleistungen. Die Zuwendungen dienen vor allem der Sicherstellung der operativen Handlungsfähigkeit und der Deckung von Zusatzkosten, die beim weiteren Aufbau des „Social Enterprise" entstehen; ihr Volumen bewegt sich allgemein in der Größenordnung von 15.000 bis 100.000 €. Strukturelle Defizite werden von der Stiftung nicht übernommen, durchaus aber Krisenfinanzierungen wie die Abwendung einer kurzfristig drohenden Insolvenz bei positiver Fortführungsprognose. Darlehen vergibt Canopus in Fällen, bei denen eine zusätzliche Einkommensquelle erschlossen werden und die Rückzahlungsfähigkeit aus dem Projekt selbst sichergestellt werden kann. Eine Beteiligung als Eigenkapitalgeber, die in vielen Projekten die adäquate Form der Wagnisfinanzierung wäre, ist aufgrund des rechtlichen Rahmens, dem eine deutsche Stiftung durch das Gemeinnützigkeitsrecht unterliegt, nur im Ausnahmefall möglich. Wir bedienen uns daher zur Übernahme von Eigenkapitalbeteiligungen der Forseo GmbH, dem kommerziellen Schwester-Unternehmen von Canopus, die „frei" investieren kann und für entstehende Gewinne Steuern zu zahlen hat.

Bei jeder Form der finanziellen Unterstützung von *Social Entrepreneurs* streben wir Kooperationen mit anderen Stiftungen und VP Partnern an; die Teilung des Risikos und die Synergien aus gemeinsamer Projektprüfung und -begleitung erleichtern den kontinuierlichen Aufbau eines handlungsfähigen Netzwerks von VP Investoren. Vice versa beteiligt sich Canopus gerne an VP Konsortien, die von anderen Stiftungen initiiert werden.

Standbein und Spielbein: Einsatz einer Beteiligungsgesellschaft an den Grenzen der Möglichkeiten der gemeinnützigen Stiftung

Das deutsche Stiftungs- und Gemeinnützigkeitsrecht kann mit der Idee eines „Social Venture Investments", einer Unternehmensbeteiligung mit sozialem Wagniskapital, im Grunde nichts anfangen. Stiftungen sind einerseits gehalten, ihre Überschüsse zeitnah für Zuwendungen und Spenden oder eigene Projekte auszugeben, andererseits ihr Stiftungsvermögen möglichst konservativ und risikoarm anzulegen. Noch heute wird Stiftern – ich kenne mehrere Fälle im persönlichen Umfeld – von ihren Vermögens- und Steuerberatern nahegelegt, ihr Stiftungskapital in „mündelsicheren"

Anleihen anzulegen. Die konservative Haltung der Berater und der Rechts- und Fachaufsichtsbehörden hat dennoch nicht geholfen, die Millionenverluste in den deutschen Stiftungsvermögen durch die Pleite von Lehman Brothers im Oktober 2008 abzuwenden – Lehman war ja eine Investmentbank mit „top rating". Wenn eine Fonds- oder Direktbeteiligung an deutschen Windparks oder Solarkraftwerken noch Chancen auf eine wohlwollende Prüfung hat, ist eine Eigenkapitalbeteiligung an einem „Social Enterprise" in einem Entwicklungsland in der Regel nicht genehmigungsfähig: Länderrisiko, Währungsrisiko und Unternehmensrisiko kumulieren sich und katapultieren die Transaktion in eine spekulative Risikoklasse. In problematischen Fällen hilft es sehr, sich vorab bei der Finanzverwaltung mithilfe einer verbindlichen Anfrage Klarheit darüber zu verschaffen, ob eine finanzielle Transaktion der Stiftung genehmigt wird oder nicht. Canopus hat sich bisher aus den genannten Gründen nicht mit Eigenkapital in Entwicklungs- und Schwellenländern engagiert, dort wird im Bedarfsfall ihr Schwester-Unternehmen, die Beteiligungsgesellschaft Forseo GmbH aktiv. Forseo hält als nicht gemeinnützige, „konventionelle" Investmentgesellschaft acht Unternehmensbeteiligungen (Stand: Oktober 2009) im Sektor der Solarenergie, Windenergie und Energieeffizienztechnologien mit den Schwerpunkten auf Projektentwicklungen in Deutschland, Frankreich und Chile sowie der Frühphasen-Technologieförderung. Im Portfolio dieser gewinnorientierten Investitionen kann Forseo eine „social venture"-Komponente beimischen, die quantitativ nur marginal auf das Unternehmensergebnis „durchschlägt" und, als Hochrisikoposition, bei Totalverlust zumindest eine volle Verlustabschreibung ermöglicht. Dazu ein Beispiel:

2004 ergab sich die Notwendigkeit, durch eine Eigenkapitalbeteiligung das im Aufbau befindliche Projekt Quiron der brasilianischen Organisation Ideaas zu stützen. Quiron verbindet die ländliche Stromversorgung mit PV-Systemen und ein Konzept zur Produktionssteigerung der organischen Land- und Viehwirtschaft durch den Einsatz von solar betriebenen Elektrozäunen. Am Ende der Wertschöpfung steht ein zertifizierter organischer Büffel-Mozzarella: ein hochwertiges Produkt für die amerikanischen und europäischen Feinkostmärkte, das den an Quiron beteiligten Kleinbauern und Gauchos ein auskömmliches Einkommen sichert. Mit dem Gründer und Leiter von Ideaas, dem Ashoka Fellow Fabiò Rosa, arbeitete Canopus bereits seit 2001 eng zusammen und hatte finanzielle Zuwendungen sowie eine intensive personelle Unterstützung (eine Projektmanagerin eigens für Ideaas) für seine Initiativen gewährt. Mit einem *Equity Stake* von Forseo in Höhe von 50.000 € konnte Quiron in der Startphase auf eine solide Kapitalbasis gestellt werden: Innerhalb von 12 Monaten nach Zeichnung der Beteiligung investierten eine holländische und eine amerikanische Stiftung weiteres Eigenkapital in Höhe von insgesamt 800.000 €. Forseo konnte zwei Jahre später den *Equity Stake* an einen niederländischen VP Partner zum Nennwert weitergeben und einen „exit" ohne Verlust realisieren. Der maßgebliche Nutzen der von Forseo gewährten Zwischen- oder Brückeninvestition in Form von Eigenkapital war die Stärkung der Bonität von Ideaas in der kritischen Frühphase von Quiron.

Förderung jenseits des Geldes: Marktexpertise and Produktentwicklung

Geld ist nicht alles: Diese Erfahrung dürfte jeder Venture Philanthropist im Laufe der Jahre gemacht haben. Eine reine „Scheckbuch-Philanthropie" stößt schnell an ihre Grenzen, wenn die geförderten „Social Enterprises" ihr Geschäftsmodell verfehlen, weil sie die oft sehr dynamische Entwicklung ihrer „Märkte" falsch einschätzen, die Kosten für die Bereitstellung ihrer Produkte und Dienstleistungen zu optimistisch kalkulieren oder ihr Personal den Aufgaben nicht gewachsen ist. Geld alleine hilft da nicht weiter. Canopus hat sich im Laufe der Jahre ein Konzept der nichtmonetären Förderung erarbeitet, das die Expertise der Stiftung – wenn der *Social Entrepreneur* eine solche Unterstützung wünscht – als Ressource für den operativen Bereich anbietet. Der Beitrag an Marktkenntnissen im Bereich der erneuerbaren Energien („market intelligence") über die Beschaffung der Solar-, Wind- oder Wasserkraftanlagen, die Qualität und Preise der Anbieter, ihre Verfügbarkeit in verschiedenen Ländern und neue technische Entwicklungen im Bereich der netzfernen Elektrifizierung ist dann oft bedeutender als die finanzielle Förderung. Dazu noch einmal Quiron: Fabiò bezog 2001 seine Solarmodule von Siemens Solar zu einem Preis von 8,00 $ pro Watt/peak (W/p). Brasilien besaß damals keine eigene Solarproduktion. Eine kurze Marktrecherche unserer Projektmanagerin Sandra Makinson ergab, dass wir die gleichen Solarmodule in Deutschland kaufen, von Hamburg nach Rio „free on board" liefern und Fabiò zu einem unsubventionierten Endpreis von 5,50 $ W/p anbieten könnten. Mit dieser Marktanalyse im Gepäck zogen Fabiò und Sandra vor dem nächsten Einkauf in eine neue Preisverhandlung mit Siemens Brazil. Nach einigen schwierigen Runden ging die Landesvertretung des Herstellers auf den Preis von 5,50 $ W/p ein. Für Fabiòs Arbeit bedeutete dies einen größeren Vorteil als jede finanzielle Zuwendung: Bei ca. 35 % Kostenersparnis im Einkauf war sein Geschäftsmodell in der Lage, auch die ärmsten Familien in Rio Grande do Sûl mit Solarsystemen versorgen zu können. Die „De-Mystifizierung" von Kostenstrukturen entwicklungsrelevanter Technologieprodukte ist aus Sicht der *Venture Philanthropy* ein besonders wirksamer Hebel[2] für einen systemischen Wandel („systemic change") der Lebens- und Arbeitsbedingungen der armen Bevölkerung in Entwicklungs- und Schwellenländern.

Die Zusammenarbeit von Canopus und der Solar Electric Light Company (Selco) in Bangalore, Indien soll als ein zweites Beispiel dienen, wie die Stiftung ihr Augenmerk auf die Erschließung potentieller sozialer und ökologischer Mehrwerte richtet, die sich im Idealfall auch wirtschaftlich für das Social Enterprise erschließen lassen. Selco ist das erfolgreichste „Social Enterprise" Indiens im Bereich der netzfernen Versorgung von Dörfern mit Solarenergie, es wurde gegründet und wird geleitet von Harish Hande. Das Unternehmen hatte von 1995 bis 2005 rund 38.000 *Solar Home Systems* in Karnataka und Maharashtra installiert.

2 Mein Kollege und Kooperationspartner David Green hat im Bereich der Medizintechnik (Augenheilkunde) mit Erfolg und großer internationaler Anerkennung praktisch vorgeführt, wie ein ganzer Sektor durch die „demystification of cost structures" zugunsten der bedürftigsten Patienten buchstäblich „auf den Kopf" gestellt werden kann (Green 2009: 57 – 63).

Im Gespräch mit Harish entstand die Überlegung, mit einer Zertifizierung dieser Anlagen als CDM-Klimaschutzprojekt[3] einen nichtmonetären Nutzen in Form der Erlangung des „Qualitäts-Siegels" CER und einen unmittelbaren wirtschaftlichen Mehrwert durch den Verkauf der CDM-Klimazertifikate im europäischen Zertifikate-Handel zu realisieren. Noch bevor die von Canopus beauftragte Zertifizierung komplett abgeschlossen war, erhielt der Gutachter ein Angebot eines holländischen „carbon traders", die Emissionsgutschriften zu kaufen. Selco floss damit ohne zusätzliche Kosten ein Mehrwert von 35.000 € zu, den Harish für andere Zwecke investieren konnte.

Seither haben wir bei jedem Vorhaben geprüft, ob es als CDM-Projekt zertifizierbar ist, um diesen Mehrwert an den *Social Entrepreneur* weitergeben zu können. Der Aufwand für die Stiftung und der Ertrag für das Unternehmen stehen dabei in einem sehr guten Kosten-Nutzen-Verhältnis.

Vom lokalen Projekt zur globalen Initiative: „Solar for All"

Nach acht Jahren Erfahrung mit der Förderung von einzelnen „Social Enterprises" in Afrika, Südamerika und Südasien zeichnet sich für uns ein klares Bild ab, wo die grundlegenden Hindernisse liegen, mit denen die netzferne Stromversorgung in Entwicklungs- und Schwellenländern konfrontiert ist. Zugleich haben wir anhand der oben skizzierten Projekte zwei Instrumente mit einer signifikanten Hebelwirkung herausgearbeitet (Demystifizierung der Produktkosten, CDM-Klimazertifikate), die in vielen Projekten einsetzbar sind. In Zusammenarbeit mit David Green, Ashoka und dem Freiburger Fraunhofer-Institut für solare Energiesysteme (ISE) versuchen wir jetzt, solare PV Systeme allen „Social Enterprises" in einer Form zugänglich zu machen, dass sich die 1,6 Milliarden Menschen ohne Zugang zu Elektrizität diese Technologie in Zukunft leisten können: „Solar for All".

Die Initiative umfasst drei wichtige Komponenten:

- Die am Markt verfügbaren PV-Systeme sind nicht für die netzferne Elektrifizierung konzipiert und müssen technisch verbessert werden.
- Die PV-Systeme müssen vor Ort wesentlich preiswerter und in ausreichender Stückzahl eingekauft werden können.
- Der Vertrieb der PV-Systeme muss durch flankierende Logistik- und Mikrofinanzierungsmodelle unterstützt werden, um deutlich mehr Menschen erreichen zu können als bisher.

Die technische Optimierung ist das Ziel eines internationalen Wettbewerbs, den Canopus in Zusammenarbeit mit ISE durchführt. Die Hersteller von PV-Systemen sind ab 1. Dezember 2009 eingeladen, kostengünstige und für netzferne Bedingungen

3 Nach den Regeln des Kyoto-Abkommens klassifizierbar als CDM-Projekt (Clean Development Mechanism Project) mit einer zu evaluierenden CER (Certified Emissions Reduction).

technisch optimierte Systemlösungen als Wettbewerbsbeitrag einzureichen, es winkt neben der öffentlichen Preisverleihung auf der nächsten Intersolar Messe in San Francisco im Juli 2010 ein Preisgeld von 250.000 $, gestiftet von der Deutsche Bank Americas Foundation in New York. Das Preisgeld wird als *Equity Stake* zum Aufbau einer eigenen Produktlinie für den netzfernen Markt angeboten. Wir sind zuversichtlich, diese Eigenkapitalposition durch Kofinanzierungspartner auf 1 Mio. $ erhöhen zu können.

Das Kostensenkungspotential einer technisch optimierten und „margenbereinigten" Produktlinie schätzen wir auf 50 bis 70 % des gegenwärtigen Weltmarktpreises für vergleichbare PV-Systeme. Um ein solches Produkt erfolgreich „in die Dörfer" bringen zu können, muss es der *Social Entrepreneur* zu verlässlichen Lieferkonditionen beschaffen und für seine „Kunden" mithilfe von Mikrokrediten oder ähnlichen Finanzierungsmodellen bezahlbar machen können.

Zur weiteren Finanzierung einer oder mehrerer Produktlinien und für den Aufbau eines komplementären Mikrokreditprogramms wird ein „Social Investment Fund" mit einem Volumen von 80 bis 100 Mio. $ aufgelegt, als Vorbild dient der von David Green konzipierte und von der Deutsche Bank America aufgelegte Eye Fund I[4] mit einem Volumen von 16 Mio. $. Die ersten Gespräche mit europäischen und amerikanischen Stiftungen, Entwicklungsbanken und der International Finance Corporation (IFC), privaten Investmentbanken und Investoren der Solarindustrie zum Aufbau des Fonds sind im Gange. Die beiden kleinen Teams in Ashoka und Canopus, die an den einzelnen Bausteinen von „Solar for All" arbeiten, werden sich in den nächsten Jahren jedenfalls nicht über einen Mangel an Arbeit zu beklagen haben.

Venture Philanthropy for All? Wohl kaum ...

In „Solar for All" synthetisiert Canopus die Erfahrungen der letzten zehn Jahre und testet die Chancen für einen qualitativen Sprung in seiner Förderarbeit. *Venture Philanthropy*, die im Falle unserer Stiftung zunächst auf die Finanzierung und Förderung einzelner „Social Enterprises"S ausgelegt war, versucht sich hier in einem „upscaling" seiner Möglichkeiten, indem fünf andere europäische und amerikanische Stiftungen als Partner gewonnen werden konnten, die Initiative als VP-Konsortium weiterzutragen und der internationalen Dimension von „Solar for All" gerecht zu werden.

Die notwendigen Voraussetzungen, in dieser Art *Venture Philanthropy* zu betreiben, hat nicht jede Stiftung und die rechtlichen Rahmenbedingungen in Deutschland sind nicht gerade förderlich. Als unverzichtbar für die Praxis sehe ich

- kurze, klare Entscheidungswege: mehrstufige Meinungsbildungsprozesse über verschiedene Gremien hinweg sind der Tod jeder *Venture Philanthropy*

4 Vgl. Anm. 2 und den Beitrag von Asad Mahmood im gleichen Band (Mahmood 2009: 64-68).

- eine realistische Einschätzung der eigenen Risikobereitschaft von Seiten der Verantwortlichen der Stiftung
- praktische unternehmerische Erfahrung im operativen Geschäft
- Mäßigung: Wir wissen nicht alles, wir können nicht alles: Fehlschläge wird es unvermeidlich geben, sie bilden die Lernkurve, die jeder Venture Philanthropist zu durchlaufen hat.

Venture Philanthropy in der Praxis ist ein Hochseilakt, den das „Geld, das zu lächeln versteht“[5] wagt, um neue Wege zu finden, die der Scheckbuch-Philanthropie unzugänglich sind. In ihr liegt ein unternehmerischer Impuls sui generis, der aus der Rolle des reinen Förderers hinüberwechselt zur Rolle des aktiven Partners, der Risiken mitträgt und mitverantwortet. Ob sich dieser Typus von philanthropischem Handeln in Deutschland auch außerhalb eines kleinen Kreises von Akteuren etablieren wird, ist heute aus meiner Sicht eine offene Frage.

5 Nach dem schönen Exkurs „L'argent ... qui sait sourire ..." von Marcel Proust im 2. Band der „Recherche“ (Proust 1995: 306).

Venture Philanthropy – Formen und Instrumente aus juristischer Perspektive

von Stefan Stolte

Inhalt

Einleitung

Der Begriff *Venture Philanthropy* (VP) beschreibt das Anliegen, gemeinwohlorientiertes Handeln nach ökonomischen Prinzipien zu betrachten, zu steuern und zu optimieren. Dabei kann das Ziel darin bestehen, ideelle Ziele noch effektiver und effizienter zu erreichen, also den *Social Return* zu maximieren (Letts/Ryan/Grossman 1997: 207ff.). Während das deutsche Gemeinnützigkeitsrecht die Sphären des „Ideellen" und des „Wirtschaftlichen" trennscharf differenziert, wird unter *Venture Philanthropy* auch die bewusste Vermischung dieser Sphären gefasst: Die Vergabe von *Micro-Loans* ist zwar ideell motiviert, wird aber durchaus mit einer finanziellen Gegenleistung honoriert. Insofern definiert *Venture Philanthropy* zwar eine aktuelle (Bouché 2006: 33) Denkrichtung – die sich überdies in verschiedene Schulen gliedert (Saccani 2008: 9), aber keinen mit juristischen Kategorien eindeutig und vollständig erfassbaren und abgrenzbaren Lebenssachverhalt.

Im Folgenden kann daher nur schlaglichtartig auf die rechtlichen Implikationen einzelner Konstellationen hingewiesen werden, in denen sich die Idee der *Venture Philanthropy* typischerweise verkörpert.

Bedeutung der Gemeinnützigkeit

Sowohl soziale Investoren als auch soziale Unternehmer können, müssen aber nicht gemeinnützig sein. Was bedeutet „gemeinnützig", welche Vor- und Nachteile ergeben sich daraus? Der Begriff „Gemeinnützigkeit" beschreibt den steuerlichen Tatbestand, an den verschiedene Einzelsteuergesetze[1] die Gewährung bestimmter steuerlicher Vergünstigungen knüpfen. Die Voraussetzungen, die für eine grundsätzliche Bejahung der Gemeinnützigkeit erfüllt sein müssen, sind zentral in der Abgabenordnung (AO) aufgestellt; die §§ 51 bis 68 AO bilden insoweit den allgemeinen Teil des Gemeinnützigkeitsrechts (Hüttemann 2008: 1). Die steuerlichen Rechtsfolgen ergeben sich dagegen nicht aus der AO selbst, sondern aus den Einzelsteuergesetzen, die an die steuerbegünstigten Zwecke den Begriff der Gemeinnützigkeit knüpfen.

Die wichtigste Rechtsfolge besteht für Körperschaften[2] in der Befreiung von verschiedenen Steuerpflichten, insbesondere von der Körperschaft- und Einkommensteuerpflicht sowie der Schenkung- und Erbschaftsteuerpflicht. Natürlichen und juristischen Personen, die an eine steuerbefreite Körperschaft spenden, ermöglicht dies einen steuerlichen Spendenabzug.[3] Durch den Spendenabzug wird das individuelle zu versteuernde Einkommen reduziert, sodass im Ergebnis eine geringere Steuerschuld anfällt. Dieser Spendenabzug ist beschränkt auf 20 Prozent des zu versteuernden Einkommens; sofern mehr als dies gespendet wird, ist allerdings ein unbeschränkter Spendenvortrag auf zukünftige Jahre zulässig. Spendet ein Unternehmen, kann es alternativ maximal 0,4 Prozent der Umsätze und Gehälter geltend machen. Handelt es sich bei der begünstigten Einrichtung um eine rechtsfähige Stiftung oder eine Treuhandstiftung, kann ein weiterer Steuervorteil greifen – dazu siehe unten.

Die Gemeinnützigkeit bringt aber nicht nur Vorteile mit sich: Die Abgabenordnung formuliert einige Grundsätze, denen sowohl die formelle Verfassung der Körperschaft (Satzung, Stiftungsgeschäft, Gesellschaftsvertrag etc.) als auch das tatsächliche Handeln genügen müssen.[4] Hierunter findet sich etwa der Grundsatz der zeitnahen Mittelverwendung, der die Möglichkeit der Rücklagenbildung beschränkt. Weiter gilt der Grundsatz der Selbstlosigkeit, wonach alle gemeinnützig gebundenen Mittel ausschließlich den satzungsmäßigen Zwecken zugeführt werden dürfen. Die Einhaltung dieser Grundsätze wird durch die Finanzbehörde geprüft; mit der Stiftungsaufsichtsbehörde kommt bei der rechtsfähigen Stiftung sogar eine zusätzliche Prüfinstanz hinzu. Es ist daher zweckmäßig, im Voraus die Vor- und Nachteile der Gemeinnützigkeit sorgfältig abzuwägen. Besonders sei in diesem Zusammenhang darauf hingewiesen,

1 Beispielsweise das Körperschaftsteuergesetz, Einkommensteuergesetz, Gewerbesteuergesetz, Erbschaftsteuergesetz etc.

2 Gemeint ist hier der steuerliche Körperschaftsbegriff, der neben den zivilrechtlichen Körperschaften Verein, GmbH und AG auch die Stiftung und die Treuhandstiftung umfasst. Letztere sind nur im steuerlichen, nicht aber im zivilrechtlichen Sinne Körperschaften.

3 Zu den aktuell geltenden Abzugsmöglichkeiten siehe Wigand/Haase-Theobald/Heuel/Stolte (2009: 121 ff.).

4 Im Einzelnen hierzu siehe Wigand/Haase-Theobald/Heuel/Stolte (2009: 105 ff.).

dass die Erzielung von Gewinnen durch wirtschaftliche Tätigkeit zwar gemeinnützigen Einrichtungen erlaubt, aber steuerpflichtig ist (sog. partielle Steuerpflicht). Eine Ausnahme hiervon, d. h. eine Befreiung von der Körperschaft- und Gewerbesteuer, gilt nur dann, wenn die Einnahmen aus dem wirtschaftlichen Geschäftsbetrieb einschließlich Umsatzsteuer 35.000 € im Jahr nicht übersteigen. Beispiele für wirtschaftliche Geschäftsbetriebe sind etwa die Verwertung von gesammeltem Altmaterial, die Durchführung von Basaren und Flohmärkten sowie der Verkauf von Speisen und Getränken, z. B. bei kulturellen oder sportlichen Veranstaltungen. Das Volumen des wirtschaftlichen Geschäftsbetriebs darf allerdings nicht so groß werden, dass es die eigentliche ideelle Tätigkeit dominiert, und damit der gesamten Einrichtung das „Gepräge" gibt (sog. Geprägetheorie; Hüttemann 2008: 214). In diesem Fall würde die Gemeinnützigkeit vollständig entfallen. Droht diese Gefahr, sollte die Auslagerung des wirtschaftlichen Betriebs in eine eigene Gesellschaft, z. B. eine GmbH, erwogen werden. Darüber hinaus ist zu beachten, dass die Erlöse in die ideelle Zweckverwirklichung fließen müssen; Rückstellungen sind nur unter engen Voraussetzungen möglich (Wigand/Haase-Theobald/Heuel/Stolte 2009: 121 ff.). Schließlich muss sich ein wirtschaftlicher Geschäftsbetrieb auf mittlere Sicht rentieren; Verluste dürfen in keinem Fall durch Einnahmen aus Spenden oder sonstigen ideell gebundenen Mitteln ausgeglichen werden.

Eine wichtige Ausnahme von der Steuerpflicht für Erträge aus wirtschaftlichen Geschäftsbetrieben ist der sogenannte Zweckbetrieb. Hierbei handelt es sich um einen wirtschaftlichen Geschäftsbetrieb, der nicht nur finanziell zur ideellen Zweckverfolgung, sondern auch inhaltlich dazu beiträgt, die steuerbegünstigten satzungsmäßigen Zwecke zu verwirklichen. Er ist hierzu sogar unerlässlich, weil diese Ziele anders gar nicht erreichbar wären.[5] Sofern nicht eine der gesetzlich ausdrücklich als Zweckbetrieb klassifizierten Einrichtungen (z. B. solche der Wohlfahrtspflege, Krankenhäuser u. a.) betroffen sind, wird diese Ausnahme von der Steuerpflicht in der Praxis sehr restriktiv gehandhabt – dies auch vor dem Hintergrund, dass der Wettbewerb mit steuerlich nicht begünstigten Betrieben derselben oder ähnlicher Art nicht gestört werden soll. Liegt ausnahmsweise ein Zweckbetrieb vor, wird er dem steuerbegünstigten Bereich mit der Folge zugerechnet, dass die dort erzielten Einnahmen von der Körperschaft- und Gewerbesteuer befreit sind; bei der Umsatzsteuer gilt der ermäßigte Steuersatz, sofern die Umsätze nicht ohnehin nach dem Umsatzsteuergesetz befreit sind.

5 Dazu ausführlich Hüttemann (2008: 396 ff.).

Bedeutung der Rechtsform

Da die Gemeinnützigkeit im deutschen Recht eine steuerrechtliche Kategorie ist, kann sie bei verschiedenen zivilrechtlichen Rechtsformen greifen. Mit anderen Worten: Obwohl beispielsweise die meisten Stiftungen gemeinnützig sind, ist dies nicht zwingend. Und umgekehrt kann eine herkömmlich mit wirtschaftlicher Zweckverfolgung assoziierte Rechtsform wie etwa die AG oder die GmbH durchaus gemeinnützig sein. Die eher für gemeinnützige Zwecke herangezogenen Rechtsformen sind dabei die Stiftung, der eingetragene Verein (e. V.) sowie die gemeinnützige GmbH (gGmbH). In den letzten Jahren wird häufig die britische Limited (Ltd.) als Alternative zur GmbH diskutiert, da hier die Anforderungen an die Kapitalausstattung geringer sind. Dieser Vorteil dürfte aber durch einige Nachteile überkompensiert werden: Auf das Recht der Ltd. ist britisches Recht anzuwenden, d. h. insbesondere die dortigen – hierzulande wenig bekannten – weitgehenden Publizitätsvorschriften sind einzuhalten. Nicht gemeinnützig können natürliche Personen sowie Personengesellschaften (GbR, KG, OHG) sein (Hüttemann 2008: 84). Fraglich und in der Literatur umstritten ist, ob Genossenschaften im steuerlichen Sinne gemeinnützig sein können, da sie regelmäßig auf die Erzielung eigenwirtschaftlicher Vorteile für die Genossen ausgerichtet sind. Dies dürfte mit dem in der AO formulierten Gebot der Selbstlosigkeit konfligieren (Hüttemann 2008: 82).

Grundsätzlich können Venture Philanthropen – da sie zwar möglicher- aber nicht notwendigerweise gemeinnützig sind – ebenso wie die von ihnen geförderten *Social Entrepreneurs* sowohl natürliche Personen als auch Stiftungen, Kapital- oder Personengesellschaften sein. Zunächst stehen also alle denkbaren Rechtsformen zur Verfügung, d. h. die klassischen Formen institutionalisierten gemeinwohlorientierten Engagements wie Stiftung und Verein, aber ebenso die typischen Formen wirtschaftlicher Unternehmen wie etwa Aktiengesellschaft und Gesellschaft mit beschränkter Haftung. Denkbar sind diverse Zwischenformen, steuerliche Sonderformen und Kombinationen, etwa die Stiftung & Co. KG, der sogenannte Stiftungsverein oder die gGmbH. Im Folgenden werden die in der Praxis am häufigsten diskutierten bzw. angewandten Rechtsformen dargestellt und hinsichtlich ihrer Eignung für den Bereich der *Venture Philanthropy* hinterfragt.

Stiftung

Die rechtsfähige Stiftung (§§ 80 ff. BGB) ist eine zweckneutrale Rechtsform, d. h. sie kann sowohl gemeinnützige als auch wirtschaftliche Ziele verfolgen (Schlüter/Stolte 2007: 32). Will eine Stiftung eine Steuerbefreiung im Sinne der §§ 52 ff. Abgabenordnung genießen – was auf über 95 Prozent der Stiftungen in Deutschland zutrifft[6] – muss die Satzung sowie die tatsächliche Geschäftsführung den Vorgaben des Ge-

6 Bundesverband Deutscher Stiftungen, Stiftungen in Zahlen: Errichtungen und Bestand rechtsfähiger Stiftungen des bürgerlichen Rechts in Deutschland im Jahr 2008, abrufbar unter www.stiftungen.org.

meinnützigkeitsrechts entsprechen. Das bedeutet insbesondere, dass die Stiftung ihre Mittel ausschließlich und zeitnah für die satzungsmäßigen Zwecke verwenden muss. Darüber hinaus besagt der stiftungsrechtliche Grundsatz der Kapitalerhaltung, dass lediglich die „Mittel", d.h. insbesondere die Zuflüsse aus Spenden und Kapitalerträgen verwendet werden dürfen, wohingegen das Stammkapital erhalten werden muss. Der Grundsatz der Kapitalerhaltung verkörpert die für das deutsche Stiftungsrecht prägende Idee der „Ewigkeitsgarantie", d.h. die Vorstellung, dass der in der Satzung festgeschriebene Stifterwille theoretisch ohne zeitliche Begrenzung verwirklicht, und die dazu geschaffene Stiftung mitsamt ihrem Satzungsauftrag und ihrem Kapital ewiglich perpetuiert wird. Dasselbe Prinzip kommt darin zum Ausdruck, dass die Änderung einer Stiftungssatzung - zumal wenn sie den Stiftungszweck betrifft - meist allenfalls unter Überwindung mehr oder weniger erheblicher Hürden möglich ist.

Damit ist die Stiftung tendenziell eine Rechtsform, die auf Langfristigkeit und Nachhaltigkeit, aber weniger auf Flexibilität ausgerichtet ist. Ist sie gemeinnützig, eignet sie sich besser als jede andere Rechtsform für Fundraising-Aktivitäten. Als Rechtsform für den Betrieb eines Unternehmens - also auch das eines *Social Entrepreneurs* - eignet sie sich mithin nur bedingt.[7]

Kritiker sehen insbesondere die staatliche Stiftungsaufsicht als ein Hindernis; tatsächlich können je nach Landesrecht bestimmte wichtige Entscheidungen der Genehmigung durch die Stiftungsaufsichtsbehörde unterliegen.[8]

Was der Stiftung gegenüber anderen Rechtsformen ein Alleinstellungsmerkmal verschafft, ist die Möglichkeit, nach § 10b Abs. 1a EStG Zuwendungen an eine Stiftung nicht nur - wie dies bei allen steuerbefreiten Körperschaften möglich ist - mit maximal 20% des Gesamtbetrags der Einkünfte als Spende abzusetzen, sondern zusätzlich und unabhängig vom persönlichen Einkommen in Höhe von maximal 1 Mio. € geltend zu machen. Diese Regelung - die allerdings auf natürliche Personen beschränkt ist - sieht eine zeitliche Erstreckung des zusätzlichen Abzugsbetrags über 10 Jahre vor.

Für den Bereich der *Venture Philanthropy* eignet sich die Rechtsform Stiftung daher vor allem für die Seite des Kapitalgebers - insbesondere dann, wenn er aktiv Fundraising betreibt. Als Beispiel kann hier besonders die Eberhard von Kuenheim-Stiftung der BMW AG genannt werden, die innovative sozialunternehmerische Ansätze in Form von Pilotprojekten unterstützt.

7 Ähnlich Achleitner/Pöllath/Stahl (Hrsg.) (2007: 50).
8 Überblicksartig Wigand/Haase-Theobald/Heuel/Stolte (2009: 68).

gGmbH

Eine „gGmbH" ist zivilrechtlich eine normale Gesellschaft mit beschränkter Haftung. Das vorangestellte „g" signalisiert, dass sie einen Unternehmenszweck verfolgt, der den steuerrechtlichen Anforderungen genügt, die das Gemeinnützigkeitsrecht in der Abgabenordnung aufstellt. Damit unterliegt die gGmbH sowohl dem zivilrechtlichen Regime des GmbH-Rechts als auch dem steuerrechtlichen der §§ 51 ff. Abgabenordnung. Obgleich eine gGmbH aber durchaus unter der Firma „Stiftung" auftreten darf – das wohl prominenteste Beispiel hierfür ist die Robert Bosch Stiftung gGmbH – unterliegt sie nicht den strengen Vorschriften der Landesstiftungsgesetze und insbesondere nicht der Stiftungsaufsicht. An deren Stelle treten bei der gGmbH allerdings verschiedene Publizitäts-, Rechnungslegungs- und Registerpflichten, etwa die Pflicht zur Einreichung des Jahresabschlusses beim Handelsregister (Achleitner/Pöllath/Stahl 2007: 52).

Die gGmbH kann die Vorteile der Gemeinnützigkeit mit der betont unternehmerischen Orientierung der Rechtsform GmbH vereinen. Die GmbH ist eine schlanke und flexibel gestaltbare Organisationsform. Sie hat einen oder mehrere Gesellschafter sowie mindestens einen Geschäftsführer; letzterer ist an die Weisungen der Gesellschafter gebunden; zulässig ist auch die Vereinigung beider Rollen in der des „geschäftsführenden Gesellschafters" der sogenannten Ein-Mann-GmbH.

Aufgrund dieser positiven Eigenschaften hat die gGmbH in der *Venture Philanthropy* Praxis bereits Fuß gefasst. Die bekanntesten deutschen VP-Intermediäre Ashoka und BonVenture haben sich dieser Rechtsform bedient.[9]

gUG (haftungsbeschränkt), sog. Mini-GmbH

Die oben dargestellten finanziellen Anforderungen an die Kapitalausstattung einer GmbH wurden in der Vergangenheit von vielen als Hürde wahrgenommen, mit denen der Gesetzgeber unternehmerische Initiativen behindert. Zuweilen sind besonders wagnisreiche und innovative Vorhaben auf die mit der GmbH verbundenen Haftungsbeschränkung angewiesen, aber das erforderliche Mindestkapital steht noch nicht zur Verfügung. Durch die letzte Reform des GmbH-Rechts[10] wurde daher die Möglichkeit geschaffen, eine Gesellschaft mit beschränkter Haftung mit einem symbolischen Stammkapital von 1 € zu gründen; sie ist in der Diskussion als „Mini-GmbH" bekannt geworden, wobei die firmenrechtlich korrekte Bezeichnung „Unternehmergesellschaft (haftungsbeschränkt)" oder UG (haftungsbeschränkt) lautet. Allerdings ist dies bei Tage betrachtet keine neue Rechtsform, sondern lediglich eine Sonderform der GmbH, für die aber Erleichterungen hinsichtlich der Kapitalaufbringung gelten (§ 5a GmbHG). Allerdings besteht im Fall der UG die Pflicht, so lange

9 Zu beiden Einrichtungen siehe die entsprechenden Beiträge in diesem Band.

10 Gesetz zur Modernisierung des GmbH-Rechts und zur Bekämpfung von Missbräuchen (MoMiG) vom 23.10.2008, BGBl I 2008, S. 2026.

ein Viertel des Jahresüberschusses in eine gesetzliche Rücklage einzustellen, bis die reguläre Kapitalausstattung einer GmbH, also 25.000€, erreicht ist.

Aufgrund der niedrigschwelligen Voraussetzungen zur Gründung einer haftungsbeschränkten Unternehmergesellschaft eignet sie sich in besonderer Weise für kleine Startup-Unternehmen, die über wenig Startkapital verfügen; im Bereich der *Social Entrepreneurs* dürfte dies eine besonders große praktische Bedeutung haben.

Diskutiert wird indes, ob nicht die Pflicht zur teilweisen Einstellung der Jahresüberschüsse in eine gesetzliche Grundlage gegen das gemeinnützigkeitsrechtliche Gebot der zeitnahen Verwendung der Mittel für die satzungsmäßigen Zwecke verstößt. Gegebenenfalls wäre die UG untauglich für Vorhaben, bei denen die steuerliche Gemeinnützigkeit erwünscht ist. Zu dieser Frage hat allerdings jüngst das Bayerische Landesamt für Steuern Stellung genommen: die UG eigne sich ohne Weiteres für gemeinnützige Vorhaben, die Thesaurierungspflicht führe nicht zu einem Verlust der Steuerbegünstigung.[11] Denn unter das Gebot des §§ 55, 58 AO fallen nicht solche Mittel, die bereits anderweitig gesetzlich gebunden sind.

Um gegebenenfalls zu signalisieren, dass die UG (haftungsbeschränkt) einen gemeinnützigen Zweck verfolgt, dürfte der Zusatz gUG in Anlehnung an die allgemein üblichen Firmierungsformen gGmbH und gAG zulässig sein. Die Bezeichnung als Stiftung gUG (haftungsbeschränkt) dürfte allerdings – ebenso wie bei einer Stiftung e. V. – unzulässig sein, wenn tatsächlich keine stiftungsartige Kapitalausstattung vorhanden ist.

Insgesamt erscheint die gUG aber als interessante neue Alternative zur gGmbH und zur Ltd. Aufgrund der Haftungsbeschränkung in Verbindung mit den niedrigen Gründungsvoraussetzungen, der Möglichkeit einer Steuerbegünstigung und des vergleichsweise einfachen Gründungsverfahrens kann die Prognose gewagt werden, dass die gUG sehr bald insbesondere im Bereich der *Venture Philanthropy* an praktischer Bedeutung gewinnen wird.

e. V.

Der eingetragene Verein (e. V.) kommt insbesondere dann als Rechtsform in Frage, wenn zwar eine Gruppe von Initiatoren, aber wenig Kapital vorhanden ist. Ein Verein setzt eine Mitgliederzahl in Höhe von mindestens sieben Personen, aber kein Mindestkapital voraus. Finanziert wird ein Verein in der Regel durch die Beiträge seiner Mitglieder. Ist der Verein gemeinnützig, kann er zudem abzugsfähige Spenden vereinnahmen. Trotz der teilweise vorhandenen „Verwandtschaft" zwischen Stiftung und Verein (das Stiftungsrecht der §§ 80 ff. BGB verweist auf einige Regeln des Vereinsrechts) gibt es doch deutliche Unterschiede. Während die Stiftung vermögens-

11 Bayerisches Landesamt für Steuern, Verfügung vom 31. März 2009, Az S 0174.2.1-2/2 St31, abrufbar beispielsweise unter www.unternehmergesellschaft.de; näher Oberbeck/Winheller (2009): Die gemeinnützige UG: Die Pflichtrücklage nach § 5a Abs. 3 GmbHG als Stolperstein? DStR , S. 516.

basiert, in ihrem Bestand von Personen unabhängig und durch den Satzungszweck dominiert ist,[12] verhält es sich beim Verein umgekehrt: Ein Vereinsvermögen ist zwar möglich, aber nicht erforderlich. Sinkt die Mitgliederzahl unter drei, so ist der Verein von Amts wegen aufzuheben. Und: Die Mitglieder können den Satzungszweck jederzeit ändern.[13] Damit sind die Geschicke und der Fortbestand eines Vereins in hohem Maße von der Bereitschaft seiner Mitglieder abhängig, sich für die gemeinsame Sache zu engagieren.

Die Eignung für *Venture Philanthropy* Vorhaben kann nicht pauschal bewertet werden. Als Kapitalsammeleinrichtung ist ein Verein sicherlich empfehlenswert; die Nachteile aufwendiger und zuweilen nur unzureichend prognostizierbarer Abstimmungs- und Entscheidungsprozesse in der Mitgliederversammlung müssen dabei aber bekannt sein und bewusst in Kauf genommen werden.

gAG

Eine gemeinnützige Aktiengesellschaft (gAG) ist eine derzeit noch sehr selten genutzte Rechtsform für gemeinnützige Anliegen. Sie mag in einzelnen Fällen eine Alternative zum eingetragenen Verein darstellen, wenn eine größere wirtschaftliche Aktivität entfaltet und der Kreis der Mitglieder (dann Aktionäre) groß sein wird (Hüttemann 2008: 56). Während andere Rechtsformen große Freiheit bei der Satzungsgestaltung bieten, herrscht im Aktienrecht der Grundsatz der Satzungsstrenge, der individuelle Gestaltungen weitgehend ausschließt. Nachteilig ist zudem, dass die finanzielle Beteiligung, die hier in Form der Zeichnung von Aktien stattfindet, steuerlich nicht geltend gemacht werden kann, da mit der wirtschaftlichen Beteiligung an der gAG ein Gegenwert verbunden ist, was eine Bewertung der Zahlung als Spende ausschließt. Zudem sind – anders als beim Verein – keine Leistungen an die Aktionäre möglich. Denn weil die Zahl der Aktionäre a priori durch die Zahl der emittierten Aktion limitiert ist, stellen diese keinen Ausschnitt aus der „Allgemeinheit" im Sinne der AO dar. Schließlich ist der Gründungsaufwand einer AG relativ hoch – auch hinsichtlich der zu leistenden Kapitaleinlage von mindestens 50.000 €.

Für *Venture Philanthropy* Initiativen, bei denen besonderer Wert auf Flexibilität und ein unaufwendiges Gründungsverfahren gelegt wird, dürfte die gAG eine wenig geeignete Rechtsform sein. So verwundert es nicht, dass gegenwärtig nur schätzungsweise 10 bis 15 Einrichtungen als gAG firmieren.

Zweckmäßig kann eine gAG hingegen sein, wenn mit der Wahl der Rechtsform zugleich ein inhaltliches Signal verbunden ist. So wird beispielsweise die Phineo gAG – eine Spendenplattform und Einrichtung zur wissenschaftlichen Evaluation von gemeinnützigen Einrichtungen – als Aktiengesellschaft geführt, weil sie in besonderer Weise den Aspekt des „Marktes" für „soziale Investoren" verkörpern will.

12 Bei der Stiftung sind die Organe (Vorstand, evtl. Kuratorium) sog. „Diener des Stiftungszwecks".
13 Beim Verein spricht man davon, dass die Mitglieder „Herren des Zwecks" sind.

Instrumente

Materielle Unterstützung

Im Bereich der *Venture Philanthropy* wird häufiger als im herkömmlichen Mäzenatentum von Alternativen zur Spende Gebrauch gemacht, nämlich von der Möglichkeit der Finanzierung mit Fremdkapital (Darlehen), Eigenkapital (Beteiligungen) oder Zwischenformen (Mezzanine).

a) Spenden, Preise, Stipendien

Spenden sind freiwillige und unentgeltliche Leistungen (Geld- oder die im Bereich des *Capacity Buildings*[14] häufig verwendeten Sachspenden) an eine steuerbefreite Körperschaft, die in keinem Zusammenhang mit einer Gegenleistung stehen. Sofern der Spendenempfänger berechtigt ist, eine Zuwendungsbescheinigung im Sinne der Abgabenordnung auszustellen, kann der Spender den beschriebenen Spendenabzug geltend machen. Für den Spendenempfänger sind Einnahmen aus Spenden steuerfrei.

Für den *Social Entrepreneur* bedeutet dies, dass er eine Spende nicht selbst, d. h. auf seinem eigenen Konto oder dem einer nicht gemeinnützigen Gesellschaft, annehmen kann – grundsätzlich natürlich auch dann nicht, wenn dies als Preis oder Stipendium deklariert wird. Vielmehr muss eine Spende stets unmittelbar an eine gemeinnützige Einrichtung gezahlt werden. Denn Spenden können niemals für eine natürliche Person, sondern nur für den gemeinnützigen Zweck einer steuerbefreiten Körperschaft bereitgestellt werden, sodass auch das Gehalt oder sonstige Zuwendungen für den Lebensunterhalt eines *Social Entrepreneurs* nicht steuerfrei aus Spenden getragen werden können; für diese Einkünfte fällt stets Einkommen- oder Schenkungsteuer an (Pöllath 2007: 60).

Leistungen an natürliche Personen können für diese steuerfrei sein, wenn sie aus der Gewährung eines Stipendiums oder der Auszeichnung mit einem Preis bestehen. Hierbei stellen sich im Einzelfall schwierige Abgrenzungsfragen. Grundsätzlich gilt, dass Preise dann vom Empfänger versteuert werden müssen, wenn sie einen „Zusammenhang mit einer Einkunftsart" aufweisen, d. h. wenn die Preisverleihung wirtschaftlich den Charakter eines Entgelts hat, weil sie sich auf eine bestimmte Leistung bzw. ein bestimmtes Werk des Empfängers bezieht, oder aber, wenn sie erst die Voraussetzungen für die Erzielung von Einkommen schaffen soll (Gründerhilfe).[15] Die Gewährung von Stipendien ist nur dann einkommensteuerfrei, wenn sie zu Zwecken der Forschung oder Ausbildung von einer hoheitlichen oder gemeinnützigen Einrichtung vergeben werden; hier sind die in § 3 Nr. 44 Einkommensteuergesetz (EStG) genannten Voraussetzungen zu beachten.

14 Näher Hoelscher (2007).

15 BMF-Schreiben vom 5.9.1996, IV B 1 – S 2121 – 34/96, Einkommensteuerliche Behandlung von Preisgeldern, § 2 Abs. 1 EStG. In: Bundessteuerblatt I 1996, S. 1150.

b) Darlehen

Als Alternative zur Spende bietet sich insbesondere im Bereich der *Venture Philanthropy* die Vergabe eines Darlehens an, da über die Ausgestaltung der Rückzahlungspflichten interessante Einflussmöglichkeiten des Kapitalgebers bestehen (siehe beispielsweise unten zu den sog. „Wandelspenden" und „recoverable grants"). Da ein Darlehen ein Dauerschuldverhältnis zwischen *Venture Philanthropist* und dem Geförderten etabliert, liegt ein grundsätzlicher Unterschied zur punktuellen Spende vor. Über die Frage, nach welchen Kriterien sich die Rückzahlungspflicht regelt, kann eine – für den Bereich der *Venture Philanthropy* charakteristische – sogenannte Exit-Strategie formuliert werden.

Handelt es sich bei dem Darlehensgeber um eine gemeinnützige Einrichtung (Stiftung, gGmbH, e.V. etc.), stellen sich bei der Darlehensvergabe verschiedene steuerliche Fragen: Ist die Darlehensvergabe der ideellen Zweckverwirklichung oder dem Bereich der Vermögensverwaltung zuzurechnen? Wie hoch darf der Zins sein und wie wird er bei dem Darlehensgeber versteuert? Ist das Darlehen aus dem Vermögen oder aus zeitnah zu verwendenden Mitteln zu finanzieren?

Sofern mit der Darlehensvergabe eine Vergünstigung verbunden ist, weil der Darlehenszins entweder unter dem Marktniveau liegt, oder es sich sogar um ein zinsloses Darlehen handelt,[16] ist der Vorgang der ideellen Sphäre mit der Folge zuzurechnen; bei einer Marktüblichkeit des Zinses ist der Vorgang hingegen der Sphäre der Vermögensverwaltung zuzuordnen.

Aus der Perspektive des Darlehensnehmers ist das Darlehen als Alternative zur Spende gleichfalls interessant. Es stellt Fremdkapital dar, das nicht zeitnah verwendet werden muss, sondern im Rahmen der Vermögensverwaltung investiert werden kann. Ist der Darlehensnehmer eine Stiftung, kann je nach Landesrecht eine Anzeigepflicht gegenüber der Stiftungsaufsichtsbehörde bestehen. Will der Darlehensnehmer das Kapital einsetzen, um ein größeres, zweckverwirklichendes Projekt zu finanzieren, können Zinsen und Tilgung aus den zeitnah zu verwendenden Mitteln beglichen werden. Soll hingegen eine Investition im Bereich der Vermögensverwaltung oder des wirtschaftlichen Geschäftsbetriebs finanziert werden, dürfen die zeitnah zu verwendenden Mittel hierzu nicht genutzt werden (Meyn 2009: 72f.), da es dadurch zu einer unzulässigen Vermischung der steuerlichen Sphären käme.

Bei der Vereinbarung der Rückzahlungsmodalitäten gibt es – wie eingangs erwähnt – Hebel für den Kapitalgeber, um den effektiven Einsatz seiner Mittel anzureizen, aber auch, um das Risiko eines Scheiterns des Geförderten zu übernehmen. Beispielsweise kann ein Darlehen so vereinbart werden, dass Zins und Tilgung endfällig sind (sog. Ballondarlehen). Dies kann mit der zusätzlichen Vereinbarung verbunden werden, dass die endfällige Zahlungspflicht erlassen wird, wenn der Darlehensnehmer bestimmte, vorab definierte Ziele erreicht. Da gegebenenfalls die Darlehenssumme

16 Vgl. Ziffer 15 Anwendungserlass zur Abgabenordnung (AEAO) zu § 55.

endgültig beim Darlehensnehmer verbleibt, wandelt sich das Darlehen somit in eine Spende um. Man spricht daher auch von einer Wandelspende (vgl. Stahl 2007b: 74). Denkbar ist eine konsekutive Aneinanderschaltung mehrerer Darlehenstranchen, die bei Erreichung vorab definierter Meilensteine in Spenden umgewandelt werden; hierdurch ist eine noch engere Begleitung und Steuerung des geförderten Vorhabens möglich.

Umgekehrt kann der Darlehensgeber seine Zuwendung nicht konditional an die Erreichung bestimmter Ziele binden – womit das Risiko des Scheiterns beim Darlehensnehmer liegt –, sondern dieses Risiko bewusst selbst übernehmen. Dazu kann etwa vereinbart werden, dass das Darlehen nur dann getilgt werden muss, wenn sich das geförderte Projekt nach Ablauf einer bestimmten Frist selbst trägt. Widrigenfalls wird es im Nachhinein in eine Spende umgewandelt. In dieser Konstellation spricht man von „recoverable grants“ (ebd.).

c) Eigenkapitalbeiträge

Eigenkapital kann entweder selbst aufgebracht werden (Selbstfinanzierung) oder durch Dritte unbefristet zur Verfügung gestellt werden (Einlagenfinanzierung), was in der Regel mit der Abrede verbunden ist, dass der Eigenkapitalgeber (Aktionär, GmbH-Gesellschafter etc.) das Ertragsrisiko trägt, d. h. entweder eine Ausschüttung erhält, aber auch am Verlust partizipiert. Steuerlich absetzbar ist die Beteiligung durch Eigenkapital nicht, da mit dem Gesellschaftsanteil ein Gegenwert erworben wird, sodass es an der für Spenden charakteristischen Uneigennützigkeit mangelt. Gleichzeitig ist die bei Einlagen übliche Ausschüttung einer Gewinnbeteiligung dann ausgeschlossen, wenn die Gesellschaft steuerlich gemeinnützig ist, beispielsweise im Falle einer gGmbH. Denn Gewinne dürfen ausschließlich für die satzungsmäßigen gemeinnützigen Zwecke verwendet werden.[17]

Der Erwerb eines Anteils an einer rechtsfähigen Stiftung ist hingegen nicht möglich. Die Stiftung hat keine Gesellschafter, sie gehört vielmehr sich selbst. Dennoch kann ein sozialer Investor einer Stiftung Eigenkapital zur Verfügung stellen, indem er eine Zustiftung vornimmt. Diese begründet zwar kein Rechtsverhältnis zwischen der Stiftung und dem Zustifter; insbesondere führt eine Zustiftung nicht zu Rechten oder Pflichten des Zuwendenden. Auch verbleiben die aus der Zustiftung generierten Erträge in der Stiftung bzw. werden für deren Zwecke verwand. Und schließlich kann ein Zustifter seinen „Anteil“ weder veräußern noch zurückverlangen. Allerdings berechtigt die Zustiftung zu einem Steuerabzug, der über den üblichen Spendenabzug hinausgeht.[18] Möglich ist zudem, dass die Zustiftung mit einer Zweckbindung versehen wird, die allerdings mit den satzungsmäßigen Zwecken kompatibel sein muss.

17 Vgl. § 55 Abs. 1 Nr. 1 Satz 2 AO.
18 Siehe Absatz Stiftung in diesem Beitrag.

Stiftungen und andere gemeinnützige Einrichtungen können sich ihrerseits als Gesellschafter an anderen Unternehmen beteiligen, wobei eine Beteiligung, die zu Einflussrechten führt, gemeinnützigkeitsschädlich sein kann.[19]

Ideelle Unterstützung

Charakteristisch für *Venture Philanthropy* ist, dass neben dem finanziellen auch soziales Kapital zur Verfügung gestellt wird – sei es durch die Einbindung in Netzwerke oder etwa durch die Überlassung von Know-how. Hierbei stellt sich aus juristischer Sicht insbesondere die Frage der Zulässigkeit von kostenlosen Beratungsleistungen. Eine besondere Praxisrelevanz hat hierbei die Frage nach den berufsrechtlichen Grenzen von Pro-Bono Mandaten von Rechtsanwälten. Für gemeinnützige Einrichtungen wie auch *Social Entrepreneurs* kann ein Pro-Bono Beratungsmandat ein wichtiger Beitrag sein. Auch für Anwälte können Pro-Bono Mandate eine interessante Form sozialen Engagements und zugleich eine wirksame Maßnahme zur Steigerung des öffentlichen Ansehens sein. Während dies in amerikanischen Großkanzleien üblich und nach dem dortigen Recht zulässig ist, ist das deutsche Berufsrecht der Rechtsanwälte restriktiv: Nach § 49b Abs. 1 Satz 2 Bundesrechtsanwaltsordnung (BRAO) kann ein Anwalt allenfalls im Einzelfall nachträglich Gebühren erlassen oder ermäßigen, wenn dies durch die Bedürftigkeit des Mandanten begründet ist. Im Umkehrschluss heißt dies, dass in der Regel eine anwaltliche Beratung unterhalb der gesetzlich vorgeschriebenen Gebührenschwelle oder gar eine vollständig kostenfreie unzulässig ist.

Sofern dem kein derartiges Berufsrecht entgegensteht, können Förderer allerdings ohne Weiteres Pro-Bono Beratungsleistungen erbringen. In der Praxis wichtig sind hier beispielsweise die Leistungen von Unternehmensberatungen.

Neben der Erbringung von Beratungsleistungen ist auch die Übernahme von Gremiensitzen durch Förderer denkbar. Dies ist zulässig und ein gern genutztes Instrument, um solche Förderer auszuzeichnen und in strategische Überlegungen mit einzubeziehen, die sich in besonderem Maße finanziell oder persönlich für die Ziele der geförderten Einrichtung einsetzen (Hoelscher 2007).

19 Im Einzelnen Hüttemann (2008: 382ff.).

Schluss

Die Diskussion, mit welchen steuer- und zivilrechtlichen Instrumenten und Kategorien sowie mit welchen gesellschaftsrechtlichen Rechtsformen *Venture Philanthropy* in seinen vielfältigen Ausprägungen juristisch erfasst werden kann, beginnt gegenwärtig. Aus kautelarjuristischer Perspektive stellt sich die Aufgabe, die vertraglichen Beziehungen zwischen *Venture Philanthropist* und *Social Entrepreneur* interessengerecht und praktikabel auszugestalten. Dabei spielt vor allem eine Rolle, die im Bereich der *Venture Philanthropy* besonders relevante steuerliche Abgrenzung zwischen gemeinnützigen und wirtschaftlichen Aktivitäten zu definieren, die Vor- und Nachteile der Gemeinnützigkeit abzuwägen. Damit sind Themen angesprochen, die auch in der Rechtswissenschaft keineswegs eindeutig und abschließend geklärt sind. Insgesamt dürften Venture *Philanthropy Vorhaben* daher in besonderem Maße auf eine juristische Beratung und Begleitung angewiesen sein.

Um eine weitere positive Entwicklung von *Venture Philanthropy* in Deutschland zu fördern, wäre es sicherlich günstig, Rechtsberatern zusätzliche gesetzliche Möglichkeiten der Übernahme von Pro-Bono Mandaten zu bieten.

Teil 2 – Sozial- und geisteswissenschaftliche Analyse

Venture Philanthropy – Von der Gabe zu konditionalisierten Formen des Gebens

von Frank Adloff

Inhalt

Einleitung

Die Vergabe von *Venture Capital* im Bereich der Philanthropie, etwa von einer Stiftung an eine andere Nonprofit-Organisation, konstituiert eine spezifische soziale Beziehung zwischen beiden Akteuren. Es werden dabei vielfältige Ressourcen transferiert und ausgetauscht, die in Formen der Wechselwirkung und Wechselseitigkeit münden. In der sozialwissenschaftlichen Forschung wurde bislang die Frage weitgehend ausgeblendet, welche Reziprozitätsbeziehungen eigentlich zwischen Organisationen im Feld der Philanthropie bestehen. Dies ist insofern relevant, da interorganisatorische Reziprozitäten erst das Feld der organisierten Philanthropie konstituieren. Wie der Blick auf neuere Entwicklungen im amerikanischen Stiftungs- und Spendenwesen zeigt, unterliegen sie dabei durchaus einem umfangreichen Wandel.

Seit den 1990er Jahren ist in den USA verstärkt Bewegung in den Bereich der Philanthropie gekommen – besonders in den Stiftungssektor – und herkömmliche Konzepte werden überdacht. Dieser Prozess findet unter verschiedenen Stichworten statt (Strategic Philanthropy, Effective Philanthropy, Venture Philanthropy, Philanthropic Leverage und ähnliche), die im Kern aber auf Ähnliches hinauslaufen. In all diesen Fällen geht es darum, die Wirkungskraft und Effektivität philanthropischen Engagements zu verbessern, und zwar zumeist auf dem Weg der engeren Verbindung zwischen der Stiftung oder dem individuellen Spender und der Geld empfangenden Nonprofit-Organisation, also dem *Destinatär.* Diese neue „strategische" bzw. „effektive" Philanthropie (vgl. Breiteneicher/Marble 2001) überträgt Management-Strategien auf den gemeinnützigen Sektor, es handelt sich gleichsam um die Übertragung des Gedankens der lohnenden Investition auf den gemeinnützigen Bereich.

Ende der 1990er Jahre legten die Ökonomen Porter und Kramer (1999) einen maßgeblichen Beitrag zum Thema vor.[1] Ihr Ausgangpunkt ist, dass sich Stiftungen effektiver und strategischer verhalten sollten, um einen „gesellschaftlichen Mehrwert" zu produzieren. Dazu zählt beispielsweise, die Fördermittel strategisch und gezielt und nicht zu breit zu vergeben, mit dem Ziel, einen „greater social impact per dollar expended than any other organization tackling the same problem" (ebd.: 126) zu erreichen. Des Weiteren sollten sich Stiftungen mittels Beratung darum bemühen, dass die *Destinatäre* effizient und effektiv mit den erhaltenen Mitteln umgehen. Stiftungsprogramme sollten evaluiert und langfristiger angelegt werden, um neuen Initiativen eine finanzielle Überlebenschance zu geben. „Without evaluation, a foundation will never know whether or not it has been successful. The most basic premise of strategy - striving for superior performance - is violated if performance is not measured." (Porter/Kramer 1999: 129) Insbesondere Stiftungen ohne professionelles Personal, sondern mit ehrenamtlichen Gremienmitgliedern neigen zu „arm's length relationships with grantees" - so Porter und Kramer (ebd.: 130) - und evaluieren ihre Förderaktivitäten nicht. In einer Umfrage unter knapp 200 größeren Stiftungen fand das Center for Effective Philanthropy heraus (vgl. Huang et al. 2006), dass fast die Hälfte aller Fördermittel an NPOs für nicht länger als für ein Jahr vergeben werden.

Weltweiter Philanthrokapitalismus?

Durch die Übertragung der wirtschaftlichen Handlungslogik auf den Bereich der Philanthropie entsteht nun das, was der Economist vor einiger Zeit Philanthrokapitalismus nannte.[2] Philanthropie habe vom Business zu lernen, heißt es, denn sie hinke in der Effektivität um Jahrzehnte zurück. Die noch in den 1970er Jahren vorhandene Trennung zwischen einer philanthropischen Handlungslogik und einer davon verschiedenen wirtschaftlichen Logik fällt, so kann man meines Erachtens behaupten, mehr und mehr in sich zusammen. Viele Stiftungen, die dem Modell der Vergabe von *Venture Capital* folgen, betreiben nun eine Art ökonomisches Erziehungsprogramm: Die Herstellung von *Social Entrepreneurship* und Economic Citizenship Education steht dabei im Vordergrund. So stellt die Vergabe von Mikrokrediten bspw. den aktuellen „state of the art" in der Förderung ökonomisch benachteiligter Gruppen dar. Besonders offensichtlich ist dies beim Omidyar Network, das der Ebay-Gründer Omidyar als Kombination von Forprofit- und Nonprofit-Aktivitäten ins Leben rief, mit dem Ziel „to enable individual self-empowerment on a global scale and to employ business as a tool for social good". Liberal-demokratische Staatlichkeit und kapitalistische Wirtschaftsweise sollen ergänzt werden durch zivilgesellschaftliche Assoziationen und

1 Zwei Jahre zuvor hatten Christine Letts et al. (1997) von der Kennedy School of Government der Harvard University schon einen ähnlichen Artikel in der Harvard Business Review veröffentlicht, der als wichtiger Referenzpunkt in der *Venture Philanthropy* Debatte ebenfalls regelmäßig zitiert wird.

2 The Economist, 25. Februar - 03. März 2006.

starke Akteure in einer zu schaffenden „civic gift economy". Ann Vogel (2006: 645) spricht in diesem Zusammenhang von einer „missionary pedagogy", die auf „civil society citizenship" und „economic citizenship education" hinausläuft. Das amerikanische Philanthropie- und Zivilgesellschaftskonzept wird nun in die entstehende Weltgesellschaft eingeführt und spezifische rationalisierte Modelle von Handlungsfähigkeit werden propagiert (ebd.: 649).

Der Soziologe John Meyer (2005) hat dargelegt, wie eine globale Kultur über die Vereinten Nationen und andere internationale Körperschaften transportiert wird: Sie verbreitet sich durch Diffusion und gegenseitiges Kopierverhalten. Insbesondere amerikanische Stiftungen sind ressourcen-, einfluss- und prestigereiche Mitspieler und Motoren in der Weltgesellschaft, die mithelfen, die kognitive und normative Rahmung des Handelns auf Märkten und in Zivilgesellschaften in übergreifenden und universellen institutionellen Kontexten auf der Gesellschafts- und Weltgesellschaftsebene zu verankern. Momentan wird der internationale gesellschaftspolitische Diskurs offensichtlich auf die Sozialfigur des aktiven, eigenverantwortlichen und gemeinsinnigen Bürgers eingeschworen - das abzulehnende Gegenbild stellt der passive, sich auf den Sozialstaat verlassende und egoistische Besitzstandswahrer dar. Die Soziologin Margaret Somers (2001) hat gezeigt, wie dieses angloamerikanische kulturelle Selbstverständnis auf der Locke'schen Vorstellung einer „natürlichen" Gesellschaftsordnung beruht, die vornehmlich auf rationaler und autonomer Interessenverfolgung basiert und immer schon vor dem Staat existiert. Dieser Gesellschaftsordnung wird ein Staat gegenübergestellt, der auf dem „negativen Code" von Zwang, Bürokratie, Überregulierung und Willkür beruht. Neben einem unternehmerischen Selbst (vgl. Bröckling 2007), das es weltweit zu kreieren gilt, braucht es also auch ein aktives zivilgesellschaftliches Selbst, das Verantwortung für sich und die umliegende Community übernimmt. Der *Social Entrepreneur* ist in diesem Sinne kultureller Ausdruck des weltweiten Siegeszugs von Individualismus, Kapitalismus und Zivilgesellschaft - mithin eines Philanthrokapitalismus.

Strategische Philanthropie, Venture Capital und Konditionalisierungen des Gebens

Einige Beispiele mögen belegen, dass es sich bei den neuen Formen der strategischen Philanthropie um Ausprägungen konditionalisierten Gebens und um den Aufbau intensivierter Reziprozitätsbeziehungen handelt, während in den Jahrzehnten zuvor die „Gabe" keine so stark definierten „Gegengaben" von Seiten der Nonprofit-Organisation verlangte. Große Stiftungen wie die Rockefeller Stiftungen oder auch die Ford Foundation waren vielmehr von der Haltung geprägt: „Find good minds and give them the freedom to work without interference." (Karl/Karl 1999: 70)

Viele Stifter und Spender legen dagegen mittlerweile sehr detailliert fest, für welche Projekte das gegebene Geld eingesetzt werden soll. Häufig wird von den Organisationen im Vorfeld verlangt, zusätzliche Gelder zu akquirieren (über sogenannte „matching funds"), bevor die Unterstützung von der Stiftung erfolgt. Einige Förderer sind mittlerweile dazu übergegangen, ihre Expertise und Management-Erfahrungen anzubieten (Frumkin 2000: 44); sie sehen sich dabei immer häufiger als Consultants für die NPOs.

Insbesondere das Schlagwort *Venture Philanthropy* hat in den letzten Jahren viel Aufmerksamkeit auf sich gezogen.[3] Hier wird Philanthropie in Anlehnung an den Wirtschaftssektor als „soziale Investition" verstanden; die getätigten Investitionen sollen einen sozialen Gewinn zeigen und sich gewissermaßen lohnen (Frumkin 2003): NPOs sollen zu einer bestimmten Größe und einem höheren Kapitalisierungsgrad geführt werden, um ihre organisationelle Leistungsfähigkeit zu erhöhen. Darin liegen große Chancen für die NPOs, Ressourcen und Kompetenzen aufzubauen, doch viele favorisieren nach wie vor das „cut a check and run"-Konzept: Eine finanzielle Transaktion ohne daran geknüpfte Bedingungen erscheint manchen als die beste Unterstützungsform.

Interessant ist in diesem Zusammenhang allerdings, dass das soziale Investitionskonzept auch den Blick auf einen bisher stark vernachlässigten Aspekt richtet, nämlich auf das angelegte Stiftungskapital selbst. Nicht selten widerspricht nämlich die Kapitalanlagepraxis der Zwecksetzung oder „Mission" der Stiftungen, wenn beispielsweise Gelder in der Rüstungsgüterindustrie, in unökologischen Anlagen, in der Tabakindustrie oder ähnlich problematischen Branchen angelegt werden.[4] Während die jährlichen Kapitalerträge die Stiftungsarbeit finanzieren, läuft die Investitionspraxis auf diese Weise zum Teil dem Stiftungszweck entgegen. Kramer und Cooch (2007) haben deswegen darauf aufmerksam gemacht, dass zu einer kohärenten und strategischen Stiftungsarbeit auch eine bewusste Anlagestrategie gehört, die „missionsgetrieben" ist – die Autoren sprechen dabei vom Konzept des „mission investing". Nur so kann verhindert werden, dass allein der Stiftungszweck die ansonsten „unreinen" Stiftungsmittel „heiligt".

Schließlich ist die Evaluation der NPO-Projekte ein zentraler Punkt im Konzept der *Venture Philanthropy*: *Assessment, Benchmarking* und *Performance Measurement* sind hier die geläufigsten Schlagworte. Hall (2004) geht davon aus, dass der Eva-

3 Die häufig damit verbundene Rhetorik, dass es bei der Vergabe von *Venture Capital* auch darum gehe, wie ein Unternehmer Risiken auf sich zu nehmen, ist natürlich sehr irreführend bzw. bloße Rhetorik. Während Unternehmer das Risiko des kompletten Verlustes eingehen, müssen Stiftungen ja eine bestimmte Summe jährlich ausgeben, ohne den Kapitalstock dabei anzutasten. Einem Risiko sind vielmehr die Destinatäre ausgesetzt, wenn sie nicht wissen, ob bspw. eine Förderung verlängert wird oder nicht.

4 Im Januar 2007 berichtete die Los Angeles Times, dass das Stiftungsvermögen der Bill and Melinda Gates Foundation zum Teil „schmutzig" bei Unternehmen angelegt sei, die Standards sozialer Verantwortung deutlich unterlaufen. Von dem Ölmulti Eni war die Rede, der „wie viele Firmen im Niger-Delta, überschüssiges Öl in einer riesigen Flamme abfackelt – und einen Regen von 250 giftigen Substanzen auf Mensch und Umwelt niedergehen lässt" (SZ, 10. Januar 2007). Die Stiftung verhielt sich defensiv und verwies darauf, dass sie ein passiver Investor sei und keinen „shareholder activism" betreibe (Presseerklärung vom 11. Januar 2007).

luationsboom im Stiftungswesen auch damit zu tun hat, dass in den letzten Jahren vermehrt Stifter und Trustees aus der ergebnisorientierten Hightech-Industrie, die es gewohnt sind, unmittelbare Erfolge zu verzeichnen und diese messen zu können, ihren Weg in die Philanthropie gefunden haben. Auch die Professionalisierung des Sektors durch Mitarbeiter, die in Business Schools oder im Bereich des Nonprofit Managements ausgebildet wurden, verstärkt diese Tendenz zur Evaluation.

Michael Moody (2008) hat eine qualitative Untersuchung der Hauptakteure[5] vorgelegt, die das Konzept der *Venture Philanthropy* propagieren und verbreiten. Ausgangspunkt der Ende der 1990er Jahre einsetzenden Bewegung, die das Feld der „traditionellen" Philanthropie zu erneuern trachtet, war ökonomisch gesehen der dot. com-Boom der Internetbranche, hier regional das Silicon Valley. Zu Reichtum gekommene Protagonisten von dot.com-Unternehmen zählten zu den ersten Akteuren, die neue philanthropische Institutionen schufen, welche Businessmodellen nachempfunden waren und die netzwerkartig über Meinungsführer verbreitet wurden: „Opinion leaders promoted the field as a single endeavor, with a coherent philosophy, under a single label." (ebd.: 342) Nach dem Platzen der Internetblase hat sich die *Venture Philanthropy* Bewegung nicht aufgelöst, ist aber im öffentlichen Auftreten zurückhaltender geworden. Moody geht jedoch von einem bleibenden Einfluss dieser Bewegung aus, da es ihr gelang, innerhalb des philanthropischen Sektors einen isomorphischen Subsektor zu kreieren, der neue, als legitim erachtete und an der Risikokapitalwirtschaft orientierte Fördermodelle schuf und institutionalisierte.

Angesichts dieser Entwicklungen darf allerdings auch nicht übersehen werden, dass schon im Verlauf des 20. Jahrhunderts immer wieder verschiedene Methoden der Leistungsmessung im Nonprofit-Sektor angewendet wurden. Für Großbritannien konnte Barman (2007a) zeigen, dass quantifizierende Messmethoden schon früh angewandt wurden, dass sich aber die Frage danach, was zu messen ist und wie bedeutsam das Messergebnis für den Organisationserfolg ist, deutlich verschob. Anfang des 20. Jahrhunderts stand beispielsweise eher die Klientel der NPOs bzw. die Community und deren desintegrativen Tendenzen im Fokus der Aufmerksamkeit. Social Surveys und die Professionalisierung der Sozialarbeit galten dabei als geeignete Maßnahmen zur Gegensteuerung. Mit der Expansion des britischen Wohlfahrtsstaates verschob sich der Blick auf den Nonprofit-Sektor: Weniger seine Effizienz stand im Vordergrund als vielmehr seine Fähigkeit, parallel zur staatlichen Sozialpolitik flexibel auf individuelle Problemlagen eingehen und sogar sinnstiftend wirken zu können (ebd.: 107f.). Seit den späten 1960er Jahren hingegen kam mehr und mehr das Thema der

5 Bei Moody (2008: 333) findet sich auch eine Liste mit den wichtigsten philanthropischen Organisationen, die einen *Venture Capital* Ansatz vertreten - z.B. der Silicon Valley Social Venture Fund, die Steven and Michèle Kirsch Foundation, das Center for Venture Philanthropy, das Omidyar Network oder Social Venture Partners International. Interessanterweise hat die Kirsch Foundation diesen Ansatz im Herbst 2007 völlig aufgegeben. Nachdem der Stifter Steven Kirsch an einem Blutkrebs (Makroglobulinämie) erkrankte, beschloss das Board, alle bisherigen Förderungen von NPOs aufzugeben, das Personal komplett abzubauen und stattdessen Fördermittel nur noch der Erforschung der Krankheit zukommen zu lassen; siehe www.kirschfoundation.org.

finanziellen Effizienz (gerade in Bezug auf den Anteil der Verwaltungskosten am Gesamtbudget) von NPOs aufs Tapet. Schließlich kam in den letzten Jahren im Zuge des wohlfahrtsstaatlichen Umbaus der Effizienzbestimmung die *Performance Measurement* hinzu: „Drawing their models from those employed by the private sector, government funders required recipient organizations to account for and measure their performance by employing quality assessment systems." (ebd.: 111) Hieran lässt sich ablesen, dass Messverfahren niemals neutral sind, sie ihren Gegenstand also erst konstituieren, und sie (von Spendern, Stiftern, Professionals und staatlichen Stellen) genutzt werden können, bestimmte Zielstellungen zu verfolgen und gemeinsame Standards zunächst diskutierbar und dann durchsetzbar zu machen.

Um wessen Nutzen geht es?

Kritiker dieser neueren Entwicklung des *Performance Measurement*, zum Beispiel Stanley Katz (2001), befürchten, dass damit eine erhöhte Risikoaversität der Stiftungen einhergeht. Wenn die Empfänger der Gelder, wie NPOs oder Forschungseinrichtungen, derartig genauen Kontrollen und Effektivitätskriterien unterliegen, kann es kaum Raum für riskantere und ungewisse Projekte und Investitionen geben, die aber unter Umständen gerade den größten *Return on Investment* bieten würden. Die Tendenz geht dahin, nur noch vermittelt über Venture Philanthropy-Agenturen wie Ashoka oder VPP nach sogenannten „high potential nonprofits" Ausschau zu halten. Zu viele Stiftungen verengen auf diese Weise ihren Fokus und arbeiten nur noch orientiert (ironischerweise: kurzfristig) am messbaren Erfolg.

Susan Ostrander (2007) führt weitere normativ bedenkliche Punkte auf, die mit der Zunahme dieser Form der „donor control" – also der Kontrolle des Gebers über den Empfänger – einhergehen. Wenn zunehmend die Kontrollbedürfnisse der Förderer bedeutsam werden, verschwindet der Blick dafür, wer die wirklich bedürftige Klientel ist und Tendenzen zum philanthropischen Paternalismus können sich verstärken: „Despite the now clearly ubiquitous language of partnership and collaboration, philanthropy has steadily moved to a relationship controlled more and more by donors." (ebd.: 359) Insbesondere sehr wohlhabende Stifter und Spender tendieren seit den 1990er Jahren immer mehr zur philanthropischen Kontrolle, was Ostrander an einer Analyse der letzten Jahrgänge des *Chronicle of Philanthropy* festmacht. Der Kritiker des neuen Philanthrokapitalismus Michael Edwards (2008) betrachtet deshalb aus prinzipiellen Erwägungen heraus die Durchdringung der Zivilgesellschaft mit Wirtschaftsprinzipien mit großer Sorge. Eher solle die Zivilgesellschaft Business verändern als umgekehrt. Laut Edwards perpetuiert diese neue Form der Philanthropie globale soziale Ungleichheiten und bedroht die Basis der Demokratie, da auch der Nonprofit-Sektor nun von Solidarität auf individuelle Konkurrenz als Ordnungsprinzip umgestellt werde.

Ansatzpunkt der neuen, von Förderern kontrollierten Philanthropie sind die persönlichen Bedürfnisse des Gebers, seine oder ihre „Agenda“, Werte, Interessen und Passionen. Dieser Ansatz kann dann auf verschiedene Weise umgesetzt werden. „Giving circles“ stellen beispielsweise eine neue philanthropische Praxis dar, die darauf beruht, dass Geber ihre Ressourcen poolen und gemeinsam entscheiden, wohin die Gelder fließen. Gruppen wie Social Venture Partners, die 1997 aus der Technologieindustrie Seattles hervorging, das Jewish Funders Network oder das Social Ventures Network werden hierzu gezählt - für das Jahr 2005 werden 400 bis 600 solcher „giving circles“ verzeichnet. Diese anscheinend demokratische Form des Gebens schließt allerdings die *Destinatäre* aus dem deliberativen Prozess vollkommen aus. Daneben ist in den letzten Jahren eine regelrechte Industrie an philanthropischen Intermediären entstanden „with for-profit companies whose product for sale to wealthy clients is advice about their charitable giving“ (Ostrander 2007: 364).

Ausgangspunkt für eine Beratung scheint jeweils das eigene private philanthropische Bedürfnis zu sein: „What internal forces drive you to give?“ (www.rockpa.org) Im Bereich der sogenannten „donor-advised funds“ bestimmt der Geldgeber gegenüber einer Nonprofit-Organisation, für welche Zwecke das Geld verwendet werden soll. Auch dieser Bereich ist eine Wachstumsbranche, die größte und am schnellsten wachsende Organisation stellt dabei der Fidelity Investments Charitable Gift Fund dar. Zwischen 1991 und 2007 sind über diesen Fund sieben Milliarden Dollar an 111.000 Organisationen verteilt worden (www.charitablegift.org). Das Vorgehen dieser Funds beschreibt Ostrander wie folgt (ebd.: 366): „Philanthropy is primarily offered as an opportunity to embark on a personal journey and to fulfill a private vision for society.“

Auf der Suche nach einer Erklärung für diese Entwicklung weist Ostrander darauf hin, dass es nicht ausreicht, auf das Anwachsen der Vermögen und Erbschaften, also auf die Angebotsseite zu blicken. Denn es ist ja nicht unmittelbar klar, warum damit eine Verstärkung der Kontrollbedürfnisse einhergehen sollte. Der Blick auf die Nachfrageseite der Nonprofit-Organisationen und die expandierende Branche der Vermittler scheint hier instruktiver zu sein. Viele Nonprofit-Organisationen haben sich von dem Rückbau an staatlicher Finanzierung ihrer Programme in den 1980er Jahren nie richtig erholt und stehen zunehmend in Konkurrenz um die privaten Förderer.[6] Auch die Branche der philanthropischen *Intermediäre* konkurriert um die Geber, sodass von beiden Seiten ein Werben um Stifter und Spender einsetzte, das sich eng an deren Interessen, Werten und Kontrollbedürfnissen orientiert.

6 Bislang ist noch nicht eingehend untersucht und verstanden worden, inwieweit sich Fördermittel empfangende Organisationen und fördernde Stiftungen wechselseitig beeinflussen. Beide Organisationen sind zwar prinzipiell aufeinander angewiesen (Bernholz 1999: 366), doch ist davon auszugehen, dass in Zeiten finanzieller Knappheit sich eindeutig die Abhängigkeit der NPOs von den Stiftungen erhöht und die Stiftungen dadurch einen starken Einfluss auf die Struktur des NPO-Sektors ausüben können.

In eine ähnliche Richtung weisen auch die Untersuchungen von Emily Barman (2002, 2007b), die einen neo-institutionalistischen Erklärungsansatz verfolgt, der auf das Organisationsfeld insgesamt abstellt. Anhand der Analyse der Fundraisingorganisation United Way kann sie zeigen, dass Nonprofit-Organisationen sich nicht nur passiv den Umweltgegebenheiten anpassen – wie von den meisten soziologischen Neo-Institutionalisten unterstellt wird –, sondern gerade in einer Konkurrenzsituation um Ressourcen versuchen, aktiv ihre Organisationsumwelt zu gestalten. Um sich von der Konkurrenz abzugrenzen, wird dann häufig eine Differenzierungsstrategie gewählt. Auch Barman (2002: 1195) verweist auf die aufgrund zurückgegangener öffentlicher Förderungen und eines zunehmenden Kommerzialisierungsdrucks veränderte Finanzsituation vieler Nonprofit-Organisationen. Während sich seit Ende der 1960er Jahre über drei Dekaden die Anzahl der Nonprofit-Organisationen in den Vereinigten Staaten mehr als verdreifacht hat (auf ca. eine Million Nonprofits), ist die Menge an verfügbaren Ressourcen nicht im gleichen Maße gestiegen.

Der Name United Way verbindet sich mit dem Konzept der „workplace charity", das heißt, dass von den Arbeitnehmern einmal jährlich eine Gehaltsreduktion gewählt werden kann, wobei die Differenz an United Way geht, die das so gesammelte Geld an Organisationen wie die Salvation Army, die Boy Scouts oder an das YMCA weiterreicht. Die als „Community Chest" im Cleveland der „Progressive Era" gegründete Organisation hat mehr als 2000 lokale Ableger, verstreut über die Vereinigten Staaten. Konkurrenz erwuchs den lokalen United Way-Organisationen in Form von Alternativfundraisern, die gegen das monopolisierte Fundraisingrecht von United Way klagten. Ihre Anzahl hat in den letzten drei Jahrzehnten deutlich zugenommen, von 20 Organisationen im Jahr 1978 auf 230 im Jahr 1997 (ebd.: 1198). So reagierte die in Barmans Fallstudie untersuchte Chicagoer United Way-Organisation auf die zunehmende Konkurrenz mit der Differenzierungsstrategie, gegenüber den Spendern die Vorteile von United Way auf zwei Feldern zu verdeutlichen: „the scale of the UW/CM's assistance to the community and the services it provides for the donor" (ebd.: 1210).

In einer weiteren vergleichenden Untersuchung zu Chicago und San Francisco kann Barman (2007b) zeigen, dass auf der Ebene des Organisationsfeldes „donor control" – „whether donors attach conditions to their contributions" (ebd.: 1418) – zugenommen hat und die zuvor vorherrschende „checkbook philanthropy" im Rückgang begriffen ist. Konditionalisiertes Geben war unter Eliten tendenziell schon immer verbreiteter, doch nimmt es mittlerweile auch Raum im Bereich des breiten Spendenwesens ein. Seit den späten 1990er Jahren bieten fast 90 Prozent aller United Way-Organisationen Spendern die Möglichkeit an, ihre Spende zu „earmarken", also festzulegen, an welche Empfängerorganisation die Summe gehen soll. Von dieser Möglichkeit wird allerdings in San Francisco (83 Prozent der Spenden werden für bestimmte NPOs vorgesehen) viel häufiger als in Chicago (19 Prozent) Gebrauch gemacht. Hinter dieser Differenz verbergen sich nach Barman nicht nur unterschiedliche kulturelle Modelle der Philanthropie – dezentral und individualisiert auf den Spender zugeschnitten versus zentralisiert und rational-bürokratisch –, sondern vor allem damit einhergehend unterschiedliche Strukturen der organisationellen Felder (ebd.: 1434). In Chicago hat die United Way-Organisation deutlich weniger Konkurrenten, während die gleiche Organisation im Raum San Francisco aufgrund des Zuwachses an konkurrierenden Fundraisingorganisationen spezielle Bündnisse mit einigen dieser Konkurrenten einging. Das Phänomen der „donor control" geht also nicht primär auf die individuelle Nachfrage der Spender zurück, sondern beruht vielmehr auf spezifischen Fundraisingpraktiken und deren Einbettung in größere organisatorische Felder sowie deren Konkurrenzstruktur – ist also gleichsam angebotsinduziert. Fundraisingorganisationen haben auf diese Weise das „Bedürfnis" nach Kontrolle über die gespendeten Ressourcen überhaupt erst hergestellt.

Eine Umstellung des NPO-Sektors? Von der Gabe zum Feld konditionalisierten Gebens

Festzuhalten bleibt, dass es in der amerikanischen Philanthropie starke Tendenzen gibt, die NPOs seitens der Geldgeber einer stärkeren Kontrolle zu unterziehen und Gelder konditional von der Erfüllung klar definierter Auflagen abhängig zu machen. Eine Gabe ohne Reziprozitätserwartung liegt hier nicht vor, viel eher schon die Tendenz zu einem Tauschgeschäft à la *do ut des*. Es gibt zentrale Unterschiede zwischen einer Gabenbeziehung und einem eher wirtschaftlichen Austausch (vgl. Adloff 2005). Bei einer wirtschaftlichen Transaktion werden die gegenseitigen Verpflichtungen exakt und gleichzeitig von beiden Parteien gemeinsam vereinbart: „Ein bestimmtes Produkt wird für einen genau bestimmten Preis verkauft. Beide Güter wechseln zum Zeitpunkt des Abkommens den Besitzer, oder ein Vertrag legt präzise fest, welche Verpflichtungen jede Vertragsseite in der Zukunft erfüllen muss. Im Gegensatz dazu sorgt beim sozialen Austauschprozess zunächst nur eine Seite für den Nutzen der anderen, und obwohl eine generelle Erwartungshaltung bezüglich einer Gegenleistung besteht, bleibt im Unterschied zum wirtschaftlichen Austauschprozess die genaue Ausgestaltung unspezifiziert. Tatsächlich muss die Gegenleistung auch unspezifiziert bleiben, da jeder Versuch einer exakten Festlegung im Voraus die soziale Bedeutung der Transaktion zerstören und diese in eine bloße wirtschaftliche Transaktion umwandeln würde." (Blau 2005: 130)

Jemandem etwas philanthropisch als Gabe zu geben, hat eine grundsätzlich andere soziale Bedeutung als mit jemandem ein Geschäft abzuschließen: Das Prinzip der Gabe kollidiert mit konditionalisierten Formen des Gebens. Freilich ist auch die Gabe nicht frei davon, nach Erwiderung zu schielen. Doch besteht hierbei nur die diffuse Verpflichtung zu einer zukünftigen Gegengabe (in Form von Dankbarkeit etwa), die bezüglich ihrer konkreten Ausgestaltung im Ermessen desjenigen bleibt, der die Gegenleistung erbringt. Im Gegensatz zum Tausch auf dem Markt, der auf dem Äquivalenzprinzip beruht und permanent Gefahr läuft, in die Logik des *do ut des* abzugleiten, konstituieren Gaben primär soziale Beziehungen. So definiert Alain Caillé dann auch die Gabe als „jede geleistete Hilfe ohne Erwartung einer bestimmten Erwiderung und mit der Absicht, die soziale Beziehung zu nähren" (Caillé 2005: 181).

Natürlich ist es eine offene normative Frage, ob man die Gabe (oder konditionalisierte Formen des Gebens wie zum Beispiel den Tausch) zur Leitidee des philanthropischen Feldes erklären möchte oder sollte (vgl. Caillé 2008). An den beschriebenen Entwicklungen ist des Weiteren aber abzulesen, dass die Rationalitätskriterien philanthropischen Handelns historisch variabel deutbar sind und dass momentan im amerikanischen Feld der Philanthropie ein interorganisatorischer Druck aufgebaut wird, die internen Leitideen der Empfängerorganisationen für die externen Rationalitätskriterien der individuellen und der organisierten Geber zu öffnen. Je weniger sichtbare organisationale Alternativen, Leitideen und Rationalitätskriterien es in einem Feld gibt, umso mehr Isomorphismus ist zu erwarten: So ist zu erwarten, dass unter dem Druck von Managementmethoden die Arbeit des philanthropischen Sektors sukzessive auf eine wirtschaftliche Organisationsweise umgestellt wird. Dabei lässt die Unsicherheit darüber, was als Erfolg zählt, eine Umstellung auf messbare Effekte erwarten.

Institutionalisierungsprozesse isolieren sozial den Geltungsbereich von Ideen und schirmen diese von den Handlungserwartungen anderer Bereiche ab (vgl. Rehberg 1995; Lepsius 1989). Institutionen unterscheiden sich dadurch, wie stark es ihnen gelingt, sich sinnhaft zu spezialisieren, also ihre Handlungsstandards zu homogenisieren und heterogene Standards auszugrenzen. Was sich momentan beobachten lässt, ist eine Überformung des philanthropischen Handlungsmodells durch wirtschaftliche Investitionsüberlegungen. Effizientes Geldausgeben, Investitionen ins Soziale stehen nun sinnhaft-spezialisiert im Vordergrund.

Diese Ausführungen resümierend lässt sich festhalten, dass amerikanische Stiftungen vom Konzept nicht-konditionalen Gebens abrücken, also von der Logik der Gabe, bei der der Empfänger die Definitionshoheit über mögliche Erwiderungen hat. Es werden vielmehr unmittelbare Reziprozitätserwartungen an die Gabe geknüpft. Nach einer Phase im 20. Jahrhundert, in der beginnend mit dem Progressivismus, dann mit dem *New Deal* und schließlich mit der *Great Society* soziale Rechte stärker betont wurden, schwenkten die USA spätestes seit den 1980er Jahren, besonders ersichtlich in der Welfare-Reform von 1996 (vgl. Adloff 1997), auf den Pfad eines flexiblen Kapitalismus ein, der verschiedene Elemente von Kreativität, Eigeninitiative, Projektbezogenheit und Selbststeuerung benötigt (Boltanski/Chiapello 2003). Das, was Max Weber (2002) schon bei Benjamin Franklin feststellte, dass sich nämlich philanthropischer, religiöser und kapitalistischer Impuls durchdringen (vgl. auch Lanzen 2003), ist auch heute noch (oder wieder) typisch für die Vereinigten Staaten und wird von dort exportiert. Die genannten Entwicklungen – Formen konditionalisierten Gebens im „Philanthrocapitalism" und „Civil Society Education" – werden aktuell von amerikanischen Stiftungen katalysatorisch als intermediäre Institutionen befördert, auch und gerade international, was sich momentan auch im deutschen Stiftungswesen widerspiegelt.

Stiften, Philanthropie und Venture Philanthropy

von Rupert Graf Strachwitz

Inhalt

Das Neue an Venture Philanthropy

„Warum haben so viele erfolgversprechende und sogar tatsächlich erfolgreiche Programme letztlich keine Wirkung?" Dies war die Ausgangsfrage eines Projekts, das Christine Letts, William P. Ryan und Allen Grossman 1996/97 an der Harvard Universität in den USA durchführten (Letts 1998: 4). Die Frage wurde mit Stiftungen und anderen Nonprofit-Organisationen in mehreren Workshops diskutiert; die Ergebnisse dieser Workshops und der daran anknüpfenden Forschung wurden im April 1997 in der Harvard Business Review vorgestellt (Grossmann/Letts/Ryan 1997) und 1998 in Buchform vorgelegt (Grossmann/Letts/Ryan 1998). Ebenfalls 1997 stellte Christine Letts sie auf einer von Maecenata Management in München veranstalteten Tagung erstmals einem deutschen Publikum vor (Letts 1998). Im Kern bestand die Antwort auf die eingangs gestellte Frage darin, dass Philanthropen ihre Herangehensweise an die Förderung von Anliegen des Gemeinwohls ändern und sich dabei von den *Venture Capitalists* einiges abschauen müssten.

Seitdem ist in den USA ebenso wie in Deutschland *Venture Philanthropy* zum Begriff für eine als neu erachtete Form philanthropischen Handelns geworden. Mehr noch, *Venture Philanthropy* gilt vielen heute als vorrangige Weise, wie Stiftungen ihre Ziele verwirklichen sollten. „Inzwischen ist Erfolg in diesem Zusammenhang weitgehend zu einem Synonym für Programmausweitung geworden." (Letts 1998: 4) Diese Programmausweitung bestand für Fördereinrichtungen in Anlehnung an das, was in der Wirtschaft unter *Venture Capital* zu verstehen ist, darin, primär nicht Projekte, sondern Entwicklung zu fördern, Organisationsentwicklung also ebenso ernst zu nehmen wie die Bereitstellung von finanziellen Ressourcen. Die Komplexität gemeinwohlorientierten Handelns sollte größere Beachtung finden (Letts 1998: 6); vor allem sollten die Empfänger von Fördermitteln intensiv darauf vorbereitet werden, in einer späteren Phase ohne diese Förderung auszukommen (Letts 1998: 7). Hierzu, so eine wichtige Erkenntnis der Untersuchung, war unter anderem eine deutlich längere Förderperiode erforderlich, als amerikanische Stiftungen dies bis dahin üblicherweise für angemessen hielten (Letts 1998: 8f.). Schließlich, und dies wurde zum Markenzeichen von *Venture Philanthropy*, sollte die traditionelle Geldgeber-Geldempfänger-Beziehung radikal umgestaltet werden (Letts 1998: 9). Die Abfolge von Antragstellung, Antragsbearbeitung, Bewilligung und Rechenschaftslegung wurde für unzureichend erklärt. An ihre Stelle sollte eine in allen Phasen, insbesondere aber während der eigentlichen Projektdurchführung, von konstruktiver Interaktion geprägte Partnerschaft treten, in der sich beide bzw. alle Beteiligten für den Erfolg verantwortlich fühlen, ihr Know-how und ihre Kreativität einbringen und für Experimente und Rückschläge geradestehen.

Dies waren in der Tat für Stiftungen und andere zivilgesellschaftliche Organisationen auf beiden Seiten des Atlantiks neue Töne. Vor allem die großen, seit dem Zweiten Weltkrieg in Deutschland gegründeten Stiftungen standen traditionell ebenso wie die tonangebenden philanthropischen Institutionen in den USA für eine Politik des Abstandes zu ihren Antragstellern, der Nichteinmischung in deren Organisation und der eng begrenzten Zeitlichkeit von Förderzusagen. Zwei, allenfalls drei Jahre sollte etwa nach der fest verankerten Auffassung der Robert-Bosch-Stiftung eine Förderung dauern. Keinesfalls, so die Politik der Volkswagen Stiftung, sollte eine Förderung dazu beitragen, eine Organisation als solche zu finanzieren oder gar zu entwickeln. Nur unmittelbar dem bewilligten Projekt zuzuordnende Kosten waren abzurechnen. Und vor allem: So umfangreich bei kleinen und großen Stiftungen das Antragsverfahren oft war, so wenig Interesse zeigten diese in der Regel an den inhaltlichen und organisatorischen Fragen bezüglich der Durchführung des Projekts. Oft genug stellte erst die Abrechnung eine Gelegenheit dar, wieder miteinander zu kommunizieren, und nicht selten ging es dann in erster Linie um Formalia, nicht um den tatsächlichen Erfolg. „Unsere *Venture Capitalists* sagen, dass von zehn Investitionen zwei hervorragend und zwei völlige Fehlschläge sein sollten, während der Rest in der Mitte liegt. Die meisten Stiftungen antworten auf so eine Frage: ‚Wir wissen das eigentlich nicht.'" (Letts 1998: 10) Daran, so Letts und ihre Kollegen, galt es dringend etwas zu ändern, um die im Gesamtzusammenhang der Finanzierung gemeinwohlorientierter Tätigkeit letztlich geringen philanthropischen Mittel (Letts 1998: 3f. S. auch Zimmer/Priller 2004: 61) effektiver einzusetzen, die Erfolgschancen von Nonprofit-Arbeit zu erhöhen (Letts 1998: 13) und damit auch die öffentliche Akzeptanz von Philanthropie einschließlich der diese unterstützenden Gesetzgebung sicherzustellen (Foundations 1970: 13; Fleishman 2007: 160f.).

Die in Harvard und an anderen wissenschaftlichen Einrichtungen erarbeiteten Analysen haben aus heutiger Sicht tatsächlich in Verbindung mit den von Praktikern bereits erkannten Defiziten und befördert von unternehmerisch eingestellten Stiftern zur Entwicklung von *Venture Philanthropy* als neuer Form philanthropischen Handelns geführt. Wenn aber Fleishman *Venture Philanthropy* als eine schon von Andrew Carnegie praktizierte, jedoch erst im letzten Jahrzehnt des 20. Jahrhunderts entwickelte Funktion von Stiftungen beschreibt (2007: 271) und für „die USA und andere reiche Länder" prognostiziert, „*Venture Philanthropy* und *Social Entrepreneurship* werden allmählich die Philanthropie in diesem Jahrhundert dominieren" (2007: 279; Übers. d. Verf.), so erscheinen doch Zweifel angebracht. Zum einen ist gar nicht so sicher, ob *Venture Philanthropy* wirklich etwas so neues ist, zum anderen scheint weder der empirische Befund der letzten Jahre noch eine theoretische Analyse des Potentials philanthropischer Tätigkeit die Annahme zu stützen, *Venture Philanthropy* sei dabei, die Philanthropie zu dominieren. Diesen Zweifeln soll im Folgenden nachgegangen werden. Dazu erscheinen einige definitorische Klarstellungen erforderlich (Morris 2004: 139). Die Entwicklung von *Venture Philanthropy* als solcher, ihre Erfolge und die Kritik an dieser Handlungsoption werden hingegen hier nicht thematisiert, da dies an anderer Stelle in diesem Band ausführlich geschieht.

Zur europäischen Tradition von Stiftungshandeln

Eine erste Schwierigkeit ergibt sich aus dem Stiftungsbegriff als solchem. Stiftungen werden in der amerikanischen Literatur und Praxis nicht nur auf Vermögensmassen im Sinne von materiellem Vermögen reduziert, was historisch mehr als fragwürdig ist. Noch schwerwiegender ist die faktische Einengung von Stiftungshandeln auf die Finanzierung des Handelns externer Dritter, das heißt landläufig von Institutionen oder Personen, die mit der Bitte um Finanzierung an die Stiftung herantreten, und deren Bitten stattgegeben wird. „Der neue Typus philanthropischen Engagements - die private Stiftung - gründet auf dem Industrievermögen des späten 19. Jahrhunderts. ... Philanthropie in Form einer privaten Stiftung ... erweitert den Stiftungsakt und seine Ziele in eine ferne Zukunft. Das heißt, durch den philanthropischen Akt wird nicht irgendeine Institution mit Kapital ausgestattet, sondern die Stiftung selbst." (Prewitt 1998: 326) Abweichungen von dieser Regel gelten in den USA als Ausnahmen und gehen meist nicht weit über die Finanzierung hinaus. Fleishman beschreibt sie: „Geld ist nicht die einzige Form der Unterstützung, die Stiftungen ihren Nonprofit-Fördermittelempfängern bieten können. Immer mehr vermitteln sie Rat zu Strategie, Planung, Informationstechnologie, Mitarbeitergewinnung und anderen operativen Fragestellungen. Stiftungen nutzen ihren Einfluss, um Experten zu versammeln, die Nonprofit-Organisationen bei ihrer Arbeit unterstützen können, um Unterstützung von anderen Stiftungen anzulocken und um bei Presse und Öffentlichkeit Aufmerksamkeit zu erregen." (2007: 25; Übers. d. Verf.). Auch viele europäische Stiftungen arbeiten nach diesem Modell. In einer langen Periode großer Staatsaffinität war dieses am ehesten mit der staatlichen Praxis bei der Vergabe von Subventionen kompatibel. Doch ist die europäische Stiftungstradition im Grunde eine andere. Sie umschließt alles, was Fleishman beschreibt, aber noch deutlich mehr.

Europäische Stiftungen lassen sich nach vier gleichrangigen Funktionstypen unterscheiden: der Eigentümerfunktion, der operativen Funktion, als Betreiberin von Einrichtungen oder Projekten, der Förderfunktion, als Unterstützerin von Einrichtungen oder Projekten Dritter, und schließlich der mildtätigen Funktion, als Unterstützerin von Personen (s. hierzu ausführlich: Strachwitz 2010).

Die als Eigentümerin (bspw. einer Kirche) konzipierte Stiftung bildet bei weitem den häufigsten Funktionstypus. Ihre Entstehung beruhte schon seit dem Frühmittelalter – anknüpfend an die schon in frühen Hochkulturen gepflegten Traditionen – überwiegend auf dem Gedanken, dass die Stifter zwar ein religiöses Anliegen in der Form eines Kirchenbaus verfolgen, durchaus auch ein gottgefälliges Werk vollbringen wollten, aber doch eine Separierung ihrer Zuwendung von den Teilen des Kirchenvermögens anstrebten, die der freien Verfügung des Bischofs unterlagen. Die Widmung an die Gottheit selbst findet darin ihren Niederschlag. Gerade dieser Stiftungstyp hatte – und hat bis heute – alle politischen Umwälzungen am besten überstanden. Rund 50.000 solcher Stiftungen (die sog. Kirchenstiftungen), deren wesentliche, oft alleinige Aufgabe darin besteht, die Eigentümerfunktion eines Kirchengebäudes darzustellen und dieses Gebäude dadurch vor Zweckentfremdung zu schützen, bestehen in Deutschland bis heute. Diesen in manchem nah verwandt sind die sogenannten Pfründestiftungen, die freilich im Grundsatz einem anderen Funktionstypus, der zur Unterstützung von Personen gegründeten Stiftung, zuzurechnen sind, was zugleich die lange Tradition unterschiedlicher Funktionstypen belegt. Reine Eigentümerstiftungen bestehen jedoch durchaus auch im säkularen Bereich, etwa als Eigentümer von Kunstsammlungen, Archivbeständen, Bibliotheken und dergleichen ohne jede weitere Funktion oder Tätigkeit.

Den zweiten Typus bildet die operative Stiftung, traditionell in Form der sogenannten Anstaltsträgerstiftung, d. h. als Betreiberin eines Krankenhauses, eines Museums, einer Universität usw., heute zunehmend auch als Projektträgerstiftung. Häufiger als andere geht diese nicht auf einen einzelnen Stiftungsakt mit einmaliger Vermögensdotation zurück, sondern wächst über einen längeren Zeitraum hinweg durch immer wieder neue Zustiftungen. Auch erwirtschaftet eine Stiftung dieser Art regelmäßig, wenn auch nicht immer ausschließlich, ihre Einnahmen durch ihre Tätigkeit. Zu diesem Typ gehören neben vielen alten, oft bis heute bestehenden Spitalstiftungen bspw. die Senckenbergische Stiftung oder das Städelsche Kunstinstitut in Frankfurt am Main. Auch moderne Gründungen, etwa die große ZEIT-Stiftung oder die kleinere Stiftung zur Förderung der universitären Psychoanalyse, die selbst Hochschulen betreiben, sind diesem Typus zuzurechnen. Auch versteht sich eine der größten deutschen Stiftungen, die Bertelsmann-Stiftung, ausdrücklich als operative Stiftung im Sinne einer Trägerin von Projekten, die wesentlich von eigenen Mitarbeitern verwirklicht werden.

Den dritten Funktionstypus verkörpert historisch die sogenannte Hauptgeldstiftung, die in der Regel durch die Übertragung eines Barkapitals an eine bereits bestehende Körperschaft entstanden war. Die Körperschaft (Kirche, Kloster, Stadtgemeinde, Universität oder eine bereits bestehende Stiftung) hatte dafür zu sorgen, dass dieses Kapital Zinsen erbrachte, welche nach den Vorgaben des Stifters verwendet werden mussten. Der Erhalt solcher, in aller Regel relativ kleiner Stiftungen war vom Geschick und vom Verantwortungsbewusstsein ihrer Verwalter, ebenso aber auch von einer gewissen politischen und wirtschaftlichen Stabilität abhängig. Die Zwecke, die mit solchen Stiftungen verfolgt werden sollten, reichten von Kerzen- und Messstipendien über Studienstipendien bis zu breit gefächerten Maßnahmen der Armen- und Krankenhilfe. Die aus dieser Tradition entstandene moderne Förderstiftung, die als finanzielle Unterstützerin der Tätigkeit anderer Organisationen bekannt ist, agiert in der Regel autonomer. Sie tritt in zwei Teilformen auf: zum einen mit einem festen, bereits durch den Stifterwillen verankerten *Destinatär*, zum anderen mit der Entscheidungsbefugnis der Stiftungsverwalter, im Rahmen des Satzungszwecks immer wieder neu *Destinatäre* zu bestimmen. Unter diesen Stiftungen folgen allerdings besonders die großen in den letzten Jahren dem Trend, stärker operativ zu werden. *Venture Philanthropy* ist diesem Typ zuzurechnen.

Die mildtätige Funktion, die ebenfalls aus der alten Hauptgeldstiftung hervorgegangen ist, hat seit dem Aufkommen des Wohlfahrtsstaates an Bedeutung verloren, sie aber nicht gänzlich eingebüßt. Mildtätige Stiftungen haben notwendigerweise keine festen *Destinatäre* und verwirklichen ihren Zweck durch die Unterstützung hilfsbedürftiger Personen. Sie sind dadurch den Förderstiftungen verwandt, aber doch, schon wegen des ganz anders strukturierten Vergabeverfahrens, von diesen abzugrenzen.

Alle vier Funktionstypen kommen als Stiftungen im Sinne von gebundenen Einrichtungen tatsächlich vor, von der keineswegs immer durch einen philanthropischen Akt bestimmten Genese ganz abgesehen. Größere Stiftungen arbeiten häufig in mehreren Funktionen. Für den vorliegenden Zusammenhang ist vor allem die Folgerung wichtig, dass ein weit über finanzielle Förderung und die von Fleishman hervorgehobenen begleitenden Aktivitäten hinausgehendes Stiftungshandeln von jeher stiftungstypisch ist. Es wird auch deutlich, dass risikobereites unternehmerisches Handeln in verschiedenen Stiftungsfunktionen in unterschiedlichem Maße erforderlich, auch von jeher zu finden gewesen und lediglich durch die amerikanische Stiftungspraxis aus der dortigen Stiftungswirklichkeit hinausgedrängt worden ist.

Nun lässt sich ein verengter Blick auf die Stiftungen auch in Europa, beispielsweise bei Kant, Hegel oder Savigny im 18. und 19. Jahrhundert konstatieren. Umso bemerkenswerter ist allerdings, dass es gerade aus dem 18. Jahrhundert, als der Begriff der Philanthropie in Mode kam, hervorragende Beispiele für aktives, aber eben nicht von materiellen Ressourcen bestimmtes philanthropisches Handeln gibt. August Hermann Francke, der seine um 1700 gegründeten und sehr bald berühmten Franckeschen Stiftungen in Halle vornehmlich durch den Druck und Verkauf von Bibeln finanzierte (Obst 2002), und Thomas Coram in London, der um 1740 mit auf breitester Basis gesammelten Spenden das Foundling Hospital gründete (Wagner 2004) sind nur zwei Beispiele für in Stiftungsform gekleidetes Unternehmertum. Die jedenfalls in Teilen vermutete Vorbildfunktion des einen für den anderen zeigt, dass es sich nicht um allein stehende Ausnahmeerscheinungen gehandelt hat.

Zum Begriff der Philanthropie

Während im Zusammenhang mit der Diskussion um Stiftungshandeln, Mäzenatentum, Spendenwesen und dergleichen heute stets auch von Philanthropie die Rede ist, erweist sich bei näherem Hinsehen, dass der Begriff weniger präzise und neuer ist als auf den ersten Blick vermutet. Entgegen seiner griechischen Etymologie stellt er eine Neuschöpfung des 18. Jahrhunderts dar. Aus den Worten „phílos" (Freund) und „ánthropos" (Mensch) zusammengesetzt, bezeichnet er zunächst in einem sehr allgemeinen Sinn eine Menschenliebe oder Menschenfreundlichkeit, das heißt eine Zuwendung zum Mitmenschen. Die Entstehung des Begriffs in der Aufklärungszeit ist nicht zufällig. Vielmehr steht sie in unmittelbarem Zusammenhang mit der Theorie der Lösung des Menschen aus der existentiellen Abhängigkeit von der Beziehung zu Gott. Das biblische Gebot der Gottes- und Nächstenliebe (bspw. im Neuen Testament, Mt. 22, 37-40) wird ersetzt durch ein Beziehungskonzept, das auf diese Abhängigkeit ausdrücklich verzichtet und diese allenfalls in den individuellen Bereich verweist, im Wesentlichen aber mit Skepsis sieht. Philanthropie erscheint als wünschenswertes, aber nicht als notwendiges Attribut menschlicher Existenz.

Seine erste Konkretisierung erfährt der Begriff keineswegs im heute gebräuchlichen Sinn, sondern wird vielmehr mit pädagogischen Idealen, genauer einer Erziehung zu Natürlichkeit, Vernunft und Menschenfreundschaft – typischen Aufklärungszielen – in Verbindung gebracht. 1774 gründet Johann Bernhard Basedow in Dessau das Philanthropin als reformpädagogische Unterrichts- und Erziehungsanstalt, in der weder Konfession noch Stand eine Rolle spielen sollen. Das Konzept scheitert freilich relativ rasch (Schmitt 2007; s. auch Strachwitz 2010, 79). Erst im Verlauf des 19. Jahrhunderts erhält der Begriff der Philanthropie den Bedeutungsinhalt, den er heute besitzt, ohne dass jedoch andere Bedeutungen ganz ausgeblendet werden: als Beschreibung einer Zuwendung von Menschen hin zu ihren Mitmenschen, die sich im Wesentlichen in gemeinwohlorientierten Aktionen oder materiellen Zuwendungen ausdrückt, wobei zunehmend die letzteren in den Blick geraten. „Im 20. Jahrhundert ist der Begriff zum Synonym des Gebens geworden, besonders der riesigen Gaben von Männern wie John D. Rockefeller, Andrew Carnegie, ... George Soros und Bill Gates." (McCarthy 2003: 3; Übers. d. Verf.)

„Die Ausdrücke Philanthrop, Stifter, Spender und Gönner werden im folgenden synonym verwendet", merkt Borgmann (1998: 230) als Fußnote in einem Aufsatz über Philanthropie in den USA an. In der Regel wird einerseits eine Freiwilligkeit des Handelns, andererseits eine allgemeine wohlwollende Offenheit in Abgrenzung zu persönlicher Betroffenheit oder Mitleid unterstellt. Die enge Verknüpfung von Philanthropie und Stiftungswesen ist folgerichtig eine in den USA im Zusammenhang mit den großen Stiftern des ausgehenden 19. und beginnenden 20. Jahrhunderts entwickelte Zuspitzung. Einer allgemeinen Gültigkeit stehen nicht zuletzt die Beispiele von Philanthropen gegenüber, die auch im 19. Jahrhundert ohne eigene materielle Ressourcen, aber mit unternehmerischem Geist bedeutende operative Stiftungen gegründet haben. Mit der (irrtümlichen) Identifizierung der amerikanischen Stifter als Erfinder des modernen Stiftungswesens überhaupt (zum Nachweis des Irrtums vgl. Adam 2002) und ihrer tatsächlichen Vorbildfunktion im Zusammenhang mit der absichtsvollen Propagierung des „American Way of Life" nach dem Zweiten Weltkrieg hat diese begriffliche Verengung auch im deutschsprachigen Raum Verbreitung gefunden. Philanthropie beschreibt seit den 1950er Jahren auch hier wesentlich das Verhalten, das von den bedeutenden amerikanischen Stiftungen vorgelebt und sehr ausdrücklich zur Nachahmung empfohlen wurde.

Mit der Kritik an diesem in den USA vordem weithin unbestrittenen und von fast allen ‚Philanthropen' übernommenen Verhalten setzen die Überlegungen an, neue Formen zu entwickeln, die eine erfolgreichere Umsetzung des so definierten philanthropischen Grundanliegens ermöglichen sollen. Dabei wird im Übrigen vielfach übersehen, dass das Handeln von Stiftungen im Gegensatz zum Handeln der Stifterinnen und Stifter im Grunde keine philanthropische Tätigkeit, sondern vielmehr die Einlösung einer Verpflichtung beinhaltet, die ein Dritter, eben der Stifter, dieser Institution aufgegeben hat. Anders ausgedrückt: Philanthropen sind möglicherweise die Stifter, keinesfalls hingegen die Stiftung selbst oder deren bezahlte oder unbezahlte Organmitglieder oder Mitarbeiter. Diese sind daher streng genommen auch zu einer *Venture Philanthropy* nicht in der Lage, sondern können und müssen allenfalls die Erfüllung ihrer Dienstpflichten optimieren.

Venture Philanthropy als Option

Der Gegensatz zwischen klassischer und „Venture" Philanthropie lässt sich aus diesem amerikanisch geprägten Philanthropiebegriff in seinem engen Bezug zum Stiftungshandeln erklären. Doch kann der Ausdruck *Venture Philanthropy*, auf Stiftungen als Institutionen angewendet, irreführend sein, indem er eine Reformorientierung nahe legt, in Wirklichkeit hingegen eine Mentalität perpetuiert, die den Philanthropen oder gar die Stiftung als Wohltäter begreift, den diese Position dazu ermächtigt, seine Vorstellungen bezüglich der Inhalte und der Umsetzung eines Projekts gegenüber Initiatoren, Verantwortlichen, Durchführenden usw. durchzusetzen. So gesehen gerät *Venture Philanthropy* in den Verdacht, eine optimierte Version des Grundsatzes „Wer zahlt, schafft an!" und nicht, wie von Letts und anderen konzipiert, eine Methode zur Optimierung von gemeinwohlorientiertem Handeln darzustellen. Manchen philanthropischen Initiativen scheint heute eher eine strikte Beachtung des Grundsatzes des „level playing field" zu fehlen, d.h. eine interaktive Partnerschaft mit den Projektpartnern auf gleicher Augenhöhe, als eine Empfehlung, *Venture Philanthropy* als Instrument zur Durchsetzung des eigenen Willens zu nutzen.

In der Tat lassen sich Beispiele dafür finden, dass Stiftungen und Stifter unter der Überschrift *Venture Philanthropy* ihr Handeln lediglich ihren persönlichen Vorlieben unterordnen und das Know-how ihrer Projektpartner eben gerade nicht ernst genug nehmen. Im Hinblick auf die Optimierung der Leistungen und angesichts einer normativen Orientierung der Zivilgesellschaft – zu der die Stiftungen ebenso zu rechnen sind wie andere Nonprofit-Organisationen – an Gerechtigkeit, Subsidiarität und Pluralismus kann dies nicht befriedigen. Damit sollen freilich nicht die mit dem Begriff der *Venture Philanthropy* gemeinten neuen unternehmerischen und partnerschaftlichen Aktions- und Kommunikationsstrategien in Frage gestellt werden, sondern lediglich auf die Schwierigkeiten einer Verknüpfung mit dem Philanthropiebegriff hingewiesen werden. Als Option für Stifter, die ihre unternehmerischen Impulse und Erfahrungen in ihre philanthropischen Neigungen einflechten wollen, bleibt *Venture Philanthropy* allemal legitim.

In der Breite der Stiftungswirklichkeit hat sich durch die Einführung dieser Option weder in den USA noch in Europa sehr viel verändert. Einerseits werden gemeinnützige Unternehmungen unverändert risikobereit und in optimaler Rücksicht auf philanthropische, zivilgesellschaftliche und unternehmerische Aspekte geführt – in Stiftungsform ebenso wie in anderen Formen. Andererseits pflegen viele große Stiftungen unverändert ihre traditionelle, risiko- und engagementscheue Förderpolitik. Und schließlich ist gerade manchen Stiftungen eine Änderung ihrer Strategie durch das Prinzip verwehrt, das in der Definition von Stiftung gegenüber einem philanthropischen Impuls oder einer Ausstattung mit materiellen Ressourcen höherrangig ist: die Bindung an den bei der Gründung formulierten Stifterwillen. Doch ist Philanthropie in seiner klassischen Dimension aktuell wie nie. Ohne grundlegende Hinwendung zum Mitmenschen, sei sie, wie in jüngster Zeit wieder verstärkt zu beobachten, religiös konnotiert oder nicht, sind die Herausforderungen unserer Zeit nicht zu meistern. Auf materielle Ressourcen ist Philanthropie freilich nicht zu reduzieren. Ohne das Schenken von Ideen, Empathie, Kreativität und Zeit bewirken diese wenig. „Die Welt ist voll von Menschen mit innovativen Ideen, die bereit sind, alles zu geben, um sie umzusetzen, aber nicht das Geld haben, um anzufangen." (Clinton 2008: 137; Übers. d. Verf.) Wenn Philanthropie sich in den Prozess einbringt, solchen Ideen zum Durchbruch zu verhelfen, ist sie nicht nur erfolgreich und bereitet nicht nur dem Philanthropen Genugtuung, sondern erweist sich als wichtige Komponente des Zusammenlebens der Menschen. Wie unternehmerisch sie dabei vorgeht und welcher Methode sie sich bedient, kann jeder Philanthrop für sich entscheiden.

Oxymora – Dynamiken des Nonprofit-Sektors zwischen Corporate und Venture Philanthropy[1]

von Giuliana Gemelli

Inhalt

Corporate Philanthropy: historische Ursprünge und Organisationsmodelle

In den Vereinigten Staaten hat die „Corporate Philanthropy" eine lange Tradition. Doch auch dort blieb sie anfänglich, bis zu Beginn der fünfziger Jahre, auf den Zuständigkeitsbereich jedes einzelnen Unternehmens begrenzt und unterlag der jeweils eigenen Geschäftslogik: „The rationale – schreibt John Yankey in einer der ersten diesem Problem gewidmeten Studien – was that management's primary responsibility was to shareholders and to their return on investment." (Yankey 1996: 8)

Paradoxerweise haben sich die ersten Formen von „Unternehmensstiftungen", nämlich Stiftungen, die auf die Förderung der sozialen und kulturellen Bürgerschaft des jeweiligen Standortgebietes und der jeweiligen Bezugsgemeinde ausgerichtet waren, zunächst vor allem in Europa herausgebildet. Die Zeiss Stiftung in Deutschland war eine originelle Mischform aus Unternehmen, Regierung und Universität. In Italien plante Adriano Olivetti Anfang der fünfziger Jahre in Anlehnung an das Zeiss-Modell eine Stiftung, die im Grunde sein Testament darstellte. Am 18. Februar 1960, wenige Tage vor seinem Tode am 27. Februar, hatte Olivetti bei dem Notar Carocci[2] das Statut einer Stiftung „für die soziale und wissenschaftliche Entwicklung des Canavese" hinterlegt; diese Stiftung wollte er in Erinnerung an seinen Vater Camillo gründen. Aufgabe der Stiftung sollte die verstärkte Koordinierung von Standortentwicklung, Unternehmensdynamik, kulturellen Unternehmungen und wissenschaftlicher Elitenförderung sein. Diese Koordinierung war notwendig für den Ausbau eines in den Prozess des gesellschaftlichen Wandels integrierten Institutionengefüges. Die Stiftung sollte nicht nur die Zusammenarbeit zwischen öffentlichen und privaten Körper-

1 Der Artikel wurde aus dem Italienischen übersetzt und trägt in der Originalversion den Titel „OSSIMORI: Le dinamiche del non-profit tra Corporate e Venture Philanthropy".

2 Schreiben von Alberto Carocci an Roberto Olivetti vom 29. April 1960 mit dem Entwurf der Satzung für die Stiftung vom 18. Februar 1960: Archivio Storico della Società Olivetti, Ivrea, fondo Roberto Olivetti.

schaften fördern, sondern auch - und dies in wirklich innovativer Form und als Vorläufer - die Auswirkung von *Social Entrepreneurship* im Prozess der Umwandlung der breiteren Systeme, in die sie eingebettet ist (Brown/Letts 2002: 15), erweitern und stützen. Dadurch sollte kulturelles Wachstum im Sinne von Kompetenzen, innovativen Projekten und Bürgerbeteiligung der einzelnen Mitglieder des Unternehmens, von den Arbeitern bis zu den Managern und den Leitern der sozialen Dienste, sowie außerdem die Organisationsstruktur des Produktions- und Handelssystems gefördert werden. Das Aufkommen von Formen eines breit angelegten philanthropischen Handelns, das durch Partizipation und nicht nur durch reines Geben gekennzeichnet war, hat also tiefe Wurzeln sowohl in Europa als auch jenseits des Atlantiks, wo dieser Weg im Wesentlichen ununterbrochen fortgesetzt wurde, angefangen bei den großen Pionieren des „Corporate Giving" der 1940er Jahre (Frank Abrams von Standard Oil, Alfred Sloan von General Motors, Arthur Page von AT&T). In der gesamten zweiten Hälfte des 20. Jahrhunderts entwickelte es sich weiter, wobei ab den 1990er Jahren eine Phase der Neuorganisierung eintrat, die Zweck, Organisation und Kultur der sogenannten Unternehmens-Philanthropie veränderte.

Erster Faktor für Veränderungen in den Vereinigten Staaten war die Verabschiedung einer Reihe von Gesetzen um die Mitte der 1950er Jahre herum, im Anschluss an einen in der amerikanischen Rechtsprechung berühmt gewordenen Fall (A.P. Smith Manufacturing Company gegen Barlow). Diese Gesetze legten fest, dass die „corporations" sogenannte „charities" unterstützen durften, auch wenn diese Unterstützung mit dem Produkt des Unternehmens nichts zu tun hatte. Damit wurde der Grundsatz bestätigt, dass der Schutz der Tätigkeiten der „voluntary associations" und die Entwicklung privater Initiative Teil der gleichen Vision waren: „The freedom of individuals to pursue their own ideas" (Shannon 1991: 47f.).

Die Auswirkungen des Reaganismus in den 1980er Jahren führten zu einem langsamen, aber entscheidenden Bewusstseinsbildungsprozess der Unternehmen in Sachen „charitable giving": Es wurde klar, dass eine bessere Auswahl nötig war und es bildete sich eine größere Sorgfalt bei der Wahl der Maßnahmen heraus, die sich am stärksten auf die wichtigsten sozialen Probleme, vor allem auch langfristig, auswirkten. Die Betonung dieser Orientierung seitens der Unternehmen gegenüber dem Nonprofit-Bereich war der Ausgangspunkt für die Konsolidierung einer Reihe von Praktiken, die seit Beginn der 1990er Jahre mit einem Oxymoron bezeichnet wurden: *Corporate Philanthropy*. Welches Element begründete dieses Oxymoron, das Geschäftslogik mit der Ethik des Gebens verbindet?

Der Schwerpunkt der „Corporate Philanthropy" ist der Grundsatz eines kooperativen Bündnisses zwischen Unternehmen und Nonprofit-Einrichtungen. Das wichtigste Merkmal ist nicht nur der Beitritt zu einer Gruppe von normierten ethischen Grundsätzen, sondern das Ergebnis eines Prozesses wechselseitiger Befruchtung. Dieser betrifft das Wertesystem und das Heranwachsen gemeinsamer Organisationskulturen über den Weg gegenseitiger Anerkennung der institutionellen Akteure. Er eignet sich dazu, die Formen der Zusammenarbeit von einer transnationalen Phase in eine echte

Integration der Mentalitäten umzuwandeln, aber auch in eine Integration von Beziehungsnetzen, von Teilung der Nutzeffekte gemeinschaftlichen Handelns sowie von Gleichwertigkeit solcher Investitionen und Organisationsstrukturen, die sich der Entwicklung von Partnerschaft widmen. Dies betrifft sowohl den Bereich des Managements als auch die Entstehung neuer Formen von „leadership", die zu einem Träger von kontinuierlichem Lernen und prozesshafter Innovation werden. Die nachstehende Tabelle aus der Studie von James Austin (2000) erläutert die Veränderung der Formen von Zusammenarbeit beim Übergang vom philanthropischen Modell zum Integrationsmodell.

Collaboration Continuum: Partnership Characteristics

	Philanthropic	Transactional	Integrative
Collaboration mind-set	Gratefulness and Charity Syndromes Minimal collaboration in defining activities Separateness	Partnering mind-set Increased understanding and trust	We mentality in place of us versus them
Strategic alignment	Minimal fit required beyond a shared interest in a particular issue area	Overlapping mission and values Shared visioning at top of organization	Broad scope of activities of strategic significance Relationships a strategic tool Shared values
Collaboration value	Generic resource transfer Unequal exchange of resources	Core competency exchange More equal exchange of resources Projects of limited scope and risk that demonstrate success	Projects identified and developed at all levels in the organization with leadership support Joint benefit creation Need for value renewal. Shared-equity investments for mutual return
Relationship management	Corporate contact person usually in community affairs or foundations; non profit contact person usually in development Corporate personnel have minimal personal connection to cause Project progress typically communicated via written status report Minimal performance expectation	Expanded personal relationships throughout the organizations Strong personal connection at leadership level Emerging infrastructure, including relationship managers and communication channels Explicite performance expectation. Informal learning	Expanded opportunities for direct employee involvement in relationship Deep personal relationship across organizations Culture of each organization influenced by the other Partner relationship managers Organizational integration in execution, including shared resources Active learning process

Quelle: J: Austin, *The Collaboration Challenge*

Ein wichtiges Problem hinsichtlich der auftretenden Themen ist die „qualitative Selektivität" der Bezugsmodelle. Vor allem im Fall der „Corporate Philanthropy" wird die Ethik nicht so sehr als System von Vorschriften oder als Untersystem von Regeln zur Verwaltungsoptimierung gesehen, sondern als prozesshafte Vision, die das Handeln in Richtung einer Stärkung der Autonomie der Akteure orientiert, eine Vision, die vom Bewusstsein der Grenzen geregelt wird. Diese Grenzen schließen Einschränkungen der Zusammenarbeit ein, die als strategische Konsolidierung der Beziehung zwischen dem „Grant Maker" und den Begünstigten im Mittelpunkt der Verfahren der *Venture Philanthropy* steht.

Die von Austin präsentierten Fälle zeigen, dass die Umsetzung einer strategischen Allianz ein sehr komplexer Prozess ist, der nicht nur Zeit, sondern auf beiden Seiten auch die Einführung von Schulungen für das Personal erfordert, das mit der Stärkung des Zusammenhalts beauftragt ist. Dies gilt sowohl für die Prozesse der Zielklärung und -konsolidierung als auch für die Kongruenz von Strategie und Wertesystem. Diese neuen Werte wirken als Träger ständiger Lernprozesse in einem auto-poietischen Kreislauf, der als solcher keinen normativen Input von außen benötigt.

Wie die Tabelle zeigt, zeichnet sich der Übergangspunkt vom rein philanthropischen Ansatz zur Festlegung eines strategischen Ansatzes auf der Grundlage einer bereichsübergreifenden Zusammenarbeit und der Aufwertung der Instrumente des *Venture Capitals* dann ab, wenn das Unternehmen seine Geschäftsordnung in Hinblick auf die neuen Formen der Nonprofit-Tätigkeit umdefiniert. Deren volle Konsolidierung ist dann gegeben, wenn das Unternehmen in der Lage ist, diesen Handlungsmodus seinem Personal als relevanten Teil der Unternehmenskultur zu vermitteln, indem es dessen Rolle als einen Bestandteil der Unternehmenspraxis definiert. Andererseits, aus der Sicht des Nonprofit-Bereichs, ist das greifbarste Ergebnis die Zunahme der organisatorischen Fähigkeiten und der internen und externen Kommunikation in Richtung einer Orientierung, bei der die Suche nach der institutionellen und organisatorischen Stabilität die Grundlage des *Fundraisings* darstellt und nicht umgekehrt. Im Grunde genommen haben wir es hier mit einer operativen Neuauflage des Ansatzes von Alfred D. Chandler Jr. (1980) bezüglich des Verhältnisses von Strategie und Struktur zu tun, wobei Letztere sich der strategischen Ausrichtung anpasst und eine Prozesskonfiguration annimmt, und nicht umgekehrt.

Dieser Prozess des strategischen Aufbaus von kooperativen Bündnissen bringt auch eine Erweiterung der gesellschaftlichen Bezugskreise mit sich. Das Ergebnis ist die Entstehung eines Umfelds von Beziehungen und Interaktionen, die sich nicht auf Geldgeschäfte beschränken, sondern auch den Austausch von moralischen Werten und die Entwicklung von „intangible assets" mit sich bringen.[3] Und wenn diese gerecht verteilt werden, sind sie in der Lage, den „Status und damit das Ethos der Gemeinschaft" zu untermauern und damit die von vielen vergessene Tradition der juristischen Anthropologie zu Beginn des 20. Jahrhunderts wieder in Schwung zu

3 Zum Begriff 'intangible benefits' und seinen Anwendungen siehe Hand/Lev (2003).

bringen. Diese Tradition berücksichtigte die Gewohnheiten des gemeinschaftlich-ethischen Verhaltens, um die Grundsätze der Verteilungsgerechtigkeit zu definieren, welche bei der Festlegung der Investitionsmodalitäten zum Tragen kam, bei denen nicht nur die vertraglichen, sondern auch die moralischen Auflagen berücksichtigt wurden. Diese Lektion finden wir in vielen religiös begründeten philanthropischen Traditionen, vor allem in den jüdischen und protestantischen. Diesbezüglich erinnern wir daran, dass die höchste Stufe der acht in der *tsedegah* (ausgleichende Gerechtigkeit) angegebenen Stufen des Schenkens diejenige ist, welche die Partizipation und die Mitarbeit des Armen einschließt, damit dieser nicht mehr arm ist, was zum Vorteil der gesamten Gemeinschaft ist, die ihrerseits von der Armut des Einzelnen befreit wird.

Die Lehre, die wir aus diesem geistigen und sozialen Kapital ziehen, umgesetzt in eine neue, aktive Verteilungsgerechtigkeit, ist die, dass eine Philanthropie, die Formen einer bereichsübergreifenden Zusammenarbeit entwickelt, den sozialen Wettbewerb begünstigen muss und nicht einschränken darf. Sie fördert nämlich das Wachstum der „capabilities" im Zusammenhang mit der Entwicklung dessen, was wir als „interessierte Wohltätigkeit" bezeichnen können, nämlich eine Wohltätigkeit, die zum Vorteil von immer breiteren sozialen Kreisen auf die Optimierung ihrer Investitionen abzielt und damit nichts mehr mit dem traditionellen Begriff von „charity" im Sinne einer „Einbahnstraßenhandlung"[4] zu tun hat, an den einige Autoren den Grundsatz philanthropischen Handels anscheinend immer noch knüpfen. Die „interessierte Wohltätigkeit" basiert im Gegensatz dazu auf dem Grundsatz der Gegenseitigkeit, der „equal partnership" hervorbringt. Und dies durch die Teilnahme an funktionellen Kompetenzen, die nicht als Verstärkung von bürokratischen Auflagen oder als reine Hilfslogik dienen, sondern in artikulierter und differenzierter Form in Richtung eines Prozesses der Internalisierung der Zusammenarbeitserfordernisse auftreten. Ein Prozess, bei dem diese Zusammenarbeitserfordernisse auch in der Lage sind, Gefahren zu korrigieren, die eine Verdichtung der sozialen Netze der Unternehmen mit sich bringen kann. Durch den oben genannten ethischen Faktor, der auf dem Grundsatz der Autonomie der Entscheidungsverantwortung beruht, können diese den „Gehörsinn" der Unternehmen für die pluralistischen Anliegen der Stakeholder verstärken. Gleichzeitig werden die Effekte der Konzentration von Verbindungen eingeschränkt, die dazu neigen, die gesellschaftlichen Kreise zu schließen, anstatt das Wachstum von Formen der Reziprozität zwischen Profit- und Nonprofit-Sektor zu fördern.

Michael Porter und Mark Kramer unterstreichen die Rolle der *Corporate Philanthropy* bei der Wertmaximierung der Philanthropie, indem sie die Reaktionen des betreffenden Unternehmenskontexts durch die Produktion von zusätzlichen gesellschaftlichen Werten stimuliert. Diese kommen nicht nur der Produktion zugute, sondern allen daran beteiligten Akteuren (materielle Lebensbedingungen, Gesundheit, Teilhabe und Bürgerschaft, unternehmerische Kreativität des Einzelnen). Porter/Kramer (2002: 67)

4 Siehe dazu Melandri/Zamagni (2001).

unterstreichen jedoch: „The context-focused philanthropy will require a far more rigorous approach than is prevalent today: It will mean tightly integrating the management of philanthropy with other company activities. Rather than delegating philanthropy entirely to a public relations department or the staff of a corporate foundation, the CEO must lead the entire management team through a disciplined process to identify and implement a corporate giving strategy focused on improving context". Das impliziert die Zunahme von Strategien der Zusammenarbeit auch in horizontaler Richtung, nämlich das Bemühen um Koordinierung und Zusammenarbeit mit den vorhandenen philanthropischen Einrichtungen.

Nonprofit und Kapitalmarkt: eine strategische Neufokussierung der Philanthropie

In diesem begrifflichen und operativen Bezugsfeld hat die Philanthropie im letzten Jahrzehnt des 20. Jahrhunderts eine Horizontänderung vollzogen. Diese Änderung findet ihren Schwerpunkt im Begriff der „Investitionen". Durch die Übertragung des *Venture Capital*-Modells auf den Nonprofit-Bereich definiert der Investitionsbegriff einen strategischen Plan, der durch die Verstärkung der gesamten Organisationsstruktur umgesetzt wird, also in der Absicht, Programme mit hoher sozialer Wirkung durchzuführen. Wie Jed Emerson (2000: 189) ausführt, hat dieses Konzept eine spezifische Konnotierung und Wechselbeziehung zum „capital market", nicht nur im Geschäftsbereich, sondern auch im Nonprofit-Bereich:

„*Historically* – schreibt Emerson – *discussions of funding in the non profit sector, have touched primarily on grants, annual fundraising campaign ... Only recently have these discussions evolved toward a realization that the resources supporting the work of non profit sector are more than simply a variety of charitable fundraising efforts, but actually form a distinct capital market ... Dollars used to support community and other non profit activities, while ‚charitable' are still capital investments of precious resources. As such it is critical that these investments be managed with the same strategic thinking and due diligence one would apply in the for profit financial services and investment communities*".

Emerson gehört zu den Pionieren der *Venture Philanthropy*-Projekte, die eine Weiterentwicklung der „Corporate Philanthropy" und eine radikale Horizontänderung des philanthropischen Handelns darstellen. Denn durch die Einführung der Investitionsvariablen in die operative Strategie von Stiftungen, wenn sie sich als Förderer der Schaffung von *Development Funds* für den Nonprofit-Bereich anbieten, wird eine Reihe von Varianten ausgelöst, deren operativer Schwerpunkt der Grundsatz des *Capacity Buildings* ist. In einem vom Morino Institute (2000: 6) ausgearbeiteten Papier wird unterstrichen: „Capacity enables an organization to become more than the sum of its programs, by giving it the intelligence and support it needs to modify existing programs, meet unmet needs and drop ineffective products and services". Dieser Ansatz löst eine Neukontextualisierung des geistigen Verhaltens und der operativen Strategien der gesellschaftlichen und institutionellen Akteure aus. Interessant ist die Beobachtung, dass die Theorie, die mit dem Auftreten der Varianten in Abgrenzung zu den herkömmlichen Orientierungen der traditionellen Philanthropie einherging und diese stimulierte, ursprünglich zunächst an der Ostküste auftrat - vor allem in den zur Universität Harvard gehörenden Forschungszentren, wobei sie jenseits des Atlantiks auch im Essay von Christine Letts et al. (1997) ihren Niederschlag fand. Ihre innovativen Experimente auf operativer Ebene haben hingegen vor allen Dingen an der Westküste und insbesondere im technologisch hoch innovativen Silicon Valley stattgefunden, das nach Ansicht einiger Wissenschaftler, die sich mit Intensivierungsprozessen der kreativen Vorgänge auseinander gesetzt haben, auch in Bezug auf die örtlichen Gemeinschaften ein Gebiet mit hoher Projektdichte ist (Brown/Duguid 2000; Collaborative Economics 2001).

Eine der ersten an der Westküste ausgearbeiteten Fallstudien von *Venture Philanthropy* im Rahmen der Zusammenarbeit zwischen Jed Emerson und der Stanford Graduate School of Business war die der Roberts Foundation, eine Familienstiftung, die seit 1986 in San Francisco tätig ist. Seit den 1990er Jahren hat diese eine Reihe von Programmen auf der Grundlage des Prinzips der „Development Funds" aufgelegt. Das erste 1990 unter dem Namen 'Homeless Economic Development Fund' eingeleitete Experiment hatte „eine Reihe von Bemühungen seitens der Nonprofit-Organisation zur Erweiterung der wirtschaftlichen Möglichkeiten für Obdachlose" zum Zweck. Der Erfolg dieses Programms veranlasste die Stiftungen dazu, sich systematisch an einer Strategie zu orientieren, bei denen die „social purposes enterprises" im Mittelpunkt standen, während gleichzeitig eine „exit strategy" aus dem Obdachlosen-Programm angestrebt wurde, welches rückblickend gesehen die Rolle einer Art Startup für den Prozess der Neufassung der Strategien und des organisatorischen Aufbaus der Roberts-Stiftung hatte. Ab der zweiten Hälfte der 1990er Jahre nahm diese dann den Namen 'Roberts Enterprise Development Fund' an. Sie stärkte damit - in Abweichung von der vom HEDF-Programm produzierten traditionellen Philanthropie - auf strategische Weise und mit einem breiten Programm von Projekten auf der Ebene der lokalen Gemeinschaften die Innovationselemente. Der erste relevante Aspekt ist die Überwindung der vorherrschenden Ansicht, dass der Nonprofit-Bereich weder in der Lage ist, sich so zu organisieren, dass er sich mittel- bis langfristig selbst trägt, noch dazu, marktorientierte Unternehmen zu schaffen, „while simultaneously providing employment ... for formerly unemployed individuals". Diese veränderte Sichtweise hinsichtlich der Marktsphäre hat auch Auswirkungen auf die Geschäftsformen zwischen „Grant-Seekers" und „Grant-Makers". Dies impliziert einerseits eine Umkehrung der Beziehung zwischen der Konzentration auf die Fundraising-Ziele als einzige Überlebensmöglichkeit der Nonprofit-Organisationen und den Zielen der Selbstorganisation und der Förderung der Kapitalmarktsphäre als Form von unternehmerischer Nachhaltigkeit; eine Art Neuauflage des alten Mottos, demzufolge man Arme nicht mit Fischen füttern, sondern ihnen das Angeln beibringen sollte. Eine Neuauflage, die jedoch noch einen weiteren Schritt impliziert, nämlich die Notwendigkeit für den Grant Seeker, nicht nur angeln zu können, sondern das auch innovativ und wettbewerbsfähig zu tun, sowohl zum Nutzen dessen, der investiert hat („tangible benefit") als auch zum Vorteil der Lebensqualität, der sozialen Beziehungen, des sozialen und kulturellen Wachstums der gesamten Gemeinschaft („intangible benefit"). Auf der Seite der „Grant-Makers" impliziert diese Umkehrung den Umstand, dass die Tätigkeit der Stiftungen als Ausschütter von Mitteln nicht mehr nur in der Unterstützung von Projekten besteht, sondern auch in Investitionen in mittel- bis langfristige Programme. Die Tätigkeit konzentriert sich also weniger auf „Grant Making", sondern mehr auf „Core Funding". Sie impliziert die Notwendigkeit, langfristig und strategisch einzugreifen und dabei das Risiko zu handhaben (anstatt zu versuchen, es durch eine Reihe von zweckmäßigen Bewertungsstandards zu vermeiden), das *Capacity Building* der Nonprofit-Organisation zu optimieren und ein System von internen Beziehungen mit organisatorischen Auswirkungen zwischen „Grant Maker" und „Grant Seeker" aufzubauen. Allerdings waren nicht alle nach der obigen Orientierung durchgeführten Experimente auch erfolgreich. Einer der vom Morino Institute erwähnten Misserfolge beim Übergang vom traditionellen philanthropischen Ansatz zum Modell der *Venture Philanthropy* betrifft die Loslösung des „Urban Development Fund" im Rahmen der Tätigkeit des Pfizer Community Development Funds (der das Core Funding des Programms darstellte), weg von einem auf pharmazeutische und gesundheitliche Aspekte konzentrierten Unternehmenszweck: Der Development Fund wurde in Bereiche investiert, in denen die Stiftung nicht über genügend Erfahrung verfügte, was zur Folge hatte, dass nicht ausreichend zweckkonformes Kapital und Humanressourcen mobilisiert werden konnten und ein angemessenes Risikokapitalmanagement immer unmöglicher wurde. Der Anteil an Misserfolgen beim Übergang von der traditionellen Philanthropie zum neuen Venture-Ansatz erklärt die relativ niedrige Zahl von Stiftungen, die sich vorwiegend in dieser Richtung engagieren, und die relativ hohe Zahl an hybriden Einrichtungen, also an Stiftungen, die beide Ansätze aufweisen.

Die Zahl der wichtigsten amerikanischen Stiftungen, die nach der Logik der *Venture Philanthropy* vorgehen, beträgt heute weniger als 50. Laut einer Schätzung von Intek haben 67 Prozent davon Investitionen mit einer mittleren Laufzeit von drei bis sechs Jahren getätigt. Der allgemeine Trend beim internen Personal geht in Richtung steigender Zahlen der ins Management der Programme eingebundenen Personen. 2002 haben diese Programme, ebenfalls laut Schätzungen von Intek, ein Kapital in Höhe von 400 Millionen Dollar mobilisiert, wobei die Hauptzwecke der Bereich Bildung und Ausbildung (Optimierungsprogramme der öffentlichen Bildung), die Reduzierung der Armut, die Schaffung von Arbeitsstellen für Behinderte, ehemalige Häftlinge, Obdachlose, Einwanderer, sowie die Schaffung von Inkubatoren für *Social Entrepreneurship* sind. Diesbezüglich besonders interessant ist das Rubicon Program, das unter seinen zahlreichen Initiativen ein integriertes System von Produkten für Qualitätsbäckereien und Konditorbetriebe entwickelt hat und dabei gleichzeitig Menschen aus den gefährdeten Gegenden von Richmond in Kalifornien beschäftigt sowie

Dienstleistungen für diese anbietet. Ebenso dynamisch stellt sich die Erfahrung des Center for Collaborative Economics in San José dar, das die Entwicklung von Experimenten der *Venture Philanthropy* im Zusammenhang mit den *Community Foundations* ausgebaut und dabei gleichzeitig die Zusammenarbeit und die Active-Learning-Strategien der potentiellen Geber des Gebietes gesteigert hat.

Signifikant ist, dass der größte Teil der Organisationen, die sich der Logik der *Venture Philanthropy* angeschlossen haben, um die Jahrhundertwende gegründet wurden, darunter 29 im Zeitraum von 1999 bis 2001. Die Pioniere der *Venture Philanthropy* zwischen Ende der 1980er und den 1990er Jahren waren neben der bereits genannten Roberts Foundation das Morino Institute on Venture Philanthropy (die gemeinsam mit der Roberts Stiftung auch zu den aktivsten Dokumentationszentren auf diesem Gebiet mit einer großen Menge an Fällen zählt), die Robin Hood Foundation und die Tiger Foundation sowie die SVP Seattle. Letztere hat in Zusammenarbeit mit dem Seattle Social Enterprise Consortium das First Seattle Social Investor's Forum gegründet, dessen Zweck nicht nur die Lieferung von kosteneffektiven Instrumenten für die Nonprofit-Organisationen ist, sondern gleichzeitig auch die Verbreitung innovativster Projekte unter einer großen Zahl von philanthropischen Einrichtungen und Stiftungen. Damit senkte sie Auszahlungszeiten, Kosten und nicht-koordinierte Finanzierung und beschleunigte die Schaffung von Dienstleistungsnetzwerken sowie die Aufwertung des Vermögens.

Ein signifikanter Aspekt des exponentiellen Wachstums der *Venture Philanthropy* in sehr kurzer Zeit ist, dass es sich dabei anscheinend um die Wirkung eines Generationsübergangs handelt, der an das Auftreten einer neuen Denkweise bei den Gebern gebunden zu sein scheint, die bei dem beschleunigten Wachstum und der Expansion der Finanzmärkte im Zusammenhang mit der Entwicklung von Informatik und Hightech ein enormes Kapital angesammelt haben (Philips 2002). Eine Generation von Gebern, die in vielen Fällen jünger als 40 Jahre alt sind und ihre philanthropische Tätigkeit nicht auf das Ausstellen von Schecks beschränken, sondern voll in die Programme und die Messung ihrer materiellen und immateriellen Wirkungen eintreten und ihre Auswahlkompetenzen auf die Probe stellen wollen. Dabei betonen sie über die traditionellen Systeme von „application and evaluation" hinaus einerseits die qualitative Dichte des Einsatzes für den Zweck sowie die Entschlossenheit, diesen umzusetzen, und andererseits die Risikokomponente, anstatt zu versuchen, deren Wirkungen zu begrenzen. Auf diese Art und Weise beschränkt sich das *Grant Making* nicht auf die Auszahlung, sondern impliziert wie bereits gesagt die Erweiterung der Netze und gesellschaftlichen Kreise in strategischer und kollaborativer Form. Ziel ist es, die Übertragung der innovativsten operativen Instrumente des Risikokapitals (strategische und finanzielle Planung, Positionsanalyse, Performance-Beobachtung in Richtung Nonprofit) zu garantieren, indem man gleichzeitig einen Prozess der Rekapitalisierung der anthropologischen Ressourcen und der im Zuge der Herausbildung der erweiterten Kreise geschaffenen gesellschaftlichen und organisatorischen Erfahrung durchführt. Ergänzt wird diese strategische Orientierung durch die Bereitstellung von angepassten Investitionsauszahlungsmodalitäten. Von diesen wird nicht nur erwartet, dass die öffentlichen und staatlichen Einrichtungen sich der Pilotprojekte annehmen, sondern dass sie strategisch an die Nachhaltigkeit und die organisatorische Selbstständigkeit der finanzierten Einrichtung gebunden sind. Damit stellen sie eine potentielle Reserve für weitere unternehmerische Initiativen dar und erhöhen den Mehrwert für die gesamte Gemeinschaft, was dann das Ergebnis der Konsolidierung der „equal partnerships" ist. Diese Überlegungen bringen eine Reihe von Problemen ans Licht, die im Großen und Ganzen alle auf den folgenden Knotenpunkt zulaufen: Ist die *Venture Philanthropy* eine neue Praxis, die einen neuen Wettbewerbsgrundsatz in sich trägt, der auf der Kultur gesellschaftlicher Solidarität basiert und beim Handeln in der freien Marktwirtschaft die Logik des „hands in hands"[5]-Kapitalismus von innen abbaut - ein Kapitalismus, der darauf abzielt, die eigenen Interessen und den eigenen Appetit auf Eroberung von Marktanteilen auch durch die interne Realisierung einer instrumentellen „Corporate Philanthropy" zu verteidigen? Oder handelt es sich um eine einfache Finanzierungstechnik, die auch auf den sozialen Bereich angewendet wird, jedoch die Logik der „alten Philanthropie", die im Gleichklang mit dem industriellen System zu Beginn des 20. Jahrhunderts entstand, nicht entstellt?

Zu den vielen Stimmen, welche die innovative Reichweite und den brisanten Charakter des Nonprofit-Kapitalmarktes unterstreichen, gesellen sich auch andere, bisweilen maßgebliche Stimmen, die etwas anderes verlauten lassen. Das gilt zum Beispiel für Peter Frumkin, der den Übergang von der traditionellen Philanthropie zur *Venture Philanthropy* mehr als rhetorischen Effekt und weniger als Paradigmenwechsel beschreibt, also im Grunde als Form terminologischer Überlagerung einer im wesentlichen unveränderten Praxis. Die Diskussion hat eine deutliche, wenn auch nicht offen erklärte politische Komponente, da Frumkin in seinem Essay *Inside Venture Philanthropy* mehrfach darauf hinweist, dass die Sprache der *Venture Philanthropy* von den Demokraten ausgiebig bei der Ausarbeitung ihrer Programme während der letzten Wahlkampagne genutzt wurde.

Möglichkeiten und Grenzen: Venture Philanthropy jenseits des Atlantiks

Für Europa ist das Problem anderer Art und sicherlich noch komplexer, insbesondere wegen der unterschiedlichen Konfiguration des wirtschaftlichen, sozio-institutionellen und des Produktionskontextes. In einigen Kontexten bleibt eine Reihe von Problemen offen, die vor allen Dingen die Auszahlungspraxis dieser Fonds betreffen - also den Umstand, dass die Unternehmen in einen Kreislauf des Aufbaus von „equal partnership" eintreten oder nicht, und dass sie Strategien entwickeln, von deren Auf-

5 Unter Bezug auf den Essay von Rajan/Zingales (2003).

bau eine solche Konstruktion abhängt und die das Prinzip der Internalisierung von Partnerschaft mit sich bringt. Das philanthropische Handeln bleibt in den meisten Fällen von schwacher Interaktion geprägt, das heißt, es mangelt am Grundsatz der Gegenseitigkeit. Dies bestätigt in der Praxis einen theoretischen Grundsatz, der in vielen Fällen, und insbesondere im katholischen Kontext, eine nicht-relationale Philanthropie und Hilfe beinhaltet. Diese Haltung würde ich mit einer Metapher aus dem Mittelalter als „Fortbestehen der Schiessschartenpraxis" bezeichnen. Ein kleines Fensterchen im Turm der Ausschütter öffnet sich und man schüttet einen Sack mit Goldmünzen auf die „Grant Seekers" hinab. Der Begünstigte hat kaum die Zeit, seinen Blick nach oben auf den Geber zu richten, da schließt sich das Fensterchen schon wieder, um sich nur zum Zeitpunkt der Rechnungslegung wieder zu öffnen, ohne dass es zwischen den beiden Partnern tatsächlich irgendeinen Kommunikationsmoment gegeben hätte. Das ist natürlich ein extremes Beispiel, das verschiedene Ausnahmen aufweist. Dieser Kommunikationsmangel wirkt sich besonders stark aus, wenn die „Grant Seekers" Nonprofit-Organisationen sind. Denn er schränkt die Möglichkeit ein, Maßnahmen zur Stärkung der organisatorischen und der Verwaltungskapazitäten dieser Institutionen zu ergreifen. Außerdem kann er zu einer Verflachung der Projektanfragen durch Anpassung an die Forderungen des Gebers führen, anstatt sich auf eine strategische Projektanlage zu gründen, welche die Partner zur Zusammenarbeit erzieht, ihre Organisationskultur stärkt sowie die Fähigkeit der Akteure, „Reaktionen" im Bezugskontext auszulösen und das Interesse anderer Akteure im Bereich der Unternehmen und öffentlichen Institutionen zu wecken.

Ein wichtiges Problem ist daher die Erziehung des Personals und der Leiter der Stiftungen hin zu einer Kommunikationskultur, denn sie sind an die Beurteilung und Auszahlung von Finanzierungen nach manchmal stark standardisierten Prozeduren gewöhnt; selten stellen sie sich dem Problem der „leadership" bei der Verwaltung der Programme, dem Problem der kompletten Umsetzung der „development funds", der organisatorischen Veränderung der betroffenen Einrichtungen, der Entwicklung von Zusammenarbeit zwischen unterschiedlichen Partnern, der Produktion von kontinuierlichen Datenflüssen sowie der Beobachtung der Performance während des gesamten Prozesses (und nicht nur bei der abschließenden Rechnungslegung).

Interessant ist die Feststellung, dass sich die Entwicklung der *Venture Philanthropy* in den wirtschaftlich am fortgeschrittensten Bereichen der globalen Gesellschaft am Grundsatz der „Community Venture" orientiert, also an der Stärkung der Handlungsfähigkeit des Nonprofit-Sektors nicht durch die einseitige Auszahlung von Geldern, sondern durch eine Mobilisierungsstrategie der Investoren, deren Mittel eher wie folgt gelenkt werden: „Not in the Next Big Thing, but in small business which could create jobs in low income communities, which offer their employees good wages and the skills to develop their own wealth." (Delevett 2003) Damit produzieren sie das, was Bud Calligan wie folgt definiert hat: „Double bottom line approach, looking for both financial and social pay-off", in eine Richtung, die der des zu Anfang genannten Unternehmens von Olivetti im Gebiet „Canavese" in der Zeit nach dem Zweiten

Weltkrieg sehr ähnlich ist. Die Frage nach dem Entwicklungspotential einer neuen, auf Stärkung und nicht nur auf das Funktionieren des Nonprofit-Bereichs ausgerichteten Philanthropie betrifft also nicht nur die Organisationsformen der Unternehmen, sondern auch ihre Organisationskulturen, in deren Mittelpunkt eine Änderung der kulturellen und institutionellen Zusammenhänge und der Denkgewohnheiten steht. Es reicht also nicht aus, die Techniken der *Venture Philanthropy* zu verbreiten. Es ist unbedingt erforderlich, auf andere Faktoren einzuwirken, wie die Schaffung einer neuen Professionalität im Bereich der Philanthropie und des Nonprofit-Sektors. Die Erziehung zur bereichsübergreifenden Zusammenarbeit zwischen den Führungskräften der Stiftungen und der Geber im privaten und im Unternehmensbereich sowie die Ausbildung der Mitarbeiter im Nonprofit-Bereich und derjenigen, die in den öffentlichen Einrichtungen die Aufgabe haben, mit diesen Akteuren der interaktiven Philanthropie zu interagieren, ist ein tragendes Element der Veränderung, das mit dem Prozess der Anpassung der Techniken und der Logik der *Venture Philanthropy* einhergehen muss. Es müssen Teams geschaffen werden, die das Personal der Stiftungen, das Personal in den Forschungseinrichtungen, die Berater und Manager an die Arbeit bringen, um eine gemeinsame Kultur der „zweckorientierten organisierten Wohltätigkeit“ zwischen Unternehmen, Stiftungen und Nonprofit-Verbänden zu schaffen. Eine Wohltätigkeit, die sich aus den Grundsätzen des *Venture Capitals* nährt und in der Lage ist, finanzielle als auch Management-Investitionen vorzunehmen, die nicht nur den Begünstigten helfen, ihre Ziele festzulegen, sondern diese auch nach einem strategischen Plan zu verwalten, der ihren organisatorischen Aufbau mittel- bis langfristig stärkt und die Bedingungen für das Erreichen höchster sozialer Wirkungen schafft.

Philanthrokapitalismus – Nach dem Goldrausch[1]

von Michael Edwards

Inhalt

Es ist nicht zu leugnen, dass sich im Bereich der Philanthropie etwas wahrhaft Wichtiges regt – eine Bewegung, die die Kraft der Wirtschaft und des Marktes für das Ziel des gesellschaftlichen Wandels nutzbar machen will. Matthew Bishop[2] nennt sie „Philanthrokapitalismus".

Es herrscht berechtigte Begeisterung über mögliche Fortschritte im Bereich der globalen Gesundheit, der Landwirtschaft und bezüglich des Zugangs armer Menschen zu Mikrokrediten, die durch riesige Investitionen von Seiten der Bill & Melinda Gates Foundation[3], der Clinton Global Initiative[4] und anderen vorangetrieben werden.

Philanthrokapitalismus sollte auf jeden Fall dabei helfen, den Zugang zu nützlichen Gütern und Dienstleistungen zu erweitern, und er verfügt über einen positiven Einfluss auf die Stärkung wichtiger Bereiche zivilgesellschaftlicher Kapazitäten. Das alles ist sicherlich etwas Gutes. Warum habe ich also ein Buch geschrieben – „Just Another Emperor? The Myths and Realities of Philanthrocapitalism"[5] (Edwards 2008) – das den wachsenden Einfluss philanthropisch denkender Unternehmer in Frage stellt?

Meine Sorge ist, dass der Hype um Philanthrokapitalismus[6] von den tieferliegenden Veränderungen, die für gesellschaftlichen Wandel notwendig sind, ablenken, Entscheidungen auf ein unangemessenes Endergebnis reduzieren und dazu führen wird, dass wir ignorieren, welche Kosten und Nachteile damit verbunden sind, wenn man unternehmerische Grundsätze in den Bereich der Zivilgesellschaft und der gesellschaftlichen Veränderung überträgt. Ich sehe mit Besorgnis, dass diese Fragen und

1 Der Artikel erschien erstmals in englischer Sprache im unabhängigen Online-Magazin www.opendemocracy.net.
2 http://www.economist.com/mediadirectory/listing.cfm?journalistID=64
3 http://www.gatesfoundation.org/default.htm
4 http://www.clintonglobalinitiative.org/NETCOMMUNITY/Page.aspx?pid=895&srcid=-2
5 http://www.justanotheremperor.org/
6 http://bookshop.blackwell.com/jsp/id/Philanthrocapitalism_How_the_Rich_Are_Trying_to_Save_the_World/9781596913745

die Belege, die sie untermauern, nicht genügend Gehör finden. Außerdem möchte ich eine Diskussion anstoßen, in der unterschiedliche Standpunkte dargelegt und angehört werden können. Philanthrokapitalismus kann nur dann sein beträchtliches Potential ausschöpfen, wenn er den Hype hinter sich lässt.

Bedeutung des Begriffs

Was genau ist Philanthrokapitalismus? Es ist ein dehnbarer Begriff, der einerseits mit sozialen Unternehmen oder sozialer Unternehmerschaft, *Venture Philanthropy* und sozialer Verantwortung der Unternehmen zu tun hat, sich andererseits aber auch davon abgrenzt. Meiner Meinung nach gibt es drei charakteristische Merkmale:

- Mittel: Sehr große Geldsummen werden für philanthropische Zwecke zur Verfügung gestellt. Dabei handelt es sich hauptsächlich um die außergewöhnlichen Gewinne einer kleinen Zahl von Personen aus dem Bereich der Informationstechnologie und des Finanzsektors in den letzten beiden Jahrzehnten.
- Methode: Die Behauptung, dass Vorgehensweisen aus dem Bereich der Wirtschaft soziale Probleme lösen können und anderen Ansätzen, die im öffentlichen Bereich und in der Zivilgesellschaft verbreitet sind, überlegen sind.
- Errungenschaften: Die Behauptung, dass diese Vorgehensweisen anstelle eines erweiterten Zugangs zu nützlichen sozialen Gütern und Dienstleistungen gesellschaftliche Veränderungen bewirken können. Dies ist sicherlich ein erhabenes Ziel, reicht jedoch nicht aus, um tiefergehende Veränderungen bezüglich der Verteilung von Macht und Ressourcen in der Welt zu erreichen.

Wie sieht die Beweislage zu diesen Behauptungen aus? Wir wissen bereits, dass gewinnorientiertes Engagement im humanitären Bereich oft wirkungslos ist, zumindest in gesellschaftlicher Hinsicht. Dieses Problem soll durch Philanthrokapitalismus behoben werden. Nehmen wir z.B. die riesigen Investitionen im Bereich der globalen Gesundheit, der Mikrokredite und der ökologischen Dienstleistungen, die Bill Gates und andere tätigen. Die bisher verfügbaren Erkenntnisse im Zusammenhang mit diesen Investitionen deuten darauf hin, dass es sehr wohl möglich ist, den Markt zu nutzen, um den Zugang zu nützlichen Gütern und Dienstleistungen zu erweitern, dass es jedoch viel schwieriger ist, einen spürbaren Einfluss auf gesellschaftliche Veränderungen auszuüben. Der Grund dafür ist recht offensichtlich: Systemische Veränderungen umfassen gesellschaftliche Bewegungen, Politik und den Staat, was die genannten Experimente im Allgemeinen nicht beachten.

Im kleineren Rahmen gibt es eine wachsende Zahl von Initiativen, die mit Erfolg marktwirtschaftliche Methoden anwenden, um gesellschaftlich nützliche Güter und Dienstleistungen zu vertreiben, z.B. das One Laptop Per Child-Programm[7], das mit

7 http://laptop.org/vision/index.shtml

Hilfe von Google billige Computer herstellt, die mit frei verfügbarer Software betrieben werden können.

Dies sind wichtige Experimente, doch deuten die empirischen Daten darauf hin, dass es sehr schwierig ist, sie auch in großem Umfang erfolgreich durchzuführen und dass es meist zu Kompromissen zwischen den sozialen und den finanziellen Zielen kommt. Eine Untersuchung von 25 Joint Ventures in den USA zeigte z.B., dass 22 von ihnen „wesentliche Konflikte zwischen der Zielsetzung und den Forderungen der Interessensvertreter des Unternehmens aufwiesen". Die beiden Beispiele, die in finanzieller Hinsicht am erfolgreichsten waren, wichen am meisten von ihrer sozialen Zielsetzung ab, indem sie die für die Interessenvertretung vorgesehene Zeit und die Mittel kürzten, Kunden aussortierten, die eine etwas kompliziertere Behandlung erforderten, und sich auf Aktivitäten mit dem größten profitbringenden Potential konzentrierten.

Ein anderes Beispiel ist Project Shakti[8], eine von Hindustan Lever (HLL) in Indien geförderte *Public Private Partnership*, die Frauen mit niedrigem Einkommen in die Vertriebskette ihrer Produzenten integriert, indem sie Produkte wie Shampoo und Waschmittel verkaufen, „um ihr Einkommen aufzubessern und ihr Selbstbewusstsein zu stärken". Eine kürzlich durchgeführte Evaluation zeigte „keinen Beweis dafür, dass das Projekt Frauen befähigt oder eine positive gesellschaftliche Wirkung zeigt", sondern sie zu „HLL-Händlerinnen" macht, oft zu beträchtlichen eigenen Kosten (da billigere Marken erhältlich sind, sind die Investitionserträge niedrig und die Arbeit ist sehr hart).

Mein Buch[9] enthält noch viele weitere ähnliche Belege, die zeigen, wie schwierig es ist, soziale und finanzielle „bottom-lines" zu vereinen. Nur wenige dieser Experimente tragen sich tatsächlich selbst, oft weichen sie von ihren ursprünglichen Zielen ab und die Quote derer, die scheitern, ist hoch. Das andere Problem ist die Größe: Fairtrade[10] erreicht schätzungsweise fünf Millionen Produzenten und ihre Familien in der Dritten Welt, während soziale Unternehmen in den USA im Jahr 2005 einen Ertrag von nur $500 Millionen vorwiesen.

Der zweite Bereich, in dem Philanthrokapitalismus angeblich Wirkung zeigt, ist die Stärkung der Finanz- und Managementkapazitäten der zivilgesellschaftlichen Organisationen. Es hat mich schon immer verwundert, dass Venture-Philanthropen und soziale Unternehmer sich von der übrigen Zivilgesellschaft mit der Begründung abgrenzen, sie seien „ergebnisorientiert" oder auf „hohe Leistungsfähigkeit" ausgerichtet, womit sie andeuten, dass alle anderen sich nicht für die Ergebnisse interessieren. Natürlich gibt es mittelmäßige Bürgerorganisationen, genau wie es auch mittelmäßige Unternehmen, Venture-Philanthropen, soziale Unternehmer und Regierungsabteilungen gibt, also (wie Jim Collins[11], Autor von „Good to Great", fragt) „warum

8 http://www.hll.com/citizen_lever/project_shakti.asp
9 http://www.justanotheremperor.org/
10 http://www.fairtrade.org.uk/what_is_fairtrade/default.aspx
11 http://www.jimcollins.com/bio/index.html

sollte man mittelmäßige Methoden auf den sozialen Sektor übertragen"? Was gute und schlechte Akteure voneinander unterscheidet, ist nicht die Frage, ob sie aus dem Bereich der Wirtschaft oder der Zivilgesellschaft kommen, sondern ob ihre Arbeit ein klares Ziel hat, ob sie über Weiterbildungs- und Rechenschaftsmechanismen verfügen, die dafür sorgen, dass sie ihre Richtung beibehalten, und ob sie die Fähigkeit haben, ihre Angestellten oder ehrenamtlichen Mitarbeiter dazu zu motivieren, das höchste gemeinsame Leistungsniveau zu erzielen.

Die wichtigsten Ergebnisse messen die Wirkung im innersten Kern des gesellschaftlichen Wandels und es gibt eine Menge an Belegen, die zeigen, dass diese von sozialen Bewegungen ausgelöst werden, die selten die Sprache oder die Methoden der Betriebswirtschaft benutzen. Andererseits muss noch einmal betont werden, dass es bereits empirische Beweise dafür gibt, dass diejenigen, die diese Methoden einsetzen, Kompromisse bei ihrer sozialen Zielsetzung eingehen.

Es ist einfach, nach wirtschaftlichen Kriterien Patentlösungen anzubieten, doch stellt sich dann heraus, dass etwas, was nicht effizient erscheint, oft von grundlegender Bedeutung für die soziale und politische Wirkung einer Zivilgesellschaft ist – z.B. die Erhaltung regionaler Gruppen einer Organisation, auch wenn es für das zentrale Büro billiger wäre, diese zu größeren Einheiten zusammenzufassen. Und obwohl Lösungen wirtschaftlich tragbar sein müssen, bedeutet dies nicht unbedingt, dass der wirtschaftliche Ertrag erhöht wird. Philanthropen sehen die Abhängigkeit von Spenden, Zuschüssen und Mitgliedsbeiträgen manchmal als Schwäche der zivilgesellschaftlichen Organisationen. Sie kann jedoch auch eine Quelle der Stärke sein, da sie eine Verbindung zwischen den Organisationen und ihrer Anhängerschaft und der Öffentlichkeit darstellt – solange die fließenden Beiträge breitgefächert genug sind, um die unvermeidlich auftretenden Turbulenzen zu überstehen.

Die Auswirkung auf die Zivilgesellschaft

Gibt es irgendwelche Beweise dafür, dass diese Strömungen der Zivilgesellschaft an sich schaden? Es gibt auf jeden Fall einige besorgniserregende Anzeichen, unter anderem:

- die Verwässerung von „an anderen orientierten" Handlungen durch Wettbewerb und finanzielle Anreize (z.B. die Bezahlung Ehrenamtlicher)
- das Abziehen von Energie und Mitteln aus den Bereichen strukturelle Veränderung, Aufbau von Institutionen und Reformen zugunsten von sozialen und ökologischen Dienstleistungen
- der Verlust an Unabhängigkeit, der mit der Abhängigkeit von einem Unternehmen oder dem Staat einhergeht und die daraus folgende Schwächung der Möglichkeiten der Zivilgesellschaft, diese für ihre Taten zur Rechenschaft zu ziehen

- ein wachsendes Ungleichgewicht innerhalb der Zivilgesellschaft zwischen ausreichend ausgestatteten Dienstleistern (oder anderen Gruppen, die von großen Investoren als Leistungsträger gesehen werden) einerseits und unzureichend ausgestatteten Interessenvertretungen und Themenanwälten andererseits
- eine Veränderung der Beziehung zwischen Bürgergesellschaften und ihren Mitgliedern hin zu einer Beziehung von passiver Unterstützung (aus der Entfernung Geld spenden) statt aktiver Teilnahme
- Aushöhlung der Rolle der Zivilgesellschaft im sozialen Wandel durch Vereinnahmung (oder sogar Entkräftung) anstelle von gleichwertiger Partnerschaft

Das Gesamtergebnis ist, dass die Zivilgesellschaft größer wird, jedoch nicht stärker oder wirksamer, wenn es darum geht, grundlegende Veränderungen in der Gesellschaft anzustoßen.

Der Markt und die Bewegung

Warum führt der Einbezug von Unternehmen und Märkten zu solch gemischten Ergebnissen? Die Antwort darauf lautet, dass die Funktionsweisen von Unternehmen und sozialem Wandel nicht nur unterschiedlich sind, sondern auch in vielen wichtigen Aspekten in entgegengesetzte Richtungen streben. Es gibt langjährige Erfahrung mit den Risiken, die eine Kombination der beiden mit sich bringt. Ein Beispiel hierfür ist die Einstellung zu Umverteilung und sozialer Gerechtigkeit, die für Philanthrokapitalisten selten eine Rolle spielt, jedoch von zentraler Bedeutung für jedes auf Wandel ausgerichtete Programm ist. „Reichtum ist wie ein Obstgarten", sagt der mexikanische Philanthrokapitalist Carlos Slim[12], „man muss das Obst verteilen, nicht den Ast", vermutlich, weil Ast, Baum und Wald ihm gehören.

Andere Beispiele sind die Gegenüberstellung von Wettbewerb und Kooperation oder Individualismus und kollektivem Handeln bzw. Gegenseitigkeit. Jeff Skoll[13], Mitbegründer von Ebay, sagt voller Stolz, dass soziale Unternehmerschaft „eine Bewegung von der Institution zum Einzelnen ist", weil ein Einzelner „schneller handeln und mehr Risiken eingehen kann." Das ist richtig, aber kann ein Einzelner auch das ganze System betreffende Veränderungen in sozialen und politischen Strukturen bewirken, die sich auf kollektives Handeln und eine breite Basis von Anhängern stützen? Die Geschichte zeigt, dass systemische Veränderungen in Bezug auf Umwelt, Grundrechte, Geschlechter und Behinderungen eher durch die Bemühungen sozialer Bewegungen erreicht wurden als durch heldenhafte Individuen, und dass neben der Politik und dem Staat auch Zivilgesellschaften und Unternehmen daran beteiligt waren.

Und das ist der springende Punkt. In Märkten sind wir Kunden, Klienten oder Verbraucher, während wir in einer Bewegung Bürger sind, was jeweils etwas ganz an-

12 http://www.carlosslim.com/biografia_ing.html
13 http://www.skollfoundation.org/aboutskoll/jeff_skolls_vision.asp

deres impliziert. „NPC LLC recherchiert, evaluiert und wählt Organisationen für all unsere Fonds, so dass unsere Kunden dies nicht selbst tun müssen." Dies ist keine Werbung für die Wall Street, sondern für eine Gruppe[14] in den USA, die Beratung im Bereich gemeinnützige Spenden anbietet. In Zukunft benötigt man also keinen Kontakt mehr zu den Organisationen, die man unterstützt, und auf gar keinen Fall muss man an ihren Aktivitäten teilnehmen. Man kann einfach in einen politischen Anlagefonds investieren und dies von der Steuer absetzen.

In der immer größer werdenden Flut von Büchern, Zeitungsartikeln und Konferenzberichten zum Thema Philanthrokapitalismus erfahren die Finanzen und der Markt viel Aufmerksamkeit. Selten jedoch werden Macht, Politik und soziale Zusammenhänge erwähnt – die Dinge, die den sozialen Wandel wirklich vorantreiben. Obwohl sich die Landschaft als Ergebnis der gesammelten Erfahrung (besonders bei der Gates Foundation) leicht verändert, unterstützt die große Mehrheit der Venture-Philanthropen technische Lösungen und schnelle Ausweitung („Technologie plus Wissenschaft plus Markt führt zu Ergebnissen").

Im Bereich der Wirtschaft ist der Druck, schnell zu wachsen, normal, sogar zwingend notwendig, denn auf diese Weise werden die Kosten per Einheit verringert und die Gewinnspanne wächst. Sozialer Wandel geht jedoch langsamer vonstatten, weil er so komplex und voller Widersprüche ist. Da Philanthrokapitalisten ihr Vermögen geerbt oder sehr schnell verdient haben, möchten sie nicht lange auf ihre Ergebnisse warten und die Kriterien, nach denen sie den Erfolg bewerten, konzentrieren sich auf kurzfristige materielle Gewinne, nicht auf langfristige strukturelle Veränderungen in Bezug auf Werte, Beziehungen und Macht.

Wirtschaftskriterien bevorzugen Größe, Wachstum und Marktanteile, im Gegensatz zur Qualität des Zusammenspiels zwischen Menschen und den Kapazitäten und Institutionen, an deren Aufbau sie mitarbeiten. Wenn Investoren ein Unternehmen evaluieren, müssen sie letztlich nur eine Frage beantworten: Wie viel Geld wird es abwerfen? Das zivilgesellschaftliche Gegenstück hierzu ist die soziale Wirkung, die Organisationen erreichen können, alleine und zusammen, aber dies ist viel schwieriger zu evaluieren.

Die Mischung und das Allgemeingut

Hier geht es um tief verwurzelte Unterschiede, aber sind diese Rationalitätsunterschiede unüberbrückbar, auf ewig in einer Art gegenseitiger feindlicher Umarmung eingefroren? Philanthrokapitalisten sagen: nein, auf keinen Fall, aber ich bin da nicht so sicher.

Alle Organisationen erzeugen verschiedene Arten von Werten in unterschiedlichen Anteilen – finanziell, sozial und ökologisch –, unabhängig davon, ob es sich um

14 http://www.newprogressivecoalition.com/

Bürgerbewegungen oder Unternehmen handelt. Diese Anteile können durch geplante oder ungeplante Aktivitäten verändert – oder „vermischt" – werden, allerdings nicht ohne tatsächliche Auswirkungen auf diejenigen Werte, die im Gegenzug reduziert, in Frage gestellt oder widerlegt werden.

Wird ein Wertekatalog verwässert oder verunreinigt, wenn man ihn mit anderen vermischt? Ist der daraus entstehende Cocktail geschmacklos – wie wenn man Wein und Essig mischt – oder köstlich, eine Margarita, die im Himmel gemixt wurde? Und gibt es Dinge, die sich überhaupt nicht mischen lassen, wie Öl und Wasser?

Diskussionen über „vermischte Werte" („blended values") scheinen in einer Welt stattzufinden, in der es keine Kompromisse, Kosten und Widersprüche gibt. Positive Synergien sind z.B. zwischen Dienstleistung und Interessenvertretung möglich, und Dienstleister können sicherlich einen größeren gesellschaftlichen Wert erreichen, wenn sie über einen akzeptablen Saldo verfügen. Aber: Viele Organisationen haben die Erfahrung gemacht, dass sie mit einer sozialen Zielsetzung begannen, diese dann aber nach und nach verloren, je mehr sie sich auf den Markt einließen. Mit der Zeit neigt der eine Wertekatalog dazu, die anderen Werte zu verdrängen.

Philanthrokapitalisten möchten Wettbewerbsprinzipien in die Welt der Zivilgesellschaft übertragen, da sie annehmen, dass das, was in den Märkten funktioniert, auch bei Bürgerbewegungen funktioniert. Dabei haben sie allerdings die Folgen ihrer Handlungen nicht genau genug überdacht. Einige nennen dies die Schaffung eines „sozialen Kapitalmarkts", innerhalb dessen Nonprofit-Organisationen miteinander um Mittel konkurrieren, die von Investoren nach bestimmten allgemeinen Kriterien der Effizienz und der Wirkungskraft zur Verfügung gestellt werden. Anhänger dieser Denkschule legen folglich viel Wert auf die Erhebung standardisierter Daten und ihrer Archivierung im World Wide Web, sodass diejenigen, die an gemeinnützige Organisationen spenden möchten, mehr Informationen haben, die ihnen bei ihrer Entscheidung helfen. Diese Daten messen jedoch selten den Fortschritt in Richtung eines gesellschaftlichen Wandels.

Wettbewerb könnte diesen Fortschritt tatsächlich verlangsamen, indem er Nonprofit-Organisationen dazu drängt, in wichtigen Bereichen ihrer Arbeit zu sparen, die kompliziertesten und teuersten Fragestellungen außer Acht zu lassen und diejenigen zu vermeiden, die am schwierigsten zu erreichen sind. Abgesehen von Dienstleistungen ist es schwer zu sehen, inwiefern Wettbewerb überhaupt einen Sinn haben würde, nicht nur weil die entsprechenden Marktbedingungen vermutlich nicht vorhanden sind.

Würden regionale Gruppen von Ehrenamtlichen miteinander wetteifern, um Weihnachtsfeiern für Kinder abzuhalten? Würde es einen wachsenden Wettbewerb zwischen Gruppen geben, die sich mit so unterschiedlichen Dingen wie HIV und Schulen befassen? Und wer würde wirklich profitieren? Es stimmt, dass Themenanwälte um Mitglieder und finanzielle Mittel konkurrieren, aber häufig kooperieren sie auch, und außerdem können zivilgesellschaftliche Organisationen nicht einfach ersetzt werden, da die Zugehörigkeit zu ihnen auf Treue, Identität und Vertrautheit beruht, nicht auf den Preisen und der Qualität der Dienstleistungen. Es ist unwahrscheinlich, dass Mitglieder der ‚National Association for the Advancement of Colored People' (Nationale Vereinigung zur Förderung dunkelhäutiger Menschen)[15] in den USA zum ‚Puerto Rican Legal Defense Fund'[16] (Puertoricanischer Fonds für gerichtliche Verteidigung) wechseln, wenn sie mit ihren Führungskräften nicht einverstanden sind.

Aufgrund dieser Probleme denke ich, eine Zusammenarbeit verschiedener Organisationen könnte hilfreicher sein als Vermischung oder Wettbewerb. Sie bewahrt die Unterschiede und die Unabhängigkeit, die nötig sind, um tatsächliche Veränderungen in den Märkten anzustoßen (nicht nur ihre soziale Reichweite zu vergrößern) und um den Übergang zu radikaleren Ansätzen zu unterstützen, welche die tief liegenden Veränderungen hervorrufen könnten, die wir brauchen. Dazu gehören neue Geschäftsmodelle, die um „Allgemeingut" wie freiverfügbare Software und andere Formen von „ungeschützter Produktion" herum erschaffen werden, regionale Märkte und Unternehmen, deren Arbeiter gleichzeitig die Eigentümer sind, was den Bürgern mehr Kontrolle über die Produktion und Verteilung des wirtschaftlichen Überschusses gibt, den die Unternehmen erzielen.

Die Anhänger und der Anführer

Es ist problematisch, dass diese Ansätze nicht im philanthrokapitalistischen Programm erscheinen, möglicherweise weil sie das Wirtschaftssystem vollkommen verändern und zu einer radikal neuen Verteilung seiner Leistungen und Kosten führen würden. Systemische Veränderung muss sich mit der Frage befassen, wer Eigentum besitzt und kontrolliert und wie Ressourcen und Möglichkeiten in der Gesellschaft verteilt werden können. Dies ist vermutlich der Grund, warum Jim Collins in einer Broschüre folgert: „Wir müssen den wohlgemeinten, aber völlig falschen Gedanken zurückweisen, dass der vorrangige Weg zu Größe im sozialen Sektor darin liegt, einem Unternehmen ähnlicher zu werden".

„Was könnte der gesamten Welt denn noch nützlicher sein als eine kontinuierliche Erweiterung der Philanthropie", fragt Joel L. Fleishman[17] in seinem Buch „The Foundation", das die Venture Capital-Stiftungen vergöttert. Nun, während des letzten Jahrhunderts waren diejenigen, die deutlich mehr erreichten, Regierungen, die sich der Gleichheit und Gerechtigkeit verpflichtet sahen, sowie soziale Bewegungen, die stark genug waren, um Veränderungen durchzudrücken. Dabei könnte es auch in Zukunft bleiben. Im 20. Jahrhundert wurde keine große soziale Frage durch den Markt angestoßen. Die Bürgerrechtsbewegung, die Frauenbewegung, die Umweltbewegung, der New Deal und die Great Society in den USA – sie alle wurden von der Zivilge-

15 http://www.naacp.org/home/index.htm
16 http://www.prldef.org/
17 http://www.law.duke.edu/fac/fleishman/

sellschaft vorangetrieben und waren verankert in der Staatsmacht als Antriebskraft für das Gemeinwohl. Wirtschaft und Märkte spielen eine wichtige Rolle, wenn es darum geht, diese Fortschritte voranzutreiben, aber sie sind die Anhänger, nicht die Anführer.

Die beste Philanthropie liefert tatsächlich greifbare Ergebnisse wie Arbeitsplätze, Gesundheit und Wohnraum. Noch viel wichtiger ist jedoch, dass sie die sozialen und politischen Strömungen auf eine Art verändert, die es ganzen Gemeinschaften ermöglicht, von den Früchten der Innovation und des Erfolgs zu profitieren. Der Schlüssel zu diesem Erfolg war die Entschlossenheit, die Machtverhältnisse und die Besitzverhältnisse der Wirtschaftsgüter zu verändern und den Armen und anderen Menschen am Rande der Gesellschaft mehr Macht zu geben, und das ist kein Zufall. Aus diesem Grund ist eine bestimmte Form der Zivilgesellschaft unerlässlich für sozialen Wandel und darum braucht die Welt mehr zivilgesellschaftlichen Einfluss auf die Wirtschaft und nicht umgekehrt - mehr Kooperation anstatt Wettbewerb, mehr gemeinschaftliches Handeln anstatt Individualismus und eine größere Bereitschaft, zusammenzuarbeiten, um die grundlegenden Strukturen zu verändern, die dafür sorgen, dass die meisten Menschen arm bleiben, damit wir alle ein zufriedeneres Leben führen können.

Hätte Philanthrokapitalismus die Bürgerrechtsbewegung in den USA mitfinanziert? Ich hoffe es, aber die Bewegung beruhte nicht auf Kennzahlen, sie arbeitete nicht mit Wettbewerb, sie erzielte keine großen finanziellen Erträge und sie maß ihre Bedeutung auch nicht an der Zahl der Menschen, denen sie pro Tag half. Und doch hat sie die Welt für immer verändert.

Das Symptom und das Heilmittel

Zusammenfassend halte ich fest, dass

- der Hype um Philanthrokapitalismus viel größer ist als seine Fähigkeit, echte Ergebnisse zu erzielen. Es wird Zeit, mehr Bescheidenheit zu zeigen.
- die wachsende Bündelung von Reichtum und Macht unter Philanthrokapitalisten ungesund ist für die Demokratie. Es wird Zeit, mehr Rechenschaft abzulegen.
- die Verwendung von Denkweisen aus dem Bereich der Wirtschaft und der Märkte der Zivilgesellschaft als Schmelztiegel für demokratische Politik und sozialen Wandel schaden kann. Es wird Zeit, die beiden voneinander zu trennen und die Unabhängigkeit der weltweiten Bürgerbewegung wieder zu bekräftigen.
- Philanthrokapitalismus Teil eines Symptoms einer zutiefst ungerechten Welt ist. Er hat bisher noch nicht bewiesen, dass er auch das Heilmittel dafür ist.

Hier ist also die 55-Billionen-Dollar-Frage (dies entspricht der geschätzten Summe an Philanthropie, die allein in den USA in den nächsten 40 Jahren entstehen wird): Werden wir diese enormen Mittel dazu benutzen, um sozialen Wandel voranzutreiben, oder werden wir sie nur vergeuden, indem wir sie für die Symptome verschwenden?

Der Einsatz ist äußerst hoch, deshalb brauchen wir eine globale öffentliche Debatte, um sowohl die Behauptungen der Philanthrokapitalisten als auch die ihrer Kritiker zu untersuchen.

Teil 3 – Akteure und Umsetzung

Venture Philanthropy und Sozialunternehmertum

von Ann-Kristin Achleitner, Peter Heister, Wolfgang Spiess-Knafl

Inhalt

Einleitung

In diesem Beitrag wird das Verhältnis zwischen *Venture Philanthropy* und Sozialunternehmertum näher zu analysiert. Dafür wird als erstes auf die Ziele der Venture-Philanthropy-Gesellschaften eingegangen. Im zweiten Teil wird ihr Verhältnis zu den Sozialunternehmen im Rahmen des Auswahlprozesses beleuchtet. Betrachtet wird dieser vom Erstkontakt bis zur Vertragsunterzeichnung, auf das Verhältnis nach der Vertragsunterzeichnung wird nicht eingegangen. Der letzte Teil des Beitrages widmet sich schließlich dem Potenzial von *Venture Philanthropy* in Deutschland, sowohl auf der Angebots- als auch auf der Nachfrageseite. Da eine umfassende Erörterung des Themas im Rahmen des Beitrages nicht möglich ist, werden einige ausgewählte Aspekte, die bisher weniger Beachtung gefunden haben, in den Vordergrund gerückt.

Venture Philanthropy und Sozialunternehmertum sind eng miteinander verknüpft (Achleitner 2007). Sie bilden im Nonprofit-Sektor das Pendant zu *Venture Capital* und jungen Wachstumsunternehmen im Forprofit-Sektor. Im Gegensatz zu verschiedenen anderen Formen der Bereitstellung von Kapital für soziale Zwecke handelt es sich bei *Venture Philanthropy* um einen rationalen und weniger um einen emotionalen oder religiösen Ansatz, Soziales zu fördern. Die Verwendung des *Venture Philanthropy* Ansatzes zeugt vom Verständnis der Kapitalgeber dafür, dass es professioneller Strukturen, Prozesse und einer Strategie bedarf, um Kapital sinnvoll im Nonprofit-Sektor zu investieren. *Venture Philanthropy* ist das Gegenteil einer erratischen, emotional gesteuerten Umverteilung nach dem Gieskannenprinzip. Venture-Philanthropy-Gesellschaften verwenden den Ansatz in der Überzeugung, auf diese Art und Weise Kapital besonders effizient und mit einem hohen Wirkungsgrad einsetzen zu können.

Es ist für Sozialunternehmen, die sich auf die Suche nach Venture-Philanthropy-Kapital machen, wesentlich, Kenntnis von dieser speziellen Überzeugung zu haben. Um ihre Chancen zu erhöhen, Kapital und nicht-finanzielle Unterstützung zu erhalten, müssen sich Sozialunternehmer auf die Venture-Philanthropy-Gesellschaft einstellen und möglichst darüber informiert sein, welche Ziele diese Gesellschaften verfolgen.

Ziele und Typologie

Die meisten Venture-Philanthropy-Gesellschaften verfolgen primär das Ziel, nachhaltige gesellschaftliche Veränderung zu fördern. Alternativ wird auch vom Ziel der sozialen Rendite gesprochen. Bei den finanziellen Nebenbedingungen unterscheiden sich die Gesellschaften dagegen stark. Die Bandbreite reicht vom gänzlichen Verzicht auf eine finanzielle Rendite (bei reiner Spendenfinanzierung) über den Kapitalerhalt bis hin zu einer positiven finanziellen Rendite leicht unterhalb des Marktniveaus. Das Ziel der gesellschaftlichen Veränderung wird durch finanzielle und nicht-finanzielle Unterstützung von Innovationen verfolgt, mit denen gesellschaftlicher Wandel erzielt werden soll.

Um ein Verständnis für die Strategie einer Venture-Philanthropy-Gesellschaft zu erhalten, bietet es sich an zunächst zu betrachten, wer die Strategie festlegt. Hier kann zwischen zwei verschiedenen Typen von Venture-Philanthropy-Gesellschaften unterschieden werden: unabhängigen und abhängigen Venture-Philanthropy-Gesellschaften. Bei unabhängigen Venture-Philanthropy-Gesellschaften wird die Strategie von den Eigentümern der Gesellschaft festgelegt, wobei Eigentümer und Kapitalgeber auseinanderfallen. Unabhängige Venture-Philanthropy-Gesellschaften werben am Nonprofit-Kapitalmarkt Kapitalgeber an. Bei abhängigen Venture-Philanthropy-Gesellschaften fallen Eigentümer und Kapitalgeber zusammen. Sie können weiter unterteilt werden in Familien-Venture-Philanthropy-Gesellschaften und Corporate-Venture-Philanthropy-Gesellschaften. Im ersten Fall entscheiden eine oder mehrere wohlhabende Privatpersonen, mit Hilfe einer Venture-Philanthropy-Gesellschaft in Sozialunternehmen zu investieren. Im zweiten Fall sind Unternehmen die Initiatoren und Kapitalgeber.

Dass Family-Venture-Philanthropy-Gesellschaften in der Regel zu den abhängigen Gesellschaften gezählt werden, liegt an der für sie typischen Struktur: Die Initiatoren und Kapitalgeber delegieren in der Regel die Führung der Venture-Philanthropy-Gesellschaft an ein professionelles Management, sie entscheiden aber über die Strategie der Gesellschaft und behalten sich häufig das Recht vor, über wichtige Investitionen im Einzelfall zu entscheiden.

Aus dieser Typologisierung ergeben sich Implikationen für Sozialunternehmen, die sich mit den Zielen der Gesellschaft vertraut machen müssen, wenn sie von ihr gefördert werden möchten. Beispielsweise sind unabhängige Gesellschaften recht transparent in ihrer Handlungsweise und ihrer Zielsetzung. Corporate-Venture-Philanthropy-Gesellschaften werden gegründet, weil das Unternehmen bestimmte Ziele verfolgt, beispielsweise ein gutes Image. Bei Family-Venture-Philanthropy-Gesellschaften ist es am schwierigsten, etwas über die Ziele in Erfahrung zu bringen. Zum einen kommunizieren diese Gesellschaften teilweise kaum öffentlich, zum anderen spiegeln sie die häufig heterogenen Ziele von einzelnen Personen wider.

Von der Projektakquisition zur Finanzierungsvereinbarung

Bei einer prozessualen Betrachtung beginnt das Verhältnis zwischen Venture-Philanthropy-Gesellschaft und Sozialunternehmen mit der Kontaktaufnahme. Diese kann auch mittelbar erfolgen, beispielsweise indem ein Dritter ein Sozialunternehmen auf eine Venture-Philanthropy-Gesellschaft aufmerksam macht. Es beginnt dann der Prüfungsprozess, in dem vor allem die Venture-Philanthropy-Gesellschaft prüft, ob sich eine Investition in das Sozialunternehmen lohnt. Im günstigsten Fall endet die Phase des Auswahlprozesses mit der Vertragsunterzeichnung.

Projektakquisition

Venture-Philanthropy-Gesellschaften können mit Hilfe von Sozialunternehmen auf zwei Arten Mehrwert schaffen. Zum einen ist dies möglich, indem sie besonders gute Sozialunternehmen identifizieren und diese finanziell unterstützen, zum anderen, indem sie die Sozialunternehmen durch nichtfinanzielle Unterstützung zum Erfolg führen. In der Regel ist das Ziel, durch beide Maßnahmen Mehrwert zu schaffen (Porter/Kramer 1999).

Um gute Sozialunternehmen finanziell unterstützen zu können, müssen die Gesellschaften zunächst auf diese Unternehmen aufmerksam werden. Dies geschieht durch Sozialunternehmen, die sich direkt bei der Venture-Philanthropy-Gesellschaft bewerben, die von Venture-Philanthropy-Gesellschaften selbst identifiziert oder die von Dritten weiterempfohlen werden.

Unsere Forschungsergebnisse zeigen, dass Sozialunternehmen, die sich direkt an eine Venture-Philanthropy-Gesellschaft wenden, statistisch gesehen nur eine äußerst geringe Chance haben, unterstützt zu werden. Bei den Gesellschaften, die von der Venture-Philanthropy-Gesellschaft recherchiert werden, liegt die Wahrscheinlichkeit bereits deutlich höher. Die statistisch gesehen größte Chance haben Sozialunternehmen, die von einer anerkannten Institution oder Person weiterempfohlen werden (Achleitner/Heister 2010). Es erscheint daher nur konsequent, dass 25 % der US-amerikanischen und europäischen Venture-Philanthropy-Gesellschaften angeben, keine Direktbewerbungen zu akzeptieren (Scarlata/Alemany 2009).

Für Venture-Philanthropy-Gesellschaften ist ein großes Netzwerk an Institutionen und Personen, die Sozialunternehmen weiterempfehlen, ein wichtiger Erfolgsfaktor. Dieses Netzwerk aufzubauen, kostet Ressourcen: Personen müssen identifiziert werden, es muss ein persönlicher Kontakt zu ihnen hergestellt und die betreffenden Personen müssen über die Investitionskriterien informiert werden. Diese Investition in ein Netzwerk bietet aber erhebliche Skaleneffekte. Zum einen muss eine Person oder Institution nur einmal identifiziert werden. Und Kontakt zu halten, ist vermutlich weniger aufwändig, als Kontakt aufzubauen. Das Netzwerk ist aber nicht nur für die Auswahlentscheidung von Bedeutung, sondern auch für die Beurteilung von Sozialunternehmen, für die das Netzwerk zu Rate gezogen werden kann. Besonders gut eignen sich Personen, die auf täglicher Basis mit verschiedenen Sozialunternehmen zu tun haben, beispielsweise Förderstiftungen, Stiftungen, die Preise vergeben, oder auch spezialisierte Journalisten.

Sozialunternehmen wiederum können aufgrund der Ergebnisse kritisch hinterfragen, ob sich eine Direktbewerbung bei einer Venture-Philanthropy-Gesellschaft lohnt. Unsere Analyse lässt keine Aussage darüber zu, ob Qualitätsunterschiede oder andere Gründe für die stark divergierenden Wahrscheinlichkeiten, eine Finanzierung zu erhalten, verantwortlich sind. Fakt ist aber, dass die Erfolgsaussichten einer Direktbewerbung gering sind.

Projektprüfung

Der Prüfungsprozess der Venture-Philanthropy-Gesellschaft dient dem Zweck, Informationsasymmetrien abzubauen. Die Venture-Philanthropy-Gesellschaft sammelt und produziert Informationen, die zu einer Reduktion der Unsicherheit über die Erfolgsaussichten des Sozialunternehmens beitragen. Das Sozialunternehmen hat dagegen ein Interesse daran, sich gut darzustellen, um die Wahrscheinlichkeit einer Finanzierungszusage zu erhöhen.

Der Prüfungsprozess von Venture-Philanthropy-Gesellschaften ist in der Regel mehrstufig. Die genaue Ausgestaltung ist recht unterschiedlich. Grob kann er, auch in Anlehnung an den *Venture Capital* Auswahlprozess, in drei Phasen eingeteilt werden: Vorprüfung (Screening), Hauptprüfung (*Due Diligence*) sowie Verhandlungsphase (Structuring) (Achleitner et al. 2009; Tyebjee/Bruno 1984).

Aufgrund der hohen Anzahl an Anfragen, die Venture-Philanthropy-Gesellschaften erhalten, müssen sie sich in relativ kurzer Zeit einen Überblick über das Sozialunternehmen verschaffen. Bei der Vorprüfung wird beispielsweise der Businessplan überflogen, eine kurze Desktop-Recherche vorgenommen oder ein Kurzinterview am Telefon geführt. Bei der Hauptprüfung steigen die Mitarbeiter tiefer in die Prüfung des Sozialunternehmens ein. Dabei reicht die Bandbreite von einer Businessplanprüfung über Interviews und Referenzprüfungen bis hin zu Konkurrenzanalysen (Achleitner et al.: 2009; Stahl: 2007a).

Der Prüfungsprozess in der Hauptprüfungsphase wird teilweise auf zwei Gruppen aufgeteilt. Die erste Gruppe beschafft die Informationen und führt den ersten Teil der *Due Diligence* Prüfung durch und übergibt die Informationen an eine zweite Gruppe, die dann mit der Prüfung fortfährt. Diese Aufteilung der Prüfung auf zwei Gruppen kann Vorteile haben. Beispielsweise hat sie eine erhöhte Rechenschaftspflicht der Mitarbeiter der ersten Gruppe zur Folge. Diese Rechenschaftspflicht kann die Auswahlqualität erhöhen (Lerner/Tetlock 1999).

In der Verhandlungsphase hat sich die Venture-Philanthropy-Gesellschaft bereits dazu entschlossen, das Sozialunternehmen zu fördern, es geht dann noch um die Aushandlung des Finanzierungsvertrages. Im Fall der Spendenfinanzierung handelt es sich freilich weniger um eine Verhandlung, weil für Spenden keine Gegenleistungen erbracht werden müssen. Dennoch können zusätzliche Vereinbarungen getroffen werden (Stahl 2007b).

Auswahlkriterien

Venture-Philanthropy-Gesellschaften legen in der Regel zwei Arten von Auswahlkriterien an: Die erste Gruppe bilden gesellschaftsspezifische Auswahlkriterien. Sie werden als erstes in der Screeningphase überprüft. Zu diesen Kriterien zählen beispielsweise regionaler Fokus, Branchenfokus, Entwicklungsstadium des Sozialunternehmens, Unabhängigkeit des Sozialunternehmens oder Ähnliches (Stahl 2007a). Diese Kriterien sind so festgelegt, dass sie eine schnelle Überprüfung zulassen.

Darauffolgend werden generische Auswahlkriterien überprüft, beispielsweise Qualität des Konzepts, Größe des sozialen Problems, Qualität des Sozialunternehmers. Diese generischen Kriterien sind aus Sicht der Venture-Philanthropy-Gesellschaft die Erfolgsfaktoren der Sozialunternehmen. Sie spiegeln die Erwartung wider, dass Sozialunternehmen, die diesen Kriterien genügen, besonders erfolgreich sein werden. Hinter diesen generischen Kriterien steht in vielen Fällen eine Theorie dazu, wie gesellschaftliche Veränderung gefördert werden kann. In der Literatur werden diese Theorien auch als „Theory of Change" bezeichnet (Frumkin 2006).

Für Sozialunternehmen sind die Auswahlkriterien der Venture-Philanthropy-Gesellschaften in zweifacher Hinsicht Erfolgsfaktoren. Erstens ist eine Finanzierungszusage durch eine Venture-Philanthropy-Gesellschaft ein Erfolg für das Sozialunternehmen und zum zweiten besteht die Vermutung, dass die Kriterien, die Venture-Philanthropy-Gesellschaften anlegen, aufgrund der Erfahrung dieser Gesellschaften mit einer großen Anzahl an Sozialunternehmen auch tatsächlich mit dem erwarteten Erfolg korrelieren.

Sowohl in der *Venture Capital*- als auch der *Venture Philanthropy* Literatur wird bisher kaum berücksichtigt, dass die Auswahlkriterien auch Auswirkungen auf die interne Organisation der Venture-Philanthropy-Gesellschaft haben. Sie beeinflussen das Verhältnis zwischen Eigentümer und Manager der Venture-Philanthropy-Gesellschaft, zwischen Manager und Sozialunternehmen und zwischen Manager und Netzwerk.

Für das Verhältnis der Eigentümer der Venture-Philanthropy-Gesellschaft, die in der Regel in Form einer gemeinnützigen GmbH firmieren, und dem Management, geben die Kriterien das gemeinsame Ziel vor und stellen sicher, dass dieses bei der Investitionstätigkeit auch eingehalten wird. Manager wiederum können die Auswahlentscheidung der Eigentümer, die in der Regel die finale Entscheidungskompetenz haben, im Voraus besser einschätzen, wenn die Auswahl anhand klarer Kriterien getroffen wird. Neben psychologischen Vorteilen wird auch der Auswahlprozess effizienter sein. Ohne eindeutige Kriterien können Manager leicht dazu neigen, dem Entscheidungsgremium zu viele Investitionsmöglichkeiten zu präsentieren, damit das Gremium die in ihren Augen besten auswählen kann. Die Vorteile klar formulierter Auswahlkriterien werden mit dem Nachteil der fehlenden Flexibilität erkauft. Harte Auswahlkriterien stellen insbesondere dann ein Problem dar, wenn es keine allgemeingültigen Erfolgsfaktoren gibt. In einem solchen Fall wäre eine zufallsbasierte Auswahlentscheidung gleich gut wie die Auswahl mit Hilfe harter Kriterien.

Auf das Verhältnis zwischen Manager und Sozialunternehmen haben die Kriterien ebenfalls Einfluss. Im Rahmen des Prüfungsprozesses entsteht mitunter zwischen den Mitarbeitern der Venture-Philanthropy-Gesellschaft und den Mitarbeitern des Sozialunternehmens ein persönlicher Kontakt. In einem fortgeschrittenen Prüfungsschritt eine Absage auszusprechen kann psychologisch schwierig sein, selbst wenn es objektiv die richtige Entscheidung ist. Denkbar ist, dass die Mitarbeiter der Venture-Philanthropy-Gesellschaft daher in einer solchen Situation zu einer Zusage tendieren. Hier wird zum Problem, dass der Erfolg – in Bezug auf die gesellschaftliche Veränderung – von Investitionen in Sozialunternehmen häufig auch ex post nicht genau festgestellt werden kann. Dadurch können Mitarbeiter zu einer emotionalen statt einer rationalen Entscheidung tendieren, denn die Kapitalgeber der Venture-Philanthropy-Gesellschaft werden die Konsequenz der Entscheidung nur schlecht beurteilen können. Bei Venture-Capital-Gesellschaften besteht dieses Problem weniger, da der Erfolg der Investition ex post eindeutig feststellbar ist und somit auch für den Mitarbeiter, der am Erfolg gemessen wird, ein hoher Anreiz besteht, nur finanziell aussichtsreiche Wachstumsunternehmen zu finanzieren. Im *Venture Philanthropy* Bereich können harte Auswahlkriterien eine Argumentationshilfe für die Mitarbeiter der Venture-Philanthropy-Gesellschaft darstellen. Die Auswahlentscheidung wird objektiviert und kann dadurch dem Sozialunternehmen besser erklärt und verständlich gemacht werden. Dies wiederum erleichtert dem Mitarbeiter die Absage.

Des Weiteren beeinflussen Auswahlkriterien auch das Verhältnis zwischen Manager und Netzwerk. Wie bereits erwähnt wurde, sind Venture-Philanthropy-Gesellschaften auf ein Netzwerk von Personen und Institutionen angewiesen, die ihnen gute Sozialunternehmen vermitteln. Damit diese Vermittler der Anfrage nachkommen können, müssen sie wissen, welche Art von Sozialunternehmen die Venture-Philanthropy-Gesellschaft sucht. Nur so können sie eine entsprechende Vorauswahl treffen. Im Grunde handelt es sich bei diesem Verhältnis um die Delegation der Projektvorprüfung. Damit die Auswahl delegiert werden kann, ist kodifiziertes Wissen in Form von Auswahlkriterien nötig. Andernfalls kann durch den Vermittler keine Vorauswahl vorgenommen werden. Dabei gilt: Je stärker die Auswahl anhand klarer Kriterien erfolgt, umso besser kann sie delegiert werden. Es kann also davon ausgegangen werden, dass Vermittler zielsicherer weiterempfehlen, wenn die Auswahlkriterien klarer formuliert sind.

Finanzierung und Finanzierungsvereinbarung

Wie bereits eingangs erwähnt, verfolgen Venture-Philanthropy-Gesellschaften sehr unterschiedliche finanzielle Renditeziele. Da die Anzahl an Gesellschaften in diesem Sektor zunimmt, wird man voraussichtlich eine begriffliche Unterscheidung vornehmen müssen. Venture-Philanthropy-Gesellschaften finanzieren mit Spenden, Krediten und Eigenkapital – je nach Bedarf der Sozialunternehmen und Möglichkeiten der Venture-Philanthropy-Gesellschaften.

Das Finanzierungsinstrument, also Spende, Fremdkapital oder Eigenkapital, hat Einfluss auf den Auswahlprozess und das Verhältnis der Parteien nach der Vertragsunterzeichnung. Beispielsweise wird ein Finanzplan bei der Finanzierung mit Fremd- oder Eigenkapital eine höhere Bedeutung in der *Due Diligence* haben als bei einer Finanzierung mittels einer Spende. Für Spenden gibt es keine Gegenleistung, insofern muss die Venture-Philanthropy-Gesellschaft nicht unbedingt die genauen Cashflows der Zukunft prüfen.

Bei einem Kredit ist die Venture-Philanthropy-Gesellschaft nach der Vertragsunterzeichnung primär daran interessiert, dass der Kapitaldienst geleistet wird. Erst als zweites Ziel wird in der Situation die Maximierung des „Social Impact" angestrebt. Bei einer Spende verhält es sich umgekehrt. Das Kapital ist aus Sicht der Venture-Philanthropy-Gesellschaft „verloren", ihr geht es folglich nur um die Maximierung des „Social Impact".

Neben verschiedenen Anreizen, mit denen sich auch die klassische Finanzierungstheorie beschäftigt, gibt es eine Besonderheit, die von Venture-Philanthropy-Gesellschaften beachtet werden muss, die im *Venture Capital* Markt aber keine Rolle spielt. Heyman und Ariely (2004) unterscheiden zwischen dem finanziellen Markt und dem sozialen Markt. Der finanzielle Markt zeichnet sich dadurch aus, dass für Leistungen bezahlt wird. *Venture Capital* spielt sich ausschließlich in diesem Markt ab. Im sozialen Markt findet kein finanzieller Austausch statt. Die Autoren können zeigen, dass sich die Akteure im sozialen Markt aus altruistischen Motiven heraus stark anstrengen, obwohl keine Bezahlung stattfindet. Im finanziellen Markt dagegen steht die Anstrengung in einem positiven Verhältnis zur finanziellen Entlohnung. Zum Problem für Venture-Philanthropy-Gesellschaften kann die Tatsache werden, dass bereits kleine finanzielle Anreize dazu führen, dass aus einem sozialen ein finanzieller Markt wird. Dies führt mitunter zu dem paradoxen Ergebnis, dass die Anstrengung von Ehrenamtlichen sinkt, sobald sie eine Bezahlung erhalten. Eine Venture-Philanthropy-Gesellschaft, die ein Sozialunternehmen finanziert, das auf ehrenamtlicher Arbeit beruht, muss sich dieser kontraintuitiven und schädlichen Wirkung von finanziellen Anreizen bewusst sein.

Potenzial des Venture-Philanthropy-Ansatzes

Venture-Philanthropy-Gesellschaften haben mit einigen ihrer Investitionen in Sozialunternehmen Erfolgsgeschichten geschrieben. Diese Erfolgsgeschichten, die das Konzept für viele Nachahmer attraktiv machen, waren in ähnlicher Form ein Katalysator für das starke Wachstum der Venture-Capital-Gesellschaften vor einigen Jahren. Das ist nur einer der Gründe, die für ein nachhaltiges und langfristiges Wachstum des *Venture Philanthropy* Konzepts sprechen. Es stellt sich aber die Frage, wie viele

Sozialunternehmen existieren, die potenziell eine attraktive Investitionsmöglichkeit darstellen (Nachfrageseite) und wie das Potenzial auf der Seite der Venture-Philanthropy-Gesellschaften eingeschätzt werden kann (Angebotsseite).

Potenzial auf der Nachfrageseite

Einer der Aspekte, die die Nachfrageseite beeinflussen, ist die Einkommensgenerierung der Sozialunternehmer. Viele Beispiele zeigen, dass Venture-Philanthropy-Gesellschaften auch in Unternehmen ohne Einkommensgenerierung investieren, doch erleichtert eine leistungsabhängige Einkommensgenerierung den späteren Ausstieg der Gesellschaft. Im Rahmen einer Vorstudie des KfW-Stiftungslehrstuhls für Entrepreneurial Finance der TU München wurden 616 Nonprofit-Organisationen analysiert und darunter 133 Sozialunternehmer identifiziert (siehe Abb. 1). Ein besonderes Augenmerk wurde dabei auf den Anteil der Sozialunternehmen mit Einkommensgenerierung und auf das Vorkommen von Spenden im Finanzierungsmix bei Unternehmen mit Einkommensgenerierung gelegt.

Abb. 1: Analyse von 133 Sozialunternehmen

Themenfeld	Anteil	Hauptzielgruppe	Anteil der Sozialunternehmen mit Einkommensgenerierung	Anteil der Einkommen generierenden Sozialunternehmen, die Spenden nachfragen
Soziale Dienste und Integration	44,4 %	Bedürftige/ Nicht-Integrierte	50,7 %	80,6 %
Bildung und Wissenschaft	15,6 %	Schüler/Studenten/ Auszubildende	44,0 %	63,6 %
Gesundheitswesen	8,8 %	Kranke Menschen	57,1 %	75,0 %
Wirtschaftliche Entwicklung und Beschäftigung	8,1 %	Arbeitslose	69,2 %	22,2 %
Advocacy und Politik	8,1 %	Betroffene Minderheiten	53,8 %	100,0 %
Umwelt und Naturschutz	5,6 %	Verbraucher	77,8 %	14,3 %
Kultur und Kunst	3,8 %	Kunstschaffende	66,7 %	50,0 %
Andere	5,6 %			

Im deutschen Nonprofit-Sektor wird ein im internationalen Vergleich hoher Anteil von ungefähr zwei Drittel des Budgets von dort tätigen Organisationen durch staatliche Zuschüsse gedeckt (Johns Hopkins Comparative Nonprofit Sector Project 2000). In diesem Kontext ist es durchaus bemerkenswert, dass Sozialunternehmer über alle Themenfelder hinweg in der Lage sind, eigenes, leistungsabhängiges Einkommen zu erzielen. Das Ergebnis muss aber insofern mit Vorsicht betrachtet werden, da beispielsweise in der großen Gruppe „Soziale Dienste und Integration" vier von fünf Unternehmen mit leistungsabhängiger Einkommensgenerierung trotzdem auf ihren Websites Informationen zu Spendenmöglichkeiten anbieten.

Im Rahmen dieser Vorstudie wurde nur ein kleiner Teil der in Deutschland tätigen Nonprofit-Organisationen betrachtet. Die genaue Anzahl aller Organisationen sowie deren Qualität sind schwer abzuschätzen. Es lässt sich aber mit einiger Sicherheit vermuten, dass weitere Venture-Philanthropy-Gesellschaften eine ausreichende Anzahl an attraktiven Sozialunternehmern finden würden.

Potenzial auf der Angebotsseite

Deutschlandweit gibt es viele Kapitalgeber, die sich dem sozialen Wandel verschrieben haben und das gleiche Ziel wie Venture-Philanthropy-Gesellschaften verfolgen, aber andere Ansätze und Strategien nutzen. Die größte Gruppe dieser sozialen Investoren stellen die Förderstiftungen dar. Nach einer Analyse des Bundesverbands Deutscher Stiftungen (Bundesverband Deutscher Stiftungen 2005) gibt es in Deutschland mindestens 4.084 Förderstiftungen und zusätzlich 1.150 Stiftungen, die zugleich operativ und fördernd tätig sind.

Für Förderstiftungen bietet der *Venture Philanthropy* Ansatz eine interessante strategische Alternative. Vor allem unter den jüngeren Stiftungsmanagern erkennt man ein wachsendes Interesse am *Venture Philanthropy* Ansatz. Es ist zu vermuten, dass der *Venture Philanthropy* Ansatz sich auch innerhalb der heutigen Gruppe der Förderstiftungen weiter verbreiten wird. Ob dies unter dem Oberbegriff *Venture Philanthropy* geschieht oder aber, wie in den USA, Teile des *Venture Philanthropy* Ansatzes von Förderstiftungen übernommen werden, ohne dass sie den Begriff *Venture Philanthropy* verwenden, wird sich erst in den nächsten Jahren zeigen.

Die Praxis macht den Unterschied – Methoden der Venture Philanthropy

von Michael Alberg-Seberich

Inhalt

Einleitung: Der Blick in die Zukunft

Welche Auswirkungen hätte es auf den gemeinnützigen Sektor im Jahr 2020, wenn sich die Methoden der *Venture Philanthropy* in Deutschland etablieren?

Es würde mehr klar definierte „Marken" im gemeinnützigen Bereich geben. Neben den Wohlfahrtsverbänden, großen Umwelt- und Kulturorganisationen etabliert sich eine Vielzahl von gemeinnützigen Akteuren, die sehr fokussiert Lösungen für gesellschaftliche Herausforderungen anbieten. Der Bürger kann Finanzdaten zur Arbeit jeder gemeinnützigen Organisation im Internet abfragen. Die Grundlage ist ein Berichtswesen, das auf einheitlichen Standards beruht, sodass qualitative und quantitative Wirkungen von gemeinnützigen Akteuren verständlich dargestellt werden. Ein großer Teil der gemeinnützigen Organisationen ist an einer Art „Börse des 3. Sektors" notiert. Diese Börse dient Spendern und Stiftern als Plattform, auf der sie in gemeinnützige Organisationen investieren können. Ziel kann ein finanzieller und/oder ein gesellschaftlicher Gewinn sein. Die Börse ist Teil eines hybriden Marktes, an dem Spenden, Stiftungen, Kredite, Bürgschaften und Beteiligungskapital zu üblichen Finanzierungsmethoden für den gemeinnützigen Sektor geworden sind. Hier ergeben sich eine Vielzahl von Partnerschaften zwischen klassischen, profitorientierten Unternehmen und Akteuren des gemeinnützigen Sektors. Der Staat ist weiterhin der wichtigste Auftraggeber für gemeinnützige Organisationen, jedoch beobachtet er das Marktgeschehen genau. Er greift bei der Vergabe von Geld verstärkt auf wirkungs- und evidenzbasierte Auswahlkriterien zurück.

Ob diese Vision jemals Realität wird, das wird die Zeit zeigen. Es gibt Anzeichen, die für das skizzierte Szenario sprechen. Neben *Social Entrepreneurship* (z.B. Bornstein 2006), Social Business (z.B. Alt/Spiegel 2009) und anderen gehört hierzu das wachsende Interesse an *Venture Philanthropy.*

Die Haltung, die der *Venture Philanthropy* zugrunde liegt, ist nicht neu. Bekannte Stifter, wie die seit 60 Jahren aktive Eugene und Agnes E. Meyer Foundation (Rogers

2002: 13) oder John D. Rockefeller III. (John 2006: 7-8), haben sich immer als strategische Investoren für gesellschaftliche Vorhaben verstanden. Sie haben dabei eng mit zivilgesellschaftlichen Organisationen kooperiert. Das wirklich Andere, Innovative der *Venture Philanthropy* sind die Werkzeuge und Prozesse, die von den *Venture Philanthropists* angewandt werden und die das Verhältnis zwischen Förderer und Gefördertem verändern.

Der Artikel wird im Folgenden am Beispiel des Engagements der Private Equity Foundation[1] (PEF) in Deutschland einige dieser Methoden und Prozesse erläutern. Hierzu werden konkrete Förderprojekte dargestellt. Die Erfahrungen aus der Praxis werfen Fragen für die weitere Entwicklung und Etablierung von *Venture Philanthropy* in Deutschland auf.

Die Private Equity Foundation in Deutschland

Die Stiftung wurde im Jahr 2006 in London gegründet. Mittlerweile fungiert sie als Dach für über 70 *Private Equity* Unternehmer und deren Partnerfirmen. Förderschwerpunkt sind **gemeinnützige Organisationen, die sozial benachteiligte junge Menschen dabei unterstützen, ihr volles Potenzial auszuschöpfen.**

PEF ist in Deutschland seit dem Jahr 2008 aktiv und somit noch ein junger Akteur. Der Fokus der Förderung liegt auf Organisationen, die den Übergang von der Schule in eine Ausbildung oder den ersten Arbeitsplatz unterstützen. Im Moment fördert die Stiftung das Hamburger Hauptschulmodell der Arbeitsstiftung Hamburg, das Programm JobAct der Projektfabrik e.V. in Witten und das SchlaU-Projekt des Trägerkreises zur Förderung von Bildung und Integration von Flüchtlingskindern und -jugendlichen e.V. in München (weitere Informationen siehe Abb. 1 am Ende dieses Beitrags). Die Aktivitäten der Stiftung in Deutschland werden unterstützt von einer kleinen Steuerungsgruppe, die sich aus Mitgliedern der *Private Equity* Branche in Deutschland zusammensetzt.

Methoden und Prozesse der Venture Philanthropy in der Praxis

In der Literatur wird *Venture Philanthropy* mithilfe eines Drei-Säulen-Modells veranschaulicht, welches sich an den verschiedenen Formen des Kapitals orientiert, die ein Investor in eine zivilgesellschaftliche Organisation einbringen kann. Diese Säulen sind:

- Finanzielles Kapital (langjährige, nicht projektgebundene Unterstützung)
- Intellektuelles Kapital (Mentoring, Beratung)
- Soziales Kapital (Netzwerke, Vermittlung privater und beruflicher Kontakte)

(vgl. NESsT 2005: 6)

1 Die Private Equity Foundation wird in Deutschland durch die Forum for Active Philanthropy gemeinnützige GmbH in ihrem Engagement inhaltlich unterstützt.

Diese Systematisierung zeigt, dass Geld nur eine der Ressourcen ist, die von Akteuren zur Verfügung gestellt werden, die sich den Methoden der *Venture Philanthropy* verschrieben haben. Rob John (John 2007) hat herausgearbeitet, dass die zu diesem Zeitpunkt in Europa aktiven *Venture Philanthropists* über einen umfangreichen Werkzeugkasten bei der Zusammenarbeit mit zivilgesellschaftlichen Organisationen verfügen. Die Studie nennt die folgenden Formen der Unterstützung:

- Strategie & Beratung (hierzu gehört auch die Arbeit an Geschäftsplänen)
- Marketing & Kommunikation
- Fundraisingstrategie
- Finanzmanagement & Buchhaltung
- Juristische Beratung
- Personalmanagement
- Beratung und/oder Einbindung in Führungsstil und -struktur
- Change Management
- Spezielle Beratungsaufträge
- Zugang zu Netzwerken
- Immobilienverwaltung
- Weitere Dienstleistungen

(übersetzt nach John 2007: 16)

Venture Philanthropy wird deshalb von Paul Brest und Hal Harvey als „funding-plus" bezeichnet (Brest u. a. 2008). Die Geber betrachten die Ressourcen, die sie gemeinnützigen Akteuren zur Verfügung stellen, als Investition/Investment. Diese Leistungen können vom Förderer und seinem Team entweder direkt erbracht werden oder – so auch die Private Equity Foundation – sie greifen auf ein Netzwerk von Pro-Bono Partnern oder auf einzelne ehrenamtliche Helfer zurück. Der Förderer kann zusätzlich den Einkauf von spezifischen Beratungsdienstleistungen (z. B. Strategie- oder Kommunikationsberatung) für die zivilgesellschaftliche Organisation finanzieren.

Der Auswahlprozess (Due Diligence)

Ein zentrales Instrument in der *Venture Philanthropy* ist die Identifikation und Auswahl von zu fördernden Organisationen. Dieser Prozess wird in der *Venture Philanthropy* auch *Due Diligence* genannt, weil er sich an dem gleichnamigen Prozedere der Privatwirtschaft orientiert. Die *Due Diligence* dient dazu, das Risiko und die potenzielle Wirkung der möglichen Investments abzuwägen. Hierbei werden die inhaltliche Arbeit und das Management einer Organisation im Detail betrachtet (z. B. Welche innovative Lösung bietet die Organisation für eine gesellschaftliche Herausforderung? Hat die Organisation realistische Ziele definiert?) und in einem dialogischen Prozess mögliche Formen der Unterstützung diskutiert. Wie im klassischen *Venture Capital* haben sich in der *Venture Philanthropy* unterschiedliche Strategien bei der Auswahl von „Investments" entwickelt z. B. (Venturesome 2008 und Balbo u. a. 2008).

Die Private Equity Foundation wählt Organisationen in Deutschland nach einem vierstufigen Prozess aus. In der ersten Phase wird eine Recherche und Expertenbefragung zum Thema „Management des Übergangs von der Schule in den Beruf" durchgeführt. Ziel ist es, kleinere und mittlere zivilgesellschaftliche Projekte zu identifizieren, die innovative Lösungen entwickelt haben, um jungen, sozial benachteiligten Menschen den Weg in den Ausbildungs- und Arbeitsmarkt zu ermöglichen. PEF konzentriert sich bei der Suche nicht nur auf einzelne *Social Entrepreneurs*, sondern auch auf Innovationen im Rahmen von großen Verbänden. Am Ende der Recherche werden im Gespräch zwischen PEF in London und der Steuerungsgruppe in Deutschland die Projekte identifiziert, die vor Ort besucht werden sollen.

Im Jahr 2009 sind von PEF in Deutschland fünf Projekte besucht worden. Bereits vor diesen Besuchen beginnt ein intensiver Dialog mit den potenziellen *Destinatären*. Von den Organisationen werden eine Vielzahl von weiterführenden Informationen erfragt (z. B. Jahresabschlüsse, Evaluationen) und es werden gemeinsam die zentralen Fragestellungen herausgearbeitet. Diese zweite Phase wird erneut mit einem Gespräch zwischen PEF in London und der Steuerungsgruppe beendet. Folgende Kriterien spielen bei der Entscheidung eine Rolle:

- Wirkung der inhaltlichen Arbeit,
- Führung und Management,
- Konkrete Investitionsmöglichkeit und deren Wirkung,
- Abgleich mit den Werten, Zielen und Ressourcen von PEF.

Am Ende dieses Prozesses werden zwei bis drei Organisationen eingeladen, die nächste Auswahlphase zu durchlaufen.

In dieser Phase kommt es darauf an herauszuarbeiten, welche Formen von Unterstützung letztlich sinnvoll sind. Das Verfahren beinhaltet eine starke dialogische Komponente. An diesem Prozess sind neben einem Team, welches die inhaltliche Arbeit der Organisation einschätzt, eine Wirtschaftsprüfungsgesellschaft und eine Rechtsanwaltskanzlei beteiligt. Ohne Vertrauen und eine offene Kommunikation zwischen Förderer und möglichem Geförderten ist diese Vorgehensweise nicht umsetzbar.

Michael Goedeke, Geschäftsführer des Hamburger Hauptschulmodells, beschreibt den Prozess wie folgt:

> „Im Auswahlprozess wurde schnell deutlich, dass das von uns entwickelte Programm hohe Anerkennung ... erfuhr, aber Defizite in der öffentlichen Kommunikation und der genauen Beschreibung der Qualitätsmerkmale aufwies, die eine noch effizientere Übertragbarkeit behinderten. Deshalb fokussierten wir uns in dem Auswahlverfahren auf diese Fragen und entwickelten nachprüfbare Meilensteine."[2]

2 Die Zitate von Mitarbeitern der geförderten Organisationen stammen aus Interviews, die in Vorbereitung auf den Artikel im Oktober/November 2009 geführt wurden.

Simon Rieser, Mitglied der Geschäftsführung der Projektfabrik e. V., formuliert seine Erfahrungen mit der Auswahl wie folgt:

> „Die ganzheitliche und sehr intensive Überprüfung der Projektfabrik durch die PEF, über Inhaltliches, Finanzielles, Rechtliches und Organisatorisches, hat einerseits als Spiegel gedient und war sehr wertvoll für eine Selbstreflexion auf hohem Niveau. Andererseits hat der Prozess dazu gedient, die eigene Kernkompetenz besser zu verstehen und in einer Strategie zu formulieren."

Er benennt aber auch klar den Aufwand, den dieser Prozess aus Sicht seiner Organisation mit sich gebracht hat:

> „Da die Projektfabrik noch jung ist und sich bisher hauptsächlich auf ihr Wachstum konzentriert hat, war der intensive Auswahlprozess durchaus eine Herausforderung. Insbesondere waren der erforderliche Zeiteinsatz und die Aufbereitung und Darstellung der Finanzen herausfordernd."

Die Aussagen zeugen von den Chancen, aber auch der Intensität des Auswahlprozesses. PEF ist es wichtig, den Aufwand einer Due Diligence gegenüber den zivilgesellschaftlichen Organisationen transparent darzustellen und im Vorhinein zu kommunizieren. Dies kann dazu führen, dass Organisationen sich zurückziehen bzw. dass partnerschaftlich entschieden wird, den Prozess zu einem anderen Zeitpunkt wieder aufzugreifen.

Am Ende der *Due Diligence* wird ein Bericht für den Vorstand der Private Equity Foundation erstellt, der Einschätzungen von inhaltlicher, wirtschaftlicher und juristischer Seite beinhaltet. Dieser Bericht dient der Vorbereitung der letzten Auswahlphase, in deren Mittelpunkt die Präsentation der ausgewählten zivilgesellschaftlichen Organisationen vor dem Vorstand der Stiftung steht. Dieses Gremium entscheidet letztlich über die Förderung. Bis dahin sind meist sechs bis sieben Monate vergangen.

Der Fördervertrag

Die Definition von Zielen für die Partnerschaft ist ein zentrales Ergebnis des Auswahlprozesses. Im Vertrag wird ein inhaltliches Entwicklungsziel für die Organisation vereinbart, das sich an den identifizierten Förderschwerpunkten orientiert. Der Weg zur Erreichung des übergeordneten Entwicklungsziels wird durch Meilensteine markiert, die für unterschiedliche Zeitpunkte im Rahmen der Förderung festgelegt werden. Die Meilensteine und das angestrebte Ergebnis der Partnerschaft werden in quantitativer und qualitativer Form beschrieben, beispielsweise im Bereich Kommunikation eine häufigere oder qualitativ bessere Repräsentation in den Medien.

Neben den Zielen wird vereinbart, wie die Partner in Zukunft miteinander zusammenarbeiten wollen. Es wird auch festgelegt, welche Formen der Unterstützung PEF über die Fördersumme hinaus in die Kooperation einbringt. Der Vertrag definiert zusätzlich eine Form und einen Turnus für die Berichterstattung (siehe Absatz Reporting) der in der Regel einen kurzen Bericht in jedem Quartal und einen ausführlicheren Jahresbericht vorsieht.

Der Vertrag legt die Förderdauer fest. In Deutschland liegt diese im Durchschnitt bei drei Jahren. In der *Venture Philanthropy* werden meist mittel- oder langfristige Partnerschaften vereinbart (NESsT 2007: 4). PEF ist in Deutschland ein noch junger Akteur und fördert bis zu drei Jahren. PEF sammelt auf diesem Weg Erfahrungen in Deutschland. In den USA und Großbritannien engagieren sich viele Akteure der *Venture Philanthropy* in einem Projekt für fünf und mehr Jahre.

Die Organisationsentwicklung (Capacity Building)

Wie oben herausgearbeitet werden in der *Venture Philanthropy* nicht nur Geld, sondern vor allem Wissen und Netzwerke in gemeinnützige Organisationen eingebracht. In der Praxis der Private Equity Foundation finden eine Vielzahl von Unterstützungsformen Anwendung. Michael Goedecke vom Hamburger Hauptschulmodell betont vor allem die Unterstützung in der Anfangsphase der Zusammenarbeit: „Besonders am Anfang stand die Unterstützung durch pro-bono Aktivitäten im PR-Bereich im Fokus." Zusätzlich profitiert er von einem Führungskräftekreis, in dem PEF das Management der geförderten Organisationen in regelmäßigen Abständen zusammenbringt. Teil dieses Programms ist ein einwöchiges Qualifizierungs- und Reflexionsprogramm für *Social Entrepreneurs* an der Management Universität INSEAD in Fontainebleau.

Natürlich investiert PEF aber auch finanziell in die Kompetenzen der geförderten Organisation, im Falle des Hamburger Hauptschulmodells etwa in die Optimierung der Kommunikationsarbeit. Bei der Projektfabrik e.V. fließen die Mittel in eine Stärkung des Managements und ermöglichen eine Verbesserung der IT-Kapazitäten der wachsenden Organisation.

Beim SchlaU-Projekt konzentriert sich die finanzielle Unterstützung auf das Thema *Capacity Building.* Ziel ist die Erarbeitung eines zukunftsweisenden Geschäftsplans für die Organisation. PEF unterstützt diesen Prozess durch die Vermittlung von Pro-Bono Beratern in den Bereichen Strategie und Bilanzen. Michael Stenger, Geschäftsführer des SchlaU-Projekts, betont: „PEF unterstützt uns da mit Wissen und Netzwerken, die wir in der eigenen Organisation nicht ständig vorhalten können."

Diese Vielfalt der Unterstützung lässt erkennen, dass *Capacity Building* ein Schwerpunkt der Arbeit von PEF ist. Die Praxis in Deutschland zeigt, dass das Fehlen von Pro-Bono Unterstützung bei gemeinnützigen Organisationen ein häufiges Problem darstellt. Hinzu kommt (siehe Artikel rechtliche Situation), dass diese Form des Engagements zum Teil auch von rechtlicher Seite nicht ermutigt wird.

Die aktive Beteiligung (Governance)

Im angloamerikanischen Kontext ist es in der traditionellen Philanthropie nicht ungewöhnlich, dass ein Spender oder Stifter einen Sitz im Vorstand der von ihm finanziell geförderten Organisation übernimmt. Der Unterstützer beteiligt sich dort aktiv an der Gestaltung der gemeinnützigen Organisation. Diese Vorgehensweise gehört auch zum Werkzeugkasten der Private Equity Foundation. In der *Venture Philanthropy* wird diese Vorgehensweise als ein Weg gesehen, wie die Partnerschaft intensiviert und Risiko geteilt werden kann.

In Deutschland ist diese Vorgehensweise eher ungewöhnlich. Die institutionelle Anbindung von Förderern findet meist in Beiräten oder Kuratorien statt. In diesen Gremien wird über die Arbeit der Organisation berichtet und in einigen Fällen eine Kontrollfunktion ausgeübt.

Im Rahmen der Kooperation zwischen der Projektfabrik e. V. und PEF ist eine erweiterte Zusammenarbeit auf dieser Ebene angedacht. Wie es zu diesen Überlegungen kam, schildert Simon Rieser von der Projektfabrik e. V.:

> „Wunsch der PEF war es, den bisher aus der Gründerin und dem kaufmännischen Geschäftsführer bestehenden Vorstand um externe Experten zu erweitern. Diese Idee wird von dem bisherigen Vorstand begrüßt. Neben der finanziellen Unterstützung benötigt die Projektfabrik auch Know-how und Beratung für die weitere Entwicklung. Diese Unterstützung kann gut durch einen erweiterten Vorstand geleistet werden, der im Sinne eines Beirats den weiteren Wachstumsprozess begleitet."

Es bleibt abzuwarten, ob sich diese Methode im Werkzeugkasten für *Venture Philanthropy* in Deutschland in einer eigenen Ausprägung etablieren kann. Organisationen des 3. Sektors befürchten eine Vereinnahmung. Es gilt eine neue Form von Partnerschaft zu entwickeln, welche auf gegenseitigem Vertrauen und Verständnis basiert.

Das Berichtswesen (Reporting)

In der Fachliteratur wird das Messen der Wirkung als zentrales Merkmal der *Venture Philanthropy* (vgl. Brest/Harvey 2008: 198) genannt. Der regelmäßige Abgleich der im Fördervertrag vereinbarten qualitativen und quantitativen Ziele spielt im „Reporting" eine wichtige Rolle. Diese Berichte werden im Fall von PEF in jedem Quartal verfasst.

Viel wichtiger als die Zahlen ist in der Praxis die dialogische Komponente. In Vorbereitung auf die Erstellung der Berichte tauschen sich Stiftung und Empfängerorganisation intensiv über den Entwicklungsstand der Organisation aus. Dies erlaubt im Idealfall ein Nachjustieren der Ziele und die Partner versuchen gemeinsam Lösungen zu finden, damit Ziele effektiver erreicht werden können.

Das Berichtswesen ist eine der methodischen Herausforderungen der *Venture Philanthropy*. Für die Darstellung der gesellschaftlichen Wirkung der geförderten Organisationen fehlt ein Standard, der eine Vergleichbarkeit mit anderen Organisationen erlauben würde. In der Literatur und der Praxis wird eine Vielzahl von Methoden der Wirkungsmessung analysiert und diskutiert (z.B. Tuan 2008). Verschiedene *Venture Philanthropy* Akteure bemühen sich in diesem Bereich um einen Beitrag zur Festlegung eines Standards.[3]

Schlussfolgerung: Methoden für die Zukunft?

In der Praxis der Private Equity Foundation in Deutschland wird eine Auswahl der Methoden der *Venture Philanthropy* angewandt. Die Werkzeuge sind nicht neu. Einige Förderstiftungen verstehen sich schon sehr lange als aktive Partner der von ihnen unterstützten Organisationen. *Venture Philanthropy* hat viele dieser traditionellen Instrumente jedoch weiterentwickelt und mit Erfahrungen der *Venture Capital* Unternehmen angereichert. So ist ein Werkzeugkasten entstanden, der durch seine Vielzahl von Instrumenten den besonderen Charakter dieser Form des gemeinnützigen Engagements ausmacht.

Hierbei nutzt PEF in Deutschland bei Weitem nicht alle Werkzeuge aus. Es fehlen zum Beispiel innovative Finanzierungsmodelle im Methodenschrank. Da sind andere Akteure in Deutschland breiter aufgestellt, die sich nicht (nur) als Stiftung organisiert haben, sondern auf flexiblere Rechtsformen zurückgreifen.

Die praktische Anwendung wirft für die Etablierung von *Venture Philanthropy* im deutschsprachigen Raum Fragen auf. Da die *Due Diligence* umfangreich ist, müssen Wege gefunden werden, wie der Aufwand für die gemeinnützigen Organisationen reduziert werden kann. Hierzu existieren im Moment zum Teil informelle Absprachen zwischen einzelnen *Venture Philanthropy* Akteuren. Es gilt Marktplätze zu schaffen, die Basisinformationen zu gemeinnützigen Organisationen vorhalten, die den Ansprüchen von Akteuren der *Venture Philanthropy* entsprechen. Die Akteure des Dritten Sektors sollten hier ihre Daten selbst verwalten können.

Weiterhin besteht Klärungsbedarf darüber, wie in Zukunft juristische, journalistische und andere Pro-Bono Dienstleistungen ermöglicht und wertgeschätzt werden. *Venture Philanthropy* ist nur möglich, wenn Zugänge zu Netzwerken von Menschen vorhanden sind, die sich aktiv mit ihrem Wissen für den guten Zweck engagieren wollen.[4]

3 Beispiele sind eine Initiative von Ashoka Deutschland und der Schwab Stiftung zur Messung von Wirkung, der Social Evaluator (www.socialevaluator.eu) von der Noaber und d.o.b Stiftung in den Niederlanden oder die Alliance for Effective Social Investing (http://www.alleffective.org) in den USA.

4 Lösungsansätze bieten die Stiftung LGT Venture Philanthropy mit ihrer elektronischen Plattform für Menschen, die sich im Bereich Kompetenzaufbau engagieren wollen (www.icatsprogram.com) in Europa oder die digitale Freiwilligenplattform der Taproot Foundation in den USA (www.taprootfoundation.org).

Es bleibt abzuwarten, welche Rolle *Venture Philanthropy* für gemeinnützige Organisationen in Deutschland spielen kann und ob diese zum Teil institutionalisiert werden kann. Hierzu muss eine Diskussion im Dritten Sektor geführt werden. Antworten auf diese Frage werden nur gefunden werden, wenn sich *Venture Philanthropy* dauerhaft als eine Form des Spendens und Stiftens im deutschsprachigen Raum durchsetzt. Dies kann geschehen, wenn sich mehr Spender und Stifter den Werkzeugkasten der *Venture Philanthropy* aneignen, ein echter Wettbewerb auf der Suche nach innovativen Lösungen für gesellschaftliche Herausforderungen entsteht und der Dritte Sektor sich selbst aktiv mit *Venture Philanthropy* befasst und eine eindeutige Position bezieht. Erst dann entsteht ein wirklicher Anreiz für neue Formen der Kooperation. Erst dann wird *Venture Philanthropy* zu einem Mitgestalter der Zukunft des Dritten Sektors. Die Zukunft gehört, so ein afrikanisches Sprichwort, ja keinem. Zum Glück!

1. **Hamburger Hauptschulmodell**
   Ein Projekt, in dem die Koordinierungsstelle Ausbildung der Arbeitsstiftung Hamburg mit allen Schulen, aus denen Hauptschulabgänger hervorgehen, der Berufsberatung der Agentur für Arbeit sowie Personalverantwortlichen aus 75 Unternehmen systematisch zusammenarbeitet, um mehr Jugendlichen den direkten Übergang in eine ungeförderte duale Ausbildung zu ermöglichen. Maßgeblich sind bei der Berufsfindung die Stärken und Interessen der Jugendlichen. Transparenz und Ergebnisaustausch führen zu Synergieeffekten in der Beratung; die individuelle Begleitung der Jugendlichen unterstützt den Übergangsprozess. Durch dieses abgestimmte Vorgehen konnte die Übergangsquote verdreifacht werden.

   Förderschwerpunkt: Kommunikation und Transfer, Qualitätsmanagement

2. **Projektfabrik**
   Anliegen und Ziel der Projektfabrik ist es, individuelle Entwicklung zu ermöglichen. Hierzu öffnet die Projektfabrik seit vier Jahren neue Bildungswege zur Arbeitsfindung für benachteiligte Bevölkerungsgruppen. Der Arbeitsansatz basiert darauf, Menschen mit künstlerischen und kreativen Methoden von Passivität zu Aktivität zu führen. Insbesondere werden in dem Projekt „JobAct®" Theaterstücke mit arbeitslosen Jugendlichen inszeniert. Die Projektfabrik engagiert sich dafür, möglichst viele Menschen zu erreichen und führt aktuell in über 20 bundesdeutschen Städten Projekte durch.

   Förderschwerpunkt: Strukturfinanzierung (IT, Management), Qualifizierung von Multiplikatoren

3. **Das SchlaU-Projekt**
   SchlaU (Schulanaloger Unterricht für junge Flüchtlinge) wurde im Jahr 2000 in München von einem Kreis von Personen um den Geschäftsführer des „Trägerkreis zur Förderung von Bildung und Integration von Flüchtlingskindern und -jugendlichen e. V.", Michael Stenger, gegründet. In der Schule werden jährlich 80 bis 100 unbegleitete und zum Teil minderjährige Flüchtlinge aus aller Welt zwischen 16 und 20 Jahren auf den „qualifizierenden Hauptschulabschluss" (Quali) vorbereitet. 60 Prozent der bisherigen Absolventen sind mittlerweile in einem Lehrberuf oder einem Lehrstellenprogramm untergekommen.

   Förderschwerpunkt: Entwicklung Geschäftsplan

Abbildung 1: Von der Private Equity Foundation geförderte Projekte in Deutschland

Venture Philanthropy aus Sicht eines professionellen Intermediärs

von Erwin Stahl, Stefan Lülf

Inhalt

Venture Philanthropy erfordert im Gegensatz zur klassischen Geldvergabe im sozialen Sektor nicht nur Kapital, sondern auch Zeit und Netzwerkkontakte. Unterstützungswürdige Projekte müssen gefunden, geprüft und nach einem Engagement betreut werden. Diese Anforderungen des *Venture Philanthropy*-Ansatzes können eine Hürde für seine Anwendung darstellen. Professionelle *Intermediäre* hingegen können als Dienstleister für Kapitalgeber diese Hürde überwinden und somit in der *Venture Philanthropy*-Bewegung eine wichtige Rolle übernehmen. Dieser Artikel soll einen Überblick über die Arbeitsweise und Bedeutung von professionellen *Intermediären* im sozialen Kapitalmarkt geben. Dazu werden nach einer Begriffsdefinition die Notwendigkeit von *Intermediären* diskutiert, verschiedene Formen aufgezeigt und am Beispiel von BonVenture, einem sozialen *Venture Capital* Fonds aus München, die Arbeitsweise skizziert. Abschließend werden, nach einem kurzen Blick auf die europäische Szene, Anregungen für die Verbesserung der Rahmenbedingungen in Deutschland gegeben.

Professionelle Intermediäre im sozialen Sektor

Ein Finanzintermediär ersetzt die direkte Beziehung zwischen Kapitalgeber und Kapitalnehmer. In der profitorientierten Wirtschaftswelt sind solche Institutionen seit jeher bekannt und etabliert. So sammeln Banken Geld von vielen Sparern ein, um es dann an diverse Kreditnehmer zu verteilen. In den letzten Jahrzehnten sind mit Investmentfonds, *Venture Capital* Fonds oder *Private Equity* Fonds neue und viel diskutierte Intermediärsformen hinzugekommen. Im sozialen Sektor hingegen sind solche Strukturen unterentwickelt, es überwiegt die direkte Verbindung zwischen Organisationen und Spendern bzw. Kapitalgebern. *Venture Philanthropy* orientiert sich am Konzept des *Venture Capitals*. Somit liegt es nahe, auch den Intermediärsbegriff dieser Thematik zu entnehmen. In diesem

Artikel wird somit unter einem professionellen Finanzintermediär im sozialen Sektor eine Institution verstanden, die Kapital von mehreren Kapitalgebern erhält und anschließend in (Portfolio-)Organisationen investiert oder spendet. Dabei übernimmt der *Intermediär* als Dienstleister den Auswahlprozess, die Betreuung und die Kontrolle der Organisationen.

Warum brauchen wir Intermediäre im sozialen Sektor?

Finanzintermediäre im sozialen Sektor können den sozialen Kapitalmarkt erheblich effizienter und transparenter gestalten, einen Kapitalmarkt für innovative Sozialunternehmer schaffen und den *Venture Philanthropy* Ansatz für eine breite Investorenbasis praktizierbar machen.

- Der Kapitalmarkt für soziale und ökologische Organisationen ist überaus ineffizient. Die Transaktionskosten liegen im Bereich von 22-43% (Meehan/Kilmer/O'Flanagan 2004: 38). Dies liegt unter anderem in der starken Fragmentierung sowohl der Angebots- als auch der Nachfrageseite begründet (Achleitner/Heister/Stahl 2007: 22). Ein *Intermediär* kann diese Fragmentierung überwinden, indem er Gelder einer großen Anzahl von Kapitalgebern bündelt und an wenige leistungsfähige Organisationen gibt. Somit wird die Anzahl der benötigen Transaktionen gesenkt (siehe Abbildung 1). Zugleich kann ein professioneller *Intermediär* die Kosten pro Transaktion senken, da er – wie in der profitorientierten Wirtschaftswelt – von Skalen- und Lerneffekten bei der Ausgestaltung der Transaktionen profitiert. Er entwickelt beispielsweise Kompetenzen im Auswahlprozess oder kann auf standardisierte Beteiligungsverträge zurückgreifen. Der verstärkte Einsatz von professionellen *Intermediären* im sozialen Sektor kann also sowohl die Anzahl der nötigen Gesamttransaktionen als auch die Kosten pro Transaktion senken und somit mehr Geld dahin bringen, wo es benötigt wird.
- Der Kapitalmarkt für Sozialunternehmer (*Social Entrepreneurs*) „steckt noch in den Kinderschuhen" (Franssen/Scholten 2008: 91). Dies kann zum einen auf die spezifischen Anforderungen dieser Unternehmensform an die zur Verfügung stehenden Finanzierungsformen, zum anderen auf den meist sehr hohen Innovationsgrad zurückgeführt werden. Innovative Projekte – ob im sozialen oder profitorientierten Bereich – bergen per se ein hohes Risiko und werden am normalen Kapitalmarkt meist nicht finanziert. Dies liegt vor allem daran, dass potentielle Investoren das Risiko der Projekte nicht einschätzen können und große Informationsasymmetrien existieren. Genau für diese Konstellation hat die *Venture Capital* Industrie passende Strukturen ausgebildet (Sahlman 1990: 473), von denen der soziale Sektor lernen kann. *Venture Capital* Gesellschaften übernehmen dabei als *Intermediäre* die Rolle von „informierten Agenten", die besser in der Lage sind, die schlechten von den guten Projekten zu unterscheiden. Somit verhindern sie, wie u. a. Chan 1983 darlegte, den Zusammenbruch des Kapitalmarktes für innovative Projekte. Könnte nämlich keiner der Investoren die Qualität der angebotenen

Projekte beurteilen, würde sich ein Mittelwert in der Bewertung bilden, was zur Folge hätte, dass nur noch schlechte Projekte am Markt verbleiben und Investoren sich zurückziehen würden (Chan 1983: 1544). Indem *Venture Capital* Fonds in erfolgsversprechende innovative Unternehmen investieren und - neben unzähligen Fehlschlägen - das Wachstum von Firmen wie Apple, Intel, Microsoft, Sun und Google finanziert haben, stehen sie für einen Paradigmenwechsel in einer Industrie (wie zum Beispiel der Computerindustrie). Diesen Schwung an innovativen Ideen brauchen auch der soziale und der ökologische Sektor. Professionelle *Intermediäre* können die Finanzierung der Innovationen sicherstellen.

- Der *Venture Philanthropy* Ansatz an sich hat enormes Potenzial für den sozialen Kapitalmarkt. Geldgeber, die sich dieser Methode verpflichtet fühlen, führen eine wertorientierte Kapitalallokation durch, kontrollieren die Mittelverwendung und geben nichtfinanzielle Unterstützung. Dies alles sind wichtige Hebel für einen verbesserten Kapitalmarkt (Meehan/Kilmer/O'Flanagan 2004: 41), verlangen allerdings einen hohen Zeiteinsatz, den nicht jeder Kapitalgeber aufbringen kann oder möchte. Dadurch, dass *Intermediäre* als Dienstleister diese Arbeit übernehmen, können sie dazu beitragen, vielen interessierten Kapitalgebern eine andere Art des Geldgebens im sozialen Sektor zu ermöglichen und somit die Verbreitung des *Venture Philanthropy* Ansatzes zu beschleunigen.

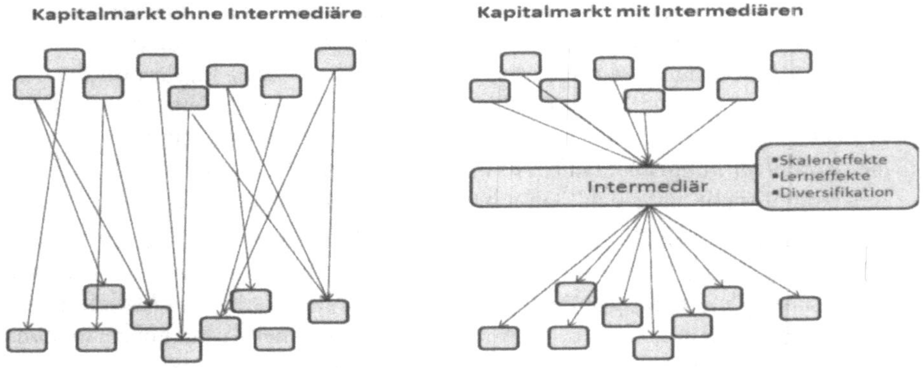

Abbildung 1: Kapitalmarkt mit Intermediär

Welche Formen von Intermediären im sozialen Sektor sind denkbar?

Ein Finanzintermediär im sozialen Sektor kann grundsätzlich in zwei sehr unterschiedlichen Formen vorkommen. Zum einem gibt es einen reinen Nonprofit-Ansatz, der auf der Vergabe von Spenden basiert. Zum anderen gibt es auch Modelle, in denen neben dem „Social Impact" eine gewisse Mindestrendite angestrebt wird (Forprofit-Ansatz).

Für den Nonprofit-Ansatz bieten sich Stiftungsmodelle (Stiftung, gemeinnützige GmbH oder AG) an, die entweder das Kapital mehrerer Stifter bündeln und/oder zusätzliche Spenden zu den Stiftungserträgen generieren. Des Weiteren ist die Struktur eines Vereins mit hauptamtlich angestellten „Investmentmanagern" denkbar.

Der Forprofit-Ansatz findet sich in sogenannten sozialen *Venture Capital* Fonds wieder. Bezüglich der rechtlichen Struktur von Fonds hat sich im normalen, rein profitorientierten *Venture Capital* - auch aufgrund steuerlicher Vorteile - eine Limited Partnership bzw. in Deutschland eine Kommanditgesellschaft (KG) durchgesetzt (Tausend 2006: 15f.). Ausnahmen bilden öffentlich gehandelte Fonds sowie konzerneigene *Venture Capital* Fonds großer Unternehmen. Bei der KG-Struktur übernimmt die Fondsgesellschaft (meist als GmbH strukturiert) die Rolle des Komplementärs, also des persönlich haftenden Gesellschafters der KG. Die Investoren beteiligen sich mit ihrem Kapital als Kommanditisten im Fonds, der damit die Struktur einer GmbH & Co. KG erhält. Diese Struktur kann auch für einen sozialen *Venture Capital* Fonds übernommen werden. Andere Möglichkeiten sind die Gründung einer Stiftung, die allerdings die nachträgliche Beteiligung von verschiedenen Investoren erschwert, oder eines Vereins, der aufgrund basisdemokratischer Strukturen hohe Ansprüche an die Entscheidungsfindung stellt. Venturesome, ein englischer Fonds, praktiziert eine weitere Alternative und existiert ohne eigene Organisationsform innerhalb einer Stiftung.

Um Organisationen im sozialen und ökologischen Sektor ein breites Spektrum an Finanzierungsmöglichkeiten zu bieten, kann ein *Intermediär* auch beide Ansätze miteinander verknüpfen. Als Beispiel hierfür soll nun die BonVenture-Gruppe vorgestellt werden. BonVenture wurde 2003 auf Initiative einiger Unternehmerfamilien in München gegründet und verfolgt auf der Portfolioebene das Ziel eines realen Kapitalerhalts bei gleichzeitiger Maximierung des „Social Impacts". Zwei als Kommanditgesellschaften strukturierte Fonds vergeben dabei Eigenkapital und Darlehen an innovative Projekte im deutschsprachigen Raum mit dem Ziel einer finanziellen Mindestrendite (Forprofit-Ansatz). Verwaltet werden diese Fonds von der BonVenture Management GmbH, die auch den Komplementär der Fonds stellt. Des Weiteren steht mit der BonVenture gGmbH ein Geldmitteltopf zur Verfügung, der Spenden nach dem *Venture Philanthropy* Ansatz vergibt und somit einen Nonprofit-Ansatz verfolgt. Dieser Spendentopf wird ebenfalls von der BonVenture Management GmbH verwaltet. Etwaige Gewinne aus den Fonds oder der Managementgesellschaft fließen als Spende in die gGmbH, sodass die BonVenture-Gruppe auf der Gesamtebene als Sozialunternehmen einzuordnen ist, das über die Kostendeckung hinaus keine Gewinne erzielt. Abbildung 2 stellt die aktuelle Struktur dar.

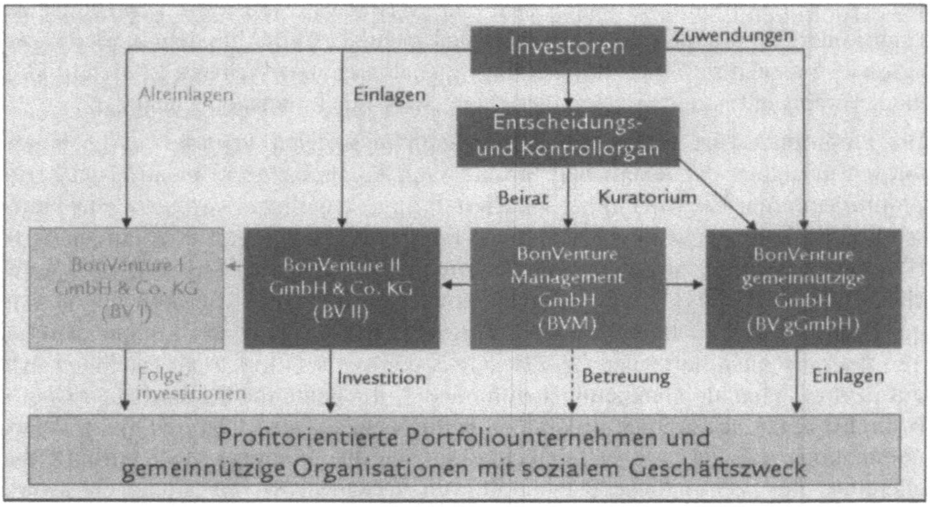

Abbildung 2: Struktur der BonVenture-Gruppe

Was macht die Arbeit als professioneller Intermediär aus?

Venture Philanthropy überträgt die Methodik traditioneller *Venture Capital* Fonds auf den sozialen Bereich. Somit liegt es nahe, dass professionelle *Intermediäre* der *Venture Philanthropy* auch deren grundlegende Arbeitsweise übernehmen. Diese wird in der Literatur oft mit dem sogenannten *Venture Capital*-Zyklus illustriert, der sich in folgende fünf Prozesse aufteilt (siehe Abbildung 3): Strukturierung des Fonds und Gewinnung von Investoren, Generierung eines Dealflows, Auswahl von Organisationen und Strukturierung von Investments, Betreuung der Portfolioprojekte sowie der Exit (Tausend 2006: 24). Die Prozesse sollen im Folgenden kurz vorgestellt und die Unterschiede zur traditionellen Stiftungsarbeit herausgearbeitet werden.

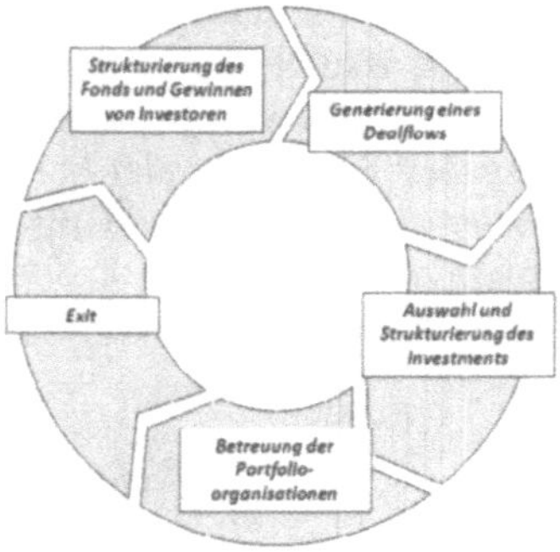

Abbildung 3: Der Venture Capital-Zyklus

- Bei der Strukturierung des Fonds (oder anderer Kapitalbündelungen) stehen die Strategiedefinition, die Festlegung der rechtlichen Struktur sowie die Gewinnung von Investoren im Fokus. Dabei gilt es insbesondere zu klären, welche finanzielle Rendite angestrebt wird, da ein breites Spektrum zwischen totalem Kapitalverlust und leicht unter Marktniveau liegenden Renditeerwartungen denkbar ist. Der Konstituierungsprozess begann bei der BonVenture im Jahr 2002 mit Gesprächen zwischen den späteren Investoren. Neben der in Abschnitt 2 beschriebenen rechtlichen Struktur wurden die Kriterien für Engagements festgelegt. BonVenture investiert nur in innovative Projekte im deutschsprachigen Raum, die von einer Unternehmerpersönlichkeit (*Social Entrepreneur*) vorangetrieben werden. Auf der Gesamtebene strebt BonVenture einen realen Kapitalerhalt an, also Kostendekkung plus Inflationsausgleich. Für eine Betrachtung des Wechselspiels zwischen Investorenstruktur und Strategiedefinition sei auf den Artikel von Achleitner/Heister/Spiess-Knafl in diesem Buch verwiesen.
- Bevor in erfolgsversprechende Projekte investiert werden kann, muss zunächst eine entsprechende Menge an potentiellen Kapitalnehmern gefunden werden. Daher ist für einen *Venture Philanthropy Intermediär* die Generierung eines Dealflows essentiell. Dabei stehen drei grundsätzliche Ansätze zur Verfügung: eine aktive Suche nach Projekten, Anfragen von möglichen Kapitalnehmern sowie Empfehlungen aus dem Netzwerk. Letzterer stellt die wichtigste Quelle für potenzielle Engagements dar, wodurch zeitintensive Netzwerkarbeit unabdingbar ist. Als potenzielle Quellen für interessante Projekte kommen auch Dachverbände infrage, bei denen viele Projekte ihre Kapitalsuche beginnen. So ist die BonVenture beispielsweise sowohl Mitglied in der European Venture Philanthropy Association (EVPA) und im Bundesverband Deutscher Stiftungen als auch im Bundesverband deutscher Kapitalbeteiligungsgesellschaften (BVK).
- Die Auswahl förderungswürdiger Projekte und die Strukturierung der Kapitalvergabe sind die Hauptaufgaben eines professionellen *Intermediärs*. Der intensive Auswahlprozess, inklusive *Due Diligence*, ist ein Kernthema des *Venture Philanthropy* Ansatzes und unterscheidet *Intermediäre* in diesem Bereich von klassischen Stiftungen. Dabei werden Risiken nicht vermieden, sondern kontrolliert und verwaltet, während Stiftungen häufig Risiken scheuen. Zudem werden nicht nach dem Gießkannenprinzip viele kleine Projekte mit geringen Summen über kurze Zeiträume unterstützt, sondern signifikante Beträge an wenige Organisationen (ca. 10 bis 20 pro Fonds) gegeben. Zum Portfolio der BonVenture gehört beispielsweise der Kinderzentren Kunterbunt e.V., der mittlerweile rund 20 Kindergärten in Deutschland betreibt. Dabei geht es vor allem darum, die Vereinbarkeit von Beruf und Familie zu ermöglichen, was unter anderem durch lange und flexible Öffnungszeiten erreicht wird. BonVenture investierte in den Jahren 2007 bis 2009 eine hohe sechsstellige Summe in Form von unbesicherten Darlehen, um das Wachstum des Vereins zu unterstützen.

- An das Investment schließt sich die Betreuung der Portfolioorganisationen an, die in die zwei Bereiche Erfolgskontrolle und Unterstützung unterteilt werden kann. Für *Venture Philanthropy Intermediäre* stehen Entwicklungswerte und quantitative Maßzahlen, die mit dem langfristigen „Social Impact" verknüpft sind, im Vordergrund. Stiftungen hingegen konzentrieren sich eher auf kurzfristige qualitative Projekt- und Programmresultate und vermeiden häufig die Frage nach langfristigen Konsequenzen. Des Weiteren arbeiten *Intermediäre* im Bereich der *Venture Philanthropy* eng mit den Portfolio-Organisationen zusammen und unterstützen diese auch im Bereich der Projektentwicklung, bei der Identifizierung leitender Angestellter oder in der strategischen Planung. Traditionelle Stiftungen verhalten sich eher distanziert, beschränken sich auf die Vergabe von Spenden und nehmen keinen Einfluss auf das operative Geschäft von Zielorganisationen. Die Dauer des Engagements ist ein weiteres Unterscheidungsmerkmal. Während sich traditionelle Stiftungen selten länger als zwei oder drei Jahre engagieren, arbeiten *Venture Philanthropy Intermediäre* über einen längeren Zeitraum mit einer Organisation zusammen. Auch das Engagement von BonVenture für die Kinderzentren Kunterbunt e.V. ist auf acht bis zehn Jahre angelegt. Dabei übernimmt BonVenture ein Mandat im Wirtschaftsbeirat des Vereins und bietet wertvolle Unterstützung bei strategischen Fragen. Im Gegenzug liefern die Kinderzentren ein regelmäßiges Reporting, das neben finanziellen Zahlen auch klar definierte Indikatoren für den „Social Impact" (zum Beispiel Anzahl der betreuten Kinder oder der Betreuungsstunden) enthält. Somit wird eine umfassende Kontrolle der Mittelverwendung sichergestellt.
- *Intermediäre* in der *Venture Philanthropy* haben im Gegensatz zu klassischen Stiftungen eine klar definierte und abgesprochene Exitstrategie. Die Art des Ausstiegs wird dabei insbesondere von der gewählten Finanzierungsform bestimmt. So fällt zum Beispiel der Exit bei einem Darlehen mit der letzten Tilgungs- und Zinszahlung zusammen. Weitere Exitmöglichkeiten sind die Gewinnung neuer Kapitalgeber, ausreichende eigene Einkommensgenerierung oder die Fusion mit einer anderen Gesellschaft. Umfassende Überlegungen zu einem Exit aus Sozialunternehmen finden sich bei Stahl (2007: 239-248) oder bei Achleitner (2007: 126-127). Werden im Rahmen einer Eigenkapitalbeteiligung Anteile an einer Organisation übernommen, so ist der Verkauf der Anteile ein möglicher Exit. Dies gestaltet sich aufgrund eines fehlenden Sekundärmarktes für Sozialunternehmen derzeit noch schwierig. Die Kinderzentren Kunterbunt e.V. haben das Kapital von BonVenture auch aus diesem Grund als flexibles und erfolgsabhängiges Darlehen erhalten. Nach der Rückzahlung ist somit ein vollständiger Exit realisiert.

Die Arbeit eines professionellen *Intermediärs* mit *Venture Philanthropy* Ansatz orientiert sich an der Arbeit eines *Venture Capital* Fonds und unterscheidet sich hinsichtlich der Risikobereitschaft, Nähe zur Portfolio-Organisation, Dauer des Engagements, Exitstrategie und Erfolgsmessung von der Arbeit traditioneller Stiftungen.

Soziale Finanzintermediäre in Deutschland und Europa

Die Dachorganisation der europäischen *Venture Philanthropy* Szene, die EVPA, zählt laut Mitgliederverzeichnis von 2008/09 schon mehr als 100 Mitglieder. Alle diese Organisationen sind Geldgeber im sozialen Sektor, die eine neue Art des Investments und somit *Venture Philanthropy* praktizieren. Allerdings bündeln nicht alle Kapital von mehreren Investoren und sind somit *Intermediäre* im Sinne der oben genannten Definition. Der folgende Überblick über wichtige soziale Finanzintermediäre in Deutschland und Europa erhebt keinen Anspruch auf Vollständigkeit, sondern soll vielmehr exemplarisch einige Marktteilnehmer vorstellen. Dabei werden Banken mit sozialer oder ökologischer Ausrichtung nicht in die Betrachtung mit einbezogen, obwohl sie auch als notwendige Finanzintermediäre angesehen werden können.

In Deutschland agieren neben der bereits vorgestellten BonVenture Gruppe vor allem Ashoka Deutschland, die Canopus Foundation, die Auridis gGmbH und einige innovative Stiftungen (zum Beispiel die Eberhard von Kuenheim Stiftung).

Großbritannien war und ist die führende Nation in der *Venture Philanthropy* Szene in Europa. Als große *Intermediäre* agieren hier der Impetus Trust, der Spenden vergibt, und die Charities Aid Foundation, die neben einem spendenbasierten Modell über ihre Unterorganisation Venturesome auch Darlehen und Eigenkapital an Sozialunternehmen vergibt. Eine vorbildliche Zusammenarbeit zwischen Wirtschaft und sozialem Sektor lässt sich bei CAN Breakthrough beobachten, der aus einer Kooperation der Stiftung CAN mit der *Private Equity* Firma Premira entstanden ist. Zudem existiert mit Bridges Ventures ein sozial ausgerichteter Regionalinvestmentfonds, der im weitesten Sinne der *Venture Philanthropy* zuzurechnen ist.

Als wichtige Finanzintermediäre im restlichen Europa seien PhiTrust aus Paris, Oltre Ventures aus Italien, NESsT aus Ungarn, sowie die d.o.b foundation und die Noaber Foundation in den Niederlanden genannt.

Warum gibt es noch nicht genügend Intermediäre in Deutschland?

In diesem Artikel wurde aufgezeigt, welch enormes Potenzial professionelle Finanzintermediäre für den sozialen Sektor haben. Dennoch fehlt es in Deutschland noch an einer ausreichenden Anzahl solcher Institutionen, was auf verbesserungswürdige Rahmenbedingungen zurückgeführt werden kann. Im Einzelnen geben folgende Sachverhalte Anlass zur Kritik:

- Es mangelt an Bewerbern, die sowohl den sozialen Sektor verstehen als auch über die Kenntnisse eines Investmentmanagers verfügen. Dies ist die direkte Folge unzureichender Aus- und Weiterbildungsangebote, zu deren Schaffung eine Zusammenarbeit von Hochschulen und/oder Dachverbänden sowohl aus der Wirtschaft (Bundesverband deutscher Kapitalbeteiligungsgesellschaften) als auch aus dem sozialen Sektor (Bundesverband Deutscher Stiftung) angeregt werden sollte.

- Es fehlt an Rechtssicherheit für Investments im Bereich zwischen For- und Nonprofit. Sowohl *Intermediäre* in der *Venture Philanthropy* als auch Sozialunternehmer dienen dem Gemeinwohl und verdienen dennoch Geld, um ihre Kosten zu decken und ihr Modell zu expandieren. Für diese Hybridstruktur ist unser Rechts- und Steuersystem nicht ausgelegt, was zu einer unnötigen Unsicherheit bei den Marktteilnehmern führt.
- Es fehlen gesetzliche Anforderungen für einen effizienten Mitteleinsatz und ein Mindestmaß an Transparenz im sozialen Sektor. Während jedes Unternehmen in der Wirtschaftswelt zur Erstellung von Bilanzen verpflichtet ist, mangelt es im sozialen Sektor an Anforderungen, das erreichte Ergebnis offenzulegen. Es gibt weder Vorgaben für ein Reporting des „Social Impacts" noch die Pflicht zu einer effizienten und im Einklang mit dem Stiftungszweck stehenden Anlage des Grundstockvermögens (sogenanntes mission related investment). Diese Rahmenbedingungen führen zu einem Marktversagen, bei dem es *Intermediären* schwer fällt, Kapital einzutreiben und effizient zu verteilen.
- Es gibt in Deutschland zu wenige Investoren im sozialen Bereich. Dies liegt zum einem an der bereits thematisierten Intransparenz des Marktes – auch des Marktes von *Venture Philanthropy Intermediären.* Zum anderen fehlt es an öffentlicher Unterstützung und Kofinanzierung, wie es die KfW-Bank oder der Hightech Gründerfonds im profitorientierten Risikokapitalbereich anbietet. Zwar denkt der Europäische Investmentfonds über ein Engagement nach, doch auf Landes- und Bundesebene ist noch kein klares Signal für *Venture Philanthropy* zu erkennen. Dabei könnte die öffentliche Hand nicht nur Kapital zur Verfügung stellen, sondern mit einem Investment ein Signal setzen und somit den Markt für andere (private) Investoren attraktiver machen.

Es liegt also nicht nur in der Hand der *Intermediäre* selbst, ihr Potenzial für einen effizienteren und transparenteren Kapitalmarkt im sozialen Sektor zu entfalten. Vielmehr müssen Defizite in den Rahmenbedingungen thematisiert und gelöst werden.

Venture Philanthropy – Chancen und Herausforderungen für gemeinnützige Organisationen

von Stephanie Koopmann

Inhalt

Das folgende Kapitel stellt die Perspektive einer gemeinnützigen Organisation im Bezug auf eine Partnerschaft mit einem sozialen Investor in den Vordergrund der Betrachtung. Die erfolgsabhängigen Voraussetzungen auf Seiten der Nonprofit-Organisation (NPO) werden dabei genauer beleuchtet. Neben den Herausforderungen und Hürden, mit der sich eine NPO in der Zusammenarbeit mit einem Venture-Philanthropen konfrontiert sehen kann, werden praxisnahe Empfehlungen für die Vorbereitung und Steuerung einer langjährigen Förderpartnerschaft beschrieben. Die im Rahmen der *Venture Philanthropy* erforderlichen strategischen Entwicklungen befähigen letztlich die NPO, sich für die Zusammenarbeit mit visionären Philanthropen des 21. Jahrhunderts professionell aufzustellen.

Venture Philanthropen sind einflussreiche und visionäre Förderer

Venture Philanthropy als neue Art des Engagements ermöglicht NPOs, in größeren Dimensionen zu denken und zu handeln: Gemeinsam mit einem sozialen Investor können sie ein innovatives Förderkonzept zu internationaler Reife entwickeln. Durch eine Standardisierung des Projekts kann häufig vielen Nationen dieser Welt die Implementierung und kulturelle Adaptierung des erprobten Förderansatzes ermöglicht werden. Visionäre Förderer wollen global agieren und unterstützen den Ansatz der maximalen Ausnutzung von Synergieeffekten. *Venture Philanthropy* ermöglicht aber auch die Verwirklichung signifikanter Fördervorhaben mit „Meilenstein-Charakter“. Im Fokus der Partnerschaft steht dabei stets das Ergebnis – welches einen messbaren Mehrwert für unsere Gesellschaft generieren soll.

Um dies zu gewährleisten, muss sich die Nonprofit-Welt in Kontinentaleuropa professioneller aufstellen. Dafür sind Investitionen in den Verwaltungsaufbau, in die Personalentwicklung und in ein strategisches Kontakt-Management vonnöten. Diesen Mehrwert – neben einer Finanzhilfe – bieten Venture-Philanthropen oder soziale Investoren.

Zahlreiche NPOs in Deutschland führen bereits komplexe Förderpartnerschaften mit Mäzenen oder Förderstiftungen durch. Sie bedienen sich einer zielorientierten und strategischen Vorgehensweise, um soziale Investoren zu gewinnen und Projekte gemeinsam durchzuführen. Im sogenannten „Großspenden-Fundraising" pflegt die gemeinnützige Organisation ihre wichtigen Förderkontakte in Form einer persönlichen und individuellen Betreuung. Die englische Phrase „to raise funds" bzw. der ins Deutsche übernommene Arbeitstitel „Fundraising" beinhaltet die wesentlichen Arbeitsschritte, die auch bei der *Venture Philanthropy* anfallen. Hohe und langjährige Förderengagements, in denen nicht nur die Spende an die NPO fließt, sondern der soziale Investor sich mit seinem Wissen, seinem persönlichen Netzwerk und seiner Zeit einbringt, sind organisatorisch anspruchsvoll und vor allem eins: äußerst zeitintensiv.

Die NPO sollte daher eingehend prüfen, ob sie mit ihren verfügbaren Ressourcen und Kapazitäten in der Lage ist, die Betreuung einer solch intensiven Förderpartnerschaft zu gewährleisten. Der Bereich der intensiven Kontaktpflege im Großspenden-Fundraising ist vergleichbar mit der Large Key-Account Betreuung in einem Wirtschaftsunternehmen. Der erhöhte Arbeitsaufwand betrifft alle Bereiche einer NPO und stellt somit eine übergreifende Herausforderung dar.

Soziale Venture-Philanthropen, die anstelle des finanziellen *Returns-on-Investments* am Ende einer Partnerschaft das Investment der NPO hinterlassen, entsprechen in ihrer Erwartungshaltung einem strategischen Spender oder einer Förderstiftung. Sie messen den *Return-on-Social-Investment* anhand des sozialen Impacts, den der Förderansatz generieren konnte[1].

Bei privaten sozialen Investoren lassen sich zwei Fördertypen unterscheiden: Sie können einerseits ein Projekt unterstützen, ohne sich dabei persönlich einzubringen, d. h. sie vertrauen der NPO und ihrer Expertise und Umsetzungsfähigkeit. Ihnen ist daran gelegen „Gutes zu tun" und sie bedienen sich dabei einer für sie geeigneten gemeinnützigen Organisation als Erfüllungsgehilfe. Ihre Devise lautet: Zurückhaltung und im „Stillen" etwas gesellschaftlich verändern. Diese dezente Geber-Mentalität ist bei zahlreichen Mäzenen in Deutschland vorzufinden.

Auf der anderen Seite gibt es soziale Investoren, denen sehr wohl daran gelegen ist, eine aktive und involvierte Beziehung zur zweckerfüllenden Organisation zu pflegen. Dabei handelt es sich häufig um Fördertypen, die aufgrund ihrer eigenen beruflichen Erfahrungen erkennen, welchen Mehrwert sie in die NPO einbringen können. Sie

1 Siehe auch die Beiträge von Sandberg und Bergmann/Krüger in diesem Band.

verfügen über die nötige Zeit und Passion und befinden sich in der richtigen Lebensphase, um sich selbst für die Vision und die Zielerreichung der Förderpartnerschaft einzubringen.

Darüber hinaus verfolgt eine wachsende Anzahl von Stiftungen einen nachhaltigen Förderansatz. Sie verbinden langjähriges Engagement bei gemeinnützigen Organisationen mit klar definierten Zielvorgaben und überprüfen diese anhand fortlaufender Erfolgsmessung. Dieses Format des sozialen Investments entspricht ebenfalls den im Folgenden beschriebenen Aspekten.

Die Basis der Partnerschaft: Sympathie und Respekt

Es bedarf menschlicher „Größe“, eine Partnerschaft mit einem sozialen Investor einzugehen. Die persönlichen Befindlichkeiten der Führungspersonen sollten sich auf beiden Seiten der „Sache“ unterordnen. Alle Diskussionen und Vereinbarungen zwischen den Partnern stellen das Ziel, das man gemeinsam verfolgt, in den Mittelpunkt der Überlegungen. Von einem sozialen Investor wird wiederum erwartet, dass er respektvoll mit den knappen Kapazitäten der NPO umgeht. Insbesondere kleinere NPOs können es sich nicht leisten, für jeden Aufgabenbereich eine Fachabteilung einzurichten. Ganz im Gegenteil – auf wenigen Schultern lasten häufig multiple Herausforderungen.

Eine NPO gewinnt das Vertrauen eines Spenders nicht allein aufgrund ihrer qualitativ hochwertigen Arbeit, ihres positiven Images oder anhand einer transparenten Finanzbuchhaltung. Der schwer definierbare Teil des Vertrauens ist in einem aufrichtigen Miteinander und in wechselseitiger Sympathie begründet. Der bekannte Spruch aus der Fundraising-Szene „friend-raising comes before fund-raising“ findet auch im Falle von *Venture Philanthropy* seine unbedingte Anwendung.

Ein Schlüsselkriterium für die Gewinnung von Großspendern oder sozialen Investoren ist daher die Persönlichkeit und die Ausstrahlung der Führungsperson des gemeinnützigen Unternehmens. Darüber hinaus muss der Investor von dessen Führungsqualitäten überzeugt sein. Die Ansprache und Betreuung des sozialen Investors ist in erster Linie „Chefsache“. Diese Anforderung stellt vielerorts ein Hindernis dar, da zahlreiche Geschäftsführer oder Vorstandsmitglieder die Betreuung von Förderern bislang nicht zu ihren elementaren Managementaufgaben zählen.

Vorstands-, Stiftungsrats- oder Verwaltungsratsmitglieder bei etablierten NPOs erweitern die Anzahl an Führungspersonen und stellen eine einflussreiche Größe bei der Gewinnung von Förderern dar. Ihre Aufgabengebiete sollten schriftlich ausformuliert werden und die Erwartungshaltung beider Akteure (der NPO und des jeweiligen Gremienmitglieds) muss sich darin wiederfinden. Der Nonprofit-Sektor hierzulande ist noch zu stark von Gremien geprägt, die es nicht gewohnt sind, ihre Ressourcen in die Strategie und den Aufbau der Organisationsentwicklung und -verwaltung der gemeinnützigen Organisation zu investieren. Sie sind häufig zu verhalten, um innovative und visionäre Ideen einzubringen. Von ihnen erwartet die NPO zu Recht ein finanzielles und emotionelles Engagement mit Vorbildcharakter – die Bereitschaft, ihre Netzwerke für die Gewinnung weiterer Unterstützer zu nutzen und ihr Know-how und ihre Erfahrungen dem NPO-Management zur Steuerung und zum weiteren Auf- und Ausbau der Organisation zur Verfügung zu stellen. Die NPO muss wiederum sicherstellen, dass die Gremiensitzungen inhaltlich spannend gestaltet sowie effizient und professionell durchgeführt werden. Sitzungsanlässe sollten nicht nur dem einseitigen Informationstransfer dienen, sondern jeder externe Teilnehmer berichtet idealerweise über seine Aktivitäten zugunsten der NPO.

Die Vision als Ausgangskraft – Einflüsse und Risiken

Die Gründungsväter und -mütter einer gemeinnützigen Organisation erkennen immer einen dringenden Handlungsbedarf zur Beseitigung eines Missstands in unserer Gesellschaft, manifestieren diesen in einer Vision und investieren persönliche Energie und Zeit sowie Startkapital, um einen handlungsfähigen Verein oder eine ebensolche Stiftung zu etablieren.

Diese Visionäre sind von der Idee beseelt, einen bestimmten Teil dieser Welt zu verbessern und die Gesellschaft zu bereichern. Gemeinsam mit Gleichgesinnten (Vereins- oder Stiftungsmitgründern) entwickeln sie Methoden und Programme, wie sie ihre Vision in die Tat umsetzen und die daran geknüpften Ziele realisieren können. Sie sind die ausgewiesenen Experten auf diesem Gebiet. In der Evolution einer jeden NPO kommt jedoch der kritische Punkt, an dem die Organisation weitere, signifikante Finanzmittel benötigt, um ihre(n) Wirkung(skreis) zu verstärken (auszuweiten). In dieser Expansionsphase sind externe Mitstreiter vonnöten. Es ist gleichzeitig die Entwicklungsstufe einer NPO, an der sich soziale Investoren bevorzugt beteiligen. Sie können dazu beitragen, dass aus einer kleinen Initiative eine professionell aufgestellte Organisation entsteht oder dass ein bedeutungsvolles und wirkungsstarkes Großprojekt realisiert werden kann.

Insbesondere in den Jahren nach der ursprünglichen Initialzündung oder nach dem Ableben der Gründer und Stifter ist eine NPO auf von Leidenschaft getriebene, neue Führungspersonen angewiesen, um ihre Anziehungskraft zu erhalten und die fundamentale Vision/Zielsetzung nicht zu verwässern oder gar aus den Augen zu verlieren. Bedauerlicherweise lässt sich wiederholt beobachten, wie NPOs zwar hervorragend organisiert sind, es den Mitarbeitern in der Geschäftsstelle aber entweder an emotionaler Verbundenheit, an klaren Zielsetzungen oder an einer mitreißenden Führungsperson fehlt, die sich der persönlichen Kontaktpflege von wichtigen Förderern und Partnern annimmt. Sind die Gründer der ersten Stunde noch mit an Bord, dann kann ein weiteres Hindernis dadurch entstehen, dass sie sich nach vielen Jahren des persönlichen Einsatzes aus dem aktiven Geschehen der NPO zurückziehen. Aufgrund ihrer Seniorität und Präsenz innerhalb der NPO wird jedoch kein Platz für eine neue „Galionsfigur" frei. Zu häufig kommt es im gemeinnützigen Sektor bei einem Generations- oder Führungswechsel zu Konflikten und die nachfolgenden Nonprofit-Manager identifizieren sich nicht immer im gleichen Ausmaß mit der Ursprungsphilosophie der NPO. Entsprechende Auswirkungen auf ihr persönliches Engagement und ihre Überzeugungskraft gegenüber Investoren können die Folge sein.

Neben den oben aufgeführten Einflüssen und Risiken auf die ursprüngliche Vision einer NPO trägt der Ansatz von *Venture Philanthropy* insgesamt eine große Chance in sich: Gemeinnützige Organisationen werden angehalten, ihre Vision und ihre Ziele in gewissen Abständen einer kritischen (Neu-)Evaluierung zu unterziehen. Dabei müssen sie den Veränderungen gesellschaftlicher Rahmenbedingen ebenso Rechnung tragen wie der Entwicklung von tragfähigen und attraktiven Botschaften, um ihre Förderer, ihre Ehrenamtlichen und ihre Mitarbeiter von ihrem Konzept zu begeistern. Zu viele NPOs unterschätzen die Wirksamkeit einer klaren und zeitgemäßen Vision und Zielsetzung. Die Vision, die Mission und die daraus abgeleiteten Ziele einer Organisation stellen die Grundlage für alle internen Handlungsstrategien dar. Der Managementplan der Geschäftsführung sowie die einzelnen Zielvereinbarungen der Mitarbeiter lassen sich ebenfalls hiervon ableiten und ermöglichen der NPO ein ergebnisorientiertes und fokussiertes Vorgehen.

Formen der Involvierung des sozialen Investors

Venture Philanthropy bietet NPOs eine außerordentliche Chance, wenn es um deren organisatorisches Wachstum, die Etablierung von neuen Strukturen und Abteilungen, um Wissenstransfer und Personalentwicklung oder um elementares Networking und Lobbyarbeit geht. Es ermöglicht der NPO, sich in allen Bereichen weiterzuentwickeln (engl. *Capacity Building*).

Es existieren drei Formen der externen Unterstützung:

In der folgenden Auflistung stellt die Finanzierung (A) die zwingend erforderliche Unterstützungsform seitens des sozialen Investors dar, wohingegen die weiteren Bereiche des Engagements (B und C) nach den Stärken des Investors und dem jeweiligen Mehrwert für die NPO auszuwählen sind und daher als optional betrachtet werden können. Die monetäre Förderung schafft die Grundlage für eine langjährige Partnerschaft zwischen einer NPO und einem sozialen Investor.

A) Finanzhilfe für die Realisation eines Förderprojekts: Der soziale Investor ermöglicht der NPO vor allem aufgrund seines finanziellen Beitrags, ein signifikantes Vorhaben zu entwickeln, anzustoßen, umzusetzen oder voranzutreiben. Der der Projektarbeit zugrunde liegende Ansatz muss überzeugend und erfolgsversprechend dargestellt werden, um die Investoren von der Innovations- und Wirkungskraft des Förderprojekts zu überzeugen und zur aktiven Unterstützung zu motivieren. Empfehlenswert ist die Vereinbarung von Meilensteinen, welche die

NPO im Verlauf des Förderprojekts erzielen muss. Werden diese jeweils erreicht, stellt der Investor die entsprechenden finanziellen Mittel als Teilzahlung im Rahmen der vereinbarten Gesamtsumme bereit. Viele junge oder kleine NPOs wären mit der einmaligen Zahlung einer außergewöhnlich hohen Fördersumme oftmals überfordert.

B) *Beratung und Know-how für die NPO:* Der Venture-Philanthrop unterstützt nicht nur in finanzieller Hinsicht, sondern arbeitet gemeinsam mit der NPO auf organisatorischer, strategischer und administrativer Ebene zusammen, indem er seine eigenen Ressourcen einbringt. In diesem Umfeld stellt sich eine kreative und erfolgreiche Zusammenarbeit jedoch nur dann ein, wenn sich die Mitarbeiter beider Parteien aufgeschlossen und respektvoll begegnen.

Die Intensität und das Format der Unterstützung kann sich sehr unterschiedlich darstellen: Externe Weiterbildungsmaßnahmen, Workshops, Arbeitsgruppen, Coachings oder konzeptionelle Studien bis hin zur Teamerweiterung durch einen delegierten Mitarbeiter aus dem Unternehmen des Investors sind dabei denkbar. Neben den fachbezogenen Einzelthemen wie Buchhaltung, Fundraising, IT-Technologien, PR und Öffentlichkeitsarbeit oder Marketing können alle Mitarbeiter der NPO von Teambildungs- oder Kommunikationsmaßnahmen profitieren und sie sollten mögliche Angebote zu Themen wie Kooperationsfähigkeit, Konfliktlösung und Moderationstechniken, Führungs- und Managementfähigkeiten wahrnehmen.

Folgende Anmerkungen scheinen in diesem Zusammenhang erwähnenswert:

- Hat die Natur der Zusammenarbeit einen Coaching-Charakter, d.h. die NPO wird durch den Förderer und gegebenenfalls sein Team direkt gecoacht, werden insbesondere persönliche Schwachstellen oftmals aus falschem Taktgefühl oder aufgrund fehlender Objektivität nicht offen formuliert. Ein möglicher Ausweg aus dieser heiklen Situation kann im Hinzuziehen von externen, neutralen Dienstleistern bestehen. Für diesen Fall sollte der „Social Investor" die hierfür anfallenden Kosten in seiner Spende mit berücksichtigen, bzw. durch eine zusätzliche Spende abdecken.
- Die gemeinnützige Organisation sollte darauf achten, dass bei Pro-Bono Leistungen seitens des Förderers keine jungen Berufseinsteiger im Rahmen einer Lernerfahrung zur NPO geschickt werden. Darunter würde zwangsläufig die Qualität der Beratungsleistung leiden; objektiv betrachtet entspräche sie nicht mehr den Ansprüchen einer regulär eingekauften, externen Dienstleistung.
- Im Falle von Diskrepanzen zwischen den vom Förderer erarbeiteten Vorschlägen und den Lösungen und der Philosophie der NPO gilt es, den konstruktiven Dialog zu suchen und einen Konsens zu finden. Alles andere wäre der gemeinsamen Sache nicht dienlich.

C) *Bereitstellung des persönlichen und beruflichen Netzwerkes:* Je mehr der Förderer in seinem Netzwerk aus Politik, Wirtschaft und Gesellschaft eingebunden ist, umso größer ist sein Potential, neue Partner, Spender und Mitstreiter (Lobbyarbeit) für das Projekt zu gewinnen. Gleichzeitig stellt sich ein soziales Netzwerk auch als idealer Multiplikator dar, um den Bekanntheitsgrad der NPO samt ihrer Ziele wirksam zu erhöhen. Im Fundraising ist die Zusammenarbeit mit einem hochkarätigen Investor zur Erschließung und Sicherung weiterer Fördermöglichkeiten unabdingbar.

Der Businessplan prägt den professionellen Auftritt

Die NPO muss sich umfassend auf das Erstgespräch mit einem potentiellen Investor vorbereiten. Vergleichbar mit den Vorarbeiten zu einem Förderantrag bei einer Stiftung oder einem Drittmittelgeber, ist hierzu die Erstellung eines Businessplans für das Fördervorhaben unbedingt notwendig. Eine Machbarkeitsstudie als Grundlage sollte eine erweiterte PEST-LE[2]-Analyse als Maßstab für externe Einflussfaktoren auf das Projekt – ergänzt um eine aussagekräftige SWOT[3]-Analyse zu deren Stärken, Schwächen und Risiken – beinhalten. Die Einschätzungen von wichtigen Schlüsselfiguren (Projektexperten, Führungspersonen, Gremienmitgliedern, geförderte Zielgruppen) sollten ebenfalls mit einfließen. An dieser Stelle sei angemerkt, dass ein Businessplan unabhängig der Fördererakquise in einer NPO fundamentaler Bedeutung hat.

Jede gemeinnützige Organisation sollte sich Klarheit über ihren Markt und ihr Wirkungsumfeld verschaffen. Daher ist eine Marktanalyse insbesondere ihrer „NPO-Mitbewerber“ eine wichtige Voraussetzung, um inhaltliche Überschneidungen zu identifizieren und das eigene Projekt wirksam zu platzieren. Die Erfahrung zeigt, dass soziale Investoren Kooperationen zwischen ähnlich gesinnten NPOs begrüßen. Die distanzierte Perspektive erlaubt den visionären Förderern einen unvoreingenommenen Blick auf das Potential und die Vorteile, welche sich durch die Nutzung von Synergien, der Teilung von Know-how und Ressourcen oder der gemeinsamen Lobbyarbeit auf politischer Ebene für das Gesamtgefüge ergeben. Diese übergreifenden Kriterien im Dienste der gemeinsamen „Sache“ generieren einen weitaus höheren Wirkungsgrad, als wenn jede NPO isoliert vorgeht. Die Schaffung von Allianzen sowie die Fokussierung auf gemeinsame Nenner sind daher für soziale Investoren häufig von übergeordneter Priorität. Die gemeinnützigen Organisationen sollten diese Entwicklung bei der Aktualisierung und Schärfung ihres Profils und ihrer Visionen unbedingt mit berücksichtigen.

Zu einer ausführlichen Projektbeschreibung für den Businessplan gehört die überzeugende Darstellung, warum sich der zugrunde liegende Lösungsansatz als besonders erfolgversprechend darstellt und warum die NPO die bestmöglichen Voraussetzungen für dessen Umsetzung bietet – in Abgrenzung zu anderen Organisationen im glei-

2 PEST-LE = political, economical, social, technological – legislative, ecological (politisch, wirtschaftlich, gesellschaftlich, technologisch – rechtlich und ökologisch)

3 SWOT = engl. strengths, weaknesses, opportunities, threats (Stärken, Schwächen, Chancen und Risiken)

chen Tätigkeitsfeld. Als weitere Anleihe aus dem Wirtschaftssektor gilt es somit, die jeweiligen USPs[4] auszuarbeiten und hervorzuheben. Noch zu häufig bedienen sich gemeinnützige Organisationen nicht wirkungsvoll dieses Instrumentariums.

Immer wieder verfangen sich die NPOs darin, dass sie ihre Darstellungen der Förderprojekte zu problemlastig aufbereiten. Sie stellen die Notlage in den Vordergrund ihrer Kommunikation und versäumen es, die positiven Effekte der Förderung und den Mehrwert - den „Social Impact" - für die Gesellschaft aufzuzeigen. Es ist aber menschlich und motivierend sich dort engagieren zu wollen, wo Erfolge abzusehen sind, die sich anschließend gut präsentieren lassen. Daher sollten Kennzahlen für das Projekt und das Controlling festgelegt werden. Die Erfolgskriterien sollten im Rahmen einer gemeinsamen Diskussion nach qualitativen und quantitativen Gesichtspunkten festgelegt werden und sich über einen angemessenen, realistischen Zeitraum erstrekken. Variable Faktoren und höhere Gewalt sollten in Zusammenhang mit möglichen Projektrisiken ebenfalls mit berücksichtigt werden.

Der Businessplan befasst sich auch mit den weiteren Projektperspektiven und einer etwaigen Anschlussfinanzierung. Entweder hat sich das Projekt nach der Zielerreichung überflüssig gemacht und es kommt zu einem natürlichen Ende oder der erfolgserprobte Projektansatz tritt in die Phase des sogenannten „Roll-Outs", d.h. das Projektkonzept oder das Projektformat wird multipliziert und kommt in anderen Regionen oder Bereichen zum Einsatz. Ein Zeit- und Finanzierungsplan ergänzen den eigentlichen Businessplan.

Eine gute Projektvision muss mit Fakten untermauert werden, damit sich ein potentieller Förderer nicht nur interessiert zeigt, sondern tatsächlich zum Handeln motiviert wird.

Nachfolgende Aussagen haben sich für den Vertrauensaufbau zu möglichen sozialen Investoren ebenfalls bewährt:

- Nachweislich verantwortungsvoller Umgang mit großen Fördersummen
- Strategischer Managementplan
- Hervorragende Vernetzung innerhalb des Projektgebiets
- Ausgewiesene Experten als Projektmitarbeiter mit langjähriger Praxiserfahrung
- Erfahrung im Projektmanagement und im Projektcontrolling
- Kontrolle der Buchhaltung durch eine unabhängige Wirtschaftsprüfung
- Loyalität der Mitarbeiter und Führungspersonen gegenüber der NPO
- Status der Gemeinnützigkeit liegt vor; idealerweise ergänzt durch das Spendensiegel (vom Deutschen Zentralinstitut für soziale Fragen)

Der Businessplan wird mit der Darstellung ausgewählter Referenzen der Organisation und Fürsprechern für das Projektvorhaben angereichert. Führungspersonen aus dem Management und Projektexperten - aber auch ehrenamtliche Gremienmitglieder aus dem Vorstand oder Kuratorium - sollen darin vorgestellt werden.

4 USP = engl. unique selling proposition (Alleinstellungsmerkmal bzw. komparativer Konkurrenzvorteil)

Innovative und noch aufstrebende NPOs können obige Kriterien nur selten vollständig erfüllen. Es fehlt ihnen häufig an Ressourcen und verfügbaren Kapazitäten. Daher muss ein schlüssiges Konzept in Form des Businessplans und eines strategischen Managementplans genügend Wirkung generieren. Im Rahmen der Folgegespräche mit dem Investor sollten auch die verwaltungstechnischen Schwächen dargelegt werden. Venture Philanthropen können aufgrund ihrer unternehmerischen Erfahrung mit Rat und Tat für Abhilfe sorgen.

Wichtige Meilensteine entlang der Förderpartnerschaft

Eine große Herausforderung für eine gemeinnützige Organisation stellt die Identifikation von potentiellen sozialen Investoren dar. Die meisten NPOs sind auf externe Investoren, sogenannte „Türöffner", angewiesen, die ihnen den Zugang zu einem geeigneten Investor persönlich vermitteln. Der Gewinnung solcher Kontaktvermittler ist daher eine ähnlich hohe Bedeutung beizumessen wie dem Beziehungsaufbau zu den eigentlichen Förderern. Sie fällt seitens der NPO in den Verantwortungsbereich der Geschäftsführung sowie der Vorstands- oder Beiratsmitglieder. Insbesondere für den Geschäftsführer der NPO ist neben der klassischen Recherche auch die Teilnahme an Fachtagungen und Veranstaltungen innerhalb der Finanzbranche oder Stifterszene eine geeignete Plattform zum Netzwerken. Dabei sollten beispielsweise Private Wealth Manager, Notare, Steuerberater oder Stiftungsmanager als aussichtsreiche Multiplikatoren in die nähere Betrachtung gezogen werden. Wagt sich die NPO auf das Parkett der Kaltakquise, da sie weder über ein hochkarätiges Gremium noch über ein geeignetes Netzwerk verfügt, wird der Businessplan und die Vision der NPO zum maßgeblichen Kriterium.

Ist das Interesse beim potentiellen Investor geweckt und die Einladung für einen persönlichen Kennenlerntermin ausgesprochen, tritt die Leitfigur der gemeinnützigen Organisation in den Vordergrund. Es gilt nun, den Gegenüber zu überzeugen und durch die eigene Begeisterung mitzureißen. Das Förderprojekt wird vor allem hinsichtlich seines gesellschaftlichen Mehrwerts präsentiert und das benötigte Engagement konkret benannt. Wenngleich dieser Erstkontakt wichtig für die Sensibilisierung des Förderers und seine Projekteinstimmung ist, schließen sich in der Regel viele Folgegespräche an, bis ein Förderer seine Unterstützung zusagt. Ermöglicht die NPO dem potentiellen sozialen Investor in der Anbahnungsphase einen direkten und persönlichen Zugang zum Förderprojekt und den daran beteiligten – sowie geförderten – Personen, erhöht dies im wesentlichen Maße die Wahrscheinlichkeit, ihn emotional an das Projekt/die Vision zu binden und ihn zur aktiven Unterstützung zu motivieren.

Es empfiehlt sich, bereits vor dem ersten Herantreten an einen möglichen Förderer einen Plan zur Kontaktkultivierung auszuarbeiten. Alle Interaktionen mit dem potentiellen Investor werden dokumentiert und strategisch vor- und nachbereitet. Diese

Vorgehensweise ermöglicht der NPO im Rahmen der Gesprächsverhandlungen ihre Vorstellungen über die Förderpartnerschaft klar zu formulieren und fortlaufend zu aktualisieren. Gleichzeitig trägt auch der soziale Investor seine Anforderungen an die Organisation heran. Begegnen sich beide Parteien stets gut vorbereitet und führen einen offenen Dialog, erhöht dies die Chancen auf eine vertrauensvolle Partnerschaft. Immer wieder begehen insbesondere unerfahrene NPOs den Fehler, unvorbereitet – ohne eigene Strategie – in das Gespräch mit einem potentiellen Förderer zu gehen. Häufig spürt der Gesprächspartner die Orientierungslosigkeit und übernimmt ggf. – intuitiv und in guter Absicht – die Führung in den nachfolgenden Verhandlungen und in der Projektpartnerschaft. Gleichwohl besteht aber auch das Risiko, dass sich der offensichtliche Mangel an Vorbereitung als negativer Ersteindruck auf den potentiellen Förderer niederschlägt und eine weitere Zusammenarbeit erschwert oder gar verhindert.

Die gegenseitigen Erwartungen werden in einem Investitionsplan oder einer Zielvereinbarung schriftlich fixiert. Dabei sollte explizit auf folgende Aspekte eingegangen werden: Projektabläufe, -inhalte, -ziele, -beteiligte, Investitionszeitplan, Finanzierungskonzept, Zuständigkeiten, Mitarbeiter, Mitglieder des Lenkungskreises, Erfolgskennzahlen, Risiken, Gefahrenquellen, Krisenmanagement, Projektende, Rückzugsstrategie des Investors, Projektzukunft, Erwartungen zur Berichterstattung oder Würdigungsformen und PR- und Marketingmöglichkeiten. Dieser Prozess startet gleichzeitig den Ablauf eines klassischen Projektmanagements zur Steuerung, Kontrolle und Begleitung der Förderpartnerschaft. Die beiden Partner berufen jeweils Projektleiter, die in engem und regelmäßigem Austausch miteinander stehen.

Zum Auftakt einer Förderpartnerschaft empfiehlt sich, alle am Projekt beteiligten Akteure (operativ wie administrativ) aus beiden Parteien zusammenzubringen. Eine sogenannte „Kick-Off"-Veranstaltung verleiht dem Projektstart nicht nur die notwendige Bedeutung, sondern ermöglicht eine persönliche Vernetzung der Projektteilnehmer untereinander und schwört diese auf die bevorstehende Projektphase ein. Die NPO sollte darauf bedacht sein, dass sie dem Investor Möglichkeiten bietet, das Projektgeschehen vor Ort selbst zu erleben. Die unmittelbare Nähe zum Projektgeschehen und die persönlichen Gespräche mit Projektleitern an der „Front" erhöhen die persönliche Identifikation des Investors mit dem Vorhaben und verbessern sein Verständnis für fachkundige und kritische Projektdetails. In Projektkrisen wirkt sich dieser „Insider-Status" sehr positiv auf die Diskussionen und Investitionsanpassungen aus. Persönliche Erlebnisse tragen am effektivsten zur langfristigen Fördererbindung bei. Im Verlauf der Zusammenarbeit mit einem sozialen Investor ist ein regelmäßiger Austausch über den Projektverlauf, verbunden mit einer engen und offenen Berichterstattung, ausschlaggebend für eine erfolgreiche Partnerschaft.

Analog zum Kick-Off verdient auch ein Projektabschluss einen würdigen Rahmen, um den gemeinsam realisierten Projekterfolg zu feiern. Die Höhepunkte werden beleuchtet, die erreichten Ziele präsentiert. Die jeweiligen Schlüsselpersonen dürfen für reflektierende und vorausschauende Worte ebenfalls nicht fehlen. Ihnen gebührt auch der aufrichtige Dank für ihren Glauben an den Erfolg des Projekts und für ihr Engagement, welches das Unterfangen erst ermöglicht hat. Nicht selten entwickelt sich aus einer langen und erfolgreichen Förderpartnerschaft eine persönliche Freundschaft zwischen den jeweiligen Führungsspitzen.

Für die angemessene Würdigung eines signifikanten Förderengagements sollte die NPO individuelle Möglichkeiten entwickeln. Nicht immer zählen die großen Gesten – häufig sind sie sogar unerwünscht. Individuell ausgewählte und persönliche Aufmerksamkeiten finden beim Förderer oftmals größeren Anklang. So kann beispielsweise ein eigens zusammengestellter Bildband, welcher das Förderprojekt mit aussagekräftigen Impressionen dokumentiert, eine Form des sehr persönlichen Dankes darstellen. Als Zeichen des Vertrauens kann die NPO ihrem Investor eine Mitgliedschaft in einem Gremium anbieten. So bleibt sein Engagement der NPO weiterhin erhalten. Es zeigt sich in der Praxis, dass der soziale Investor zu Beginn einer Partnerschaft nicht umgehend in einem hochkarätigen ehrenamtlichen Gremium der NPO vertreten sein muss. Im Verlauf der Zusammenarbeit lernen sich beide Parteien erst kennen und schätzen.

Lässt sich eine offene und konstruktive Kommunikationsform zwischen dem Management der NPO und des Investors etablieren, sollte die NPO diesen starken, externen Fürsprecher als Motivator in ihr ehrenamtliches Gremium einbinden. Ein engagiertes Mitglied – ein Venture-Philanthrop – könnte in einem eher passiven Gremium eine Aufbruchstimmung generieren und andere zum Mitmachen anregen. Der Prozess der Involvierung von hochkarätigen Ehrenamtlichen muss dezent und feinfühlig verlaufen und erfordert eine individuelle, strategische Vorgehensweise.

Der Rückzug eines sozialen Investors aus einer langjährigen und verantwortungsvollen Förderpartnerschaft geht idealerweise sukzessive vonstatten. Auf finanzieller Ebene wird sie durch eine letzte terminierte Ratenzahlung beendet. Hat der Förderer darüber hinaus sein Know-how und/oder seine Pro-Bono Leistung in das Projekt einfließen lassen, so wird diese Form der Unterstützung, unabhängig vom finanziellen Teil der Förderung, zu Ende gebracht. Den direkten Kontakt zum sozialen Investor sollte die NPO unbedingt über das Projektende hinaus weiter pflegen. Eine Strategie über die Zukunft und Anschlussfinanzierung des Projektes muss Inhalt einer frühzeitig angestoßenen Diskussion sein, um spätere Finanzierungsengpässe oder -ausfälle zu vermeiden. Bei Fortführung des Projektes, bzw. seiner etwaigen Verlagerung oder Expansion, sollte ein vernetzter Philanthrop Wege zu neuen Förderkontakten oder geeigneten Projektpartnern ebnen. Das Fundraising-Team der NPO muss diesen Umstand ebenfalls in seiner Mittel- bis Langfriststrategie zur Sicherung von (Anschluss-) Fördermitteln berücksichtigen. Ein Venture-Philanthrop wird am Ende der Partnerschaft ausloten, inwiefern eine überschaubare Anschlussförderung im Sinne der Nachhaltigkeit angebracht wäre.

Venture Philanthropy - bedeutungsvolle Anstöße für den Nonprofit-Markt

Die Diskussionen um *Venture Philanthropy* motivieren einerseits den Gebermarkt aber vor allem erhöhen sie den Druck auf alle Nonprofit-Akteure, sich einen professionelleren Verwaltungsstil anzueignen. Zu vielen NPO-Führungspersonen fehlt es leider an Management-Fähigkeiten und an Mut und Fokus, Partner für eine Anschubfinanzierung zum operativen Auf- bzw. Ausbau zu generieren. Aufgrund mangelnder Erfahrung fällt es ihnen daher schwer, Budgets in ihrem Haushaltsplan für den Organisationsaufbau einzustellen und diese Investitionspriorität gegenüber den geförderten Zielgruppen, den Projektmitarbeitern, den Spendern und gegenüber ihren ehrenamtlichen Gremienmitgliedern überzeugend darzulegen.

Der Ansatz der *Venture Philanthropy* bestärkt und unterstützt aber auch Stiftungen und Mäzene in ihrem Wunsch, sich vermehrt strategisch für Vernetzungs- und Kooperationsmodelle zwischen gemeinnützigen Organisationen einzusetzen. Er fördert und fordert den Schulterschluss zwischen gleichgesinnten NPOs als Teil ihrer Investitionsstrategie. Besonders in Zeiten der wirtschaftlichen Krise sind innovative Formate für die Zielerreichung erforderlich.

Letztlich muss an dieser Stelle daran erinnert werden, dass sich ehrenamtliche Vorstands-, Verwaltungsrats- oder Stiftungsratsmitglieder verstärkt in den Prozess der individuellen Förderer- und Investorenansprache oder für den Aufbau professioneller Organisationsstrukturen einbringen müssen. Nur wenn sich die ehrenamtlichen Gremienmitglieder voll und ganz mit der Mission identifizieren, werden sie zu glaubwürdigen Botschaftern der NPO in ihrer Außendarstellung. Daher sind die NPOs angehalten, bei der Vergabe von Gremienposten von einem prestigebehafteten Namen oder der gesellschaftlichen Stellung der Personen abzusehen, wenn darüber hinaus kein weiteres Engagement zu erwarten ist. Diese Attribute können nicht als ausreichendes Fundament angesehen werden, um oben beschriebene Überzeugungsarbeit gewissenhaft zu erfüllen.

Damit die NPO durch ihre Projektarbeit einen hohen gesellschaftlichen Mehrwert generieren kann, bedarf es finanzstarker, leidenschaftsgetriebener und überzeugter Mitstreiter, wie beispielsweise eines Venture-Philanthropen.

Teil 4 – Ziele, Erfolgsbeurteilung, Wirkungsmessung

Renditestreben im Dritten Sektor

von Berit Sandberg

Inhalt

Renditeziele im Kontext von Venture Philanthropy

Die Grenzen zwischen erwerbswirtschaftlichen Unternehmen und Nonprofit-Organisationen (NPOs) werden immer durchlässiger (Rose-Ackerman 1996: 701). Wenn NPOs in einem Umfeld, das zunehmend von Wettbewerb geprägt ist, dem latenten Verdacht der Ressourcenverschwendung entgegentreten und ihre Legitimationsbasis erhalten wollen, müssen sie unternehmerisch handeln. Betriebswirtschaftliche Denkweisen und Instrumente aus der Erwerbswirtschaft mehr oder weniger modifiziert auf den Dritten Sektor zu übertragen, ist nicht neu. Der Transfer von Ansätzen der Wagniskapitalfinanzierung ist eine jüngere Entwicklung.

Venture Philanthropy ist u.a. durch ein längerfristiges intensives Engagement der Mittelgeber gekennzeichnet, das sich nicht auf den Einsatz finanzieller Mittel beschränkt, sondern auf den Aufbau von Leistungskapazitäten der Organisation und deren nachhaltige Professionalisierung gerichtet ist (John 2006: 9f.). Neben finanziellem Kapital (Spende, Darlehen, Eigenkapital), werden im Rahmen von *Venture Philanthropy* auch intellektuelles Kapital (Mentoring, Beratung) und soziales Kapital (Kontakte, Netzwerke) zur Verfügung gestellt (Davis/Etchart 2005: 6; John 2006: 11).

Neu ist der Gedanke, einen derartigen Einsatz von Ressourcen für gemeinwohlorientierte Zwecke als *Social Investment*, als soziale Investition zu betrachten (John 2006: 9). *Venture Philanthropy* markiert einen Paradigmenwechsel, denn mit einer Investition sind Renditeerwartungen verknüpft. Im Idealfall generiert eine soziale Investition eine Rendite,[1] einen *Return on Investment*. Das ist eine Haltung, die auf den

1 Die Kennzahl Rendite gibt den relativen Ertrag einer Investition bzw. des ursprünglichen Kapitaleinsatzes an, und zwar meistens in Prozent und auf ein Jahr bezogen. Dabei wird der Gewinn zu der zu verzinsenden Größe in Verhältnis gesetzt, z.B. zum Eigenkapital (Eigenkapitalrendite), zum Gesamtkapitaleinsatz (Gesamtkapitalrendite) oder zum Umsatz (Umsatzrendite). Die Kennzahl Rentabilität wird häufig mit Rendite gleichgesetzt, gibt jedoch das Verhältnis des Gewinns in einem bestimmten Zeitabschnitt zum durchschnittlich in der Investition gebundenen Kapital an Blohm/Lüder/Schaefer (2006: 144).

ersten Blick nicht zum Selbstverständnis von NPOs zu passen scheint. „Kritiker halten die engagierte Philanthropie manchmal für eine ‚Investmentstrategie', die von einer Hilfsorganisation eine Renditeorientierung verlangt, die deren Interessen, Werten und Kultur widerspricht." (Davis/Etchart 2005: 14)

Allerdings ist diese Rendite keine rein finanzielle. Über den *Financial Return on Investment* (FROI) hinaus sind mit *Social Investments* soziale Ziele verbunden, deren Erreichung mit dem *Social Return On Investment* (SROI) erfasst wird. Dabei werden die gesellschaftlich relevanten Erträge eines *Social Investments* (Nutzen) in Verhältnis zum Investitionsvolumen (Kosten) gesetzt (Emerson et al. 2000; Mildenberger/ Münscher 2009).

Investoren können unterschiedliche Strategien verfolgen. Das Kontinuum der Handlungsoptionen beginnt mit der Maximierung der sozialen Rendite bei Erwirtschaftung einer finanziellen Mindestrendite, die z.B. den Kapitalerhalt sichert. Der Gegenpol ist die Maximierung des FROI in Verbindung mit der Erfüllung eines Minimums an sozialen Kriterien.

Unabhängig von der gewählten Investitionsstrategie geht *Venture Philanthropy* mit einer ergebnisorientierten Mittelvergabe einher. Das macht Performancemessung zu einem zentralen Element (John 2006: 10). Das *Social Investment* wird ex ante geprüft – und während seiner gesamten Laufzeit müssen messbare Ergebnisse vorgelegt werden, um die Zielerreichung zu überwachen (Alberg-Seberich 2009: 4). Daher haben Kapitalgeber eine „Präferenz für die Finanzierung von Organisationen mit messbarem und skalierbarem Output" (Stahl o.J.: 7). Abgesehen davon, dass *Venture Philanthropy* eine Rationalität propagiert, die dem Dritten Sektor z.T. fremd zu sein scheint, stellt das Konzept die Akteure demnach vor Herausforderungen, was die Operationalisierung von Zielen und die Erfolgsmessung angeht.

Vor diesem Hintergrund geht der Beitrag den folgenden Fragen nach: Ist Renditestreben wirklich ein neuer Leitgedanke, der NPOs bisher fremd ist? Welche Rolle spielt Renditeerzielung für NPOs? Existieren „Renditeerwartungen" bei Stakeholdern, die NPOs Ressourcen zur Verfügung stellen, ohne dass dies als *Social Investment* einzuordnen ist? Welche typischen Besonderheiten weist das Zielsystem einer NPO auf? Welches Gewicht haben finanzielle Ziele? Welche Rolle spielt die Erfolgsmessung für das Handeln von NPOs und welche Instrumente setzen NPOs zu diesem Zweck ein? Und schließlich: Wie ist vor diesem Hintergrund das Potenzial von *Venture Philanthropy* einzuschätzen?

Die Relevanz von Renditezielen für NPOs

Einkommensstreben als Existenzgrundlage von NPOs

Ausgehend von einem institutionalen Unternehmensverständnis kann eine Unternehmung als Koalition begriffen werden, die der Verwirklichung von Interessen ihrer Mitglieder dient (March/Simon 1958: 84-90; Cyert/March 1995: 29f.). Die Koalitionsteilnehmer instrumentalisieren die Unternehmung, um ihre Ziele zu realisieren. Für ihre Eigentümer ist die Unternehmung eine Einkommensquelle. Der Unternehmensgegenstand ist nur Mittel zum Zweck, denn die Unternehmung dient in erster Linie dem privaten Einkommenserwerb der beteiligten Personen und damit der Befriedigung der Konsumbedürfnisse der Eigentümer (Hirshleifer 1958; Kruschwitz 2009: 12).

Das macht die Unternehmung aus der Perspektive ihrer Eigentümer bzw. Anteilseigner zu einem Investitionsobjekt. Die Anteilswerte zu optimieren bzw. die Nettoausschüttungen zu maximieren, ist letztlich ein Investitionsproblem (Sandberg 2001: 127). Dabei ist das Streben nach Rendite keine eigenständige Zielgröße, weil das eingesetzte Kapital, das beim Vergleich von Investitionsalternativen als Maßstab herangezogen wird, letztlich konstant ist. Im Grunde geht es um Vermögens- oder Einkommensmaximierung (Kruschwitz 2009: 15). In der finanzwirtschaftlichen Zielgröße Rentabilität steckt also das Ziel Gewinnmaximierung.

Auch NPOs sind Koalitionen, die allerdings nicht der privaten Einkommenserzielung dienen. Ein konstituierendes Merkmal von NPOs ist die Nichtausschüttungsbedingung (nondistribution constraint): „A nonprofit organization is, in essence, an organization that is barred from distributing its net earnings, in any, to individuals who exercise control over it, such as members, officers, directors, or trustees." (Hansmann 1980: 838; Anheier/Salamon 1992)

Das Gewinnausschüttungsverbot findet sich im Übrigen auch im Gemeinnützigkeitsrecht. Der Status der steuerlichen Gemeinnützigkeit einer Körperschaft setzt u.a. Selbstlosigkeit bei der Mittelverwendung voraus. Gemäß § 55 Abs. 1 AO erfolgt „eine Förderung oder Unterstützung ... selbstlos, wenn dadurch nicht in erster Linie eigenwirtschaftliche Zwecke ... verfolgt werden. ... Die Mitglieder oder Gesellschafter ... dürfen keine Gewinnanteile ... aus Mitteln der Körperschaft erhalten. ... Die Mitglieder dürfen bei ihrem Ausscheiden oder bei Auflösung oder Aufhebung der Körperschaft nicht mehr als ihre eingezahlten Kapitalanteile und den gemeinen Wert ihrer geleisteten Sacheinlagen zurückerhalten."

Aus der Nichtausschüttungsbedingung wird mitunter abgeleitet, dass Rentabilitätsziele für NPOs keine Bedeutung hätten. „Wenn die [Investitionen] von NPOs keine ausschüttbaren Netto-Rückflüsse erwirtschaften, kann dem ursprünglichen Rentabilitätsziel keine oder nur sehr eingeschränkte Bedeutung zukommen. Solange die Erlöse bzw. Spenden Verwendung finden, um die gemeinnützigen Vorhaben zu finanzieren, kann kein finanzieller Überschuss und somit auch keine Rentabilität ausgewiesen werden.“ (Littich 2002: 364) Daher wird vorgeschlagen, das Rentabilitätsziel durch das Wirtschaftlichkeitsziel zu ersetzen (Vilain 2006: 108; Littich 2007: 325). Diese Sichtweise basiert allerdings auf einem sehr engen Verständnis des Begriffes Gewinn als demjenigen Betrag, der an die Eigentümer ausgeschüttet werden kann.

Losgelöst vom Zielsystem der betrachteten Institution ist der Gewinnbegriff neutral. Gewinn beschreibt nicht mehr und nicht weniger als eine Maßgröße für den finanziellen Erfolg, für die Erzielung von Einkommen. Er ist gleichbedeutend mit dem Betrag, der in einer Periode maximal entnommen bzw. konsumiert werden kann, und zwar unabhängig davon, ob das Residualeinkommen des Unternehmers gemeint ist, für den Unternehmenstätigkeit Mittel zum Zweck der Gewinnerzielung ist, oder das Einkommen einer NPO, bei der der Akzent auf der Gewinnverwendung, also auf dem Konsum liegt (Sandberg 2001: 125).

„Nonprofit“ bezeichnet nicht das Fehlen von Einkommensstreben, sondern die Tatsache, dass NPOs Einkommensüberschüsse bzw. Gewinne für die Realisierung ihres Organisationszwecks verwenden, anstatt sie an ihre Mitglieder auszuschütten. Gewinne können und sollen erwirtschaftet, aber vollständig in die Organisation reinvestiert werden. „Nonprofit“ impliziert also nicht, dass keine Überschüsse erwirtschaftet werden dürfen (no profit). Entscheidend ist die gemeinwohlorientierte Gewinnverwendung (not for profit). Überschüsse stellen Einkommen dar, das für den Satzungszweck konsumiert werden kann. Die Überschusse sind insofern zweckgebunden und haben damit eine andere Bedeutung als die Größe, die den Eigentümern einer Unternehmung den Betrag anzeigt, den sie der Unternehmung als Residualeinkommen entziehen können. Das Einkommensstreben einer NPO ist nicht auf die Entnahme von Überschüssen durch Shareholder gerichtet, sondern auf den Konsum der Überschüsse im Sinne des Satzungszwecks. Einkommenserzielung bei NPOs ist gleichbedeutend mit fremdnütziger Verwendung des Einkommens, entweder operativ oder durch die Ausschüttung von Geldern z.B. an die *Destinatäre* einer Stiftung (Sandberg 2001: 127f.).

Einkommen ist bei NPOs nicht Ergebnis, sondern Voraussetzung für die Erstellung und den Absatz von Sachgütern, nominalen Gütern oder Dienstleistungen. Letzteres geschieht nicht um der Gewinnerzielung willen, sondern dient bedarfswirtschaftlichen Zielen. Das Einkommen determiniert den Umfang der Leistungserstellung, nicht umgekehrt (Sandberg 2001: 128).

Das Problem des „richtigen“ Verhältnisses von Ausschüttung und Innenfinanzierung entspricht bei Unternehmen wie bei NPOs dem Problem der Erhaltung eines Investitionsobjektes, das eine Quelle für zukünftiges Einkommen darstellt und mit dem ein geplantes Konsumniveau realisiert werden kann (Sandberg 2001: 128). Besonders deutlich wird dies bei Stiftungen, deren Stiftungskapital die Haupteinkommensquelle bildet.

Das Fundamentalziel jeder unternehmerischen Aktivität ist die Sicherung der Überlebensfähigkeit des Unternehmens und damit die Sicherung der Einkommensquelle.

Der Erhalt eines Unternehmens hängt von dessen Fähigkeit ab, rentabel zu sein. Das gilt letztlich auch für NPOs. Eine NPO überlebt nur, wenn sie Ressourcen und Klienten akquiriert.

Nach der Ressourcenabhängigkeitstheorie ist der Fortbestand einer Organisation gesichert, wenn der Zufluss von finanziellen, physischen und immateriellen Ressourcen garantiert ist. Stakeholder, die die Organisation mit Ressourcen versorgen, fordern dafür Gegenleistungen. Sinkt ihr diesbezüglicher Erwartungsnutzen, ziehen sie sich aus der Koalition zurück. Für das Überleben der Organisation ist also entscheidend, ob sie in der Lage ist, den Ansprüchen dieser Stakeholder an Gegenleistungen gerecht zu werden (Pfeffer/Salancik 1978).

Erwartungen von Zuwendungsgebern an NPOs

Welche Art von Gegenleistungen erwarten Stakeholder von einer NPO, wenn sie ihr Ressourcen zur Verfügung stellen? Das Verhalten dieser Akteure ist nicht durch Erwartungen an eine finanzielle Rendite aus der Ressourcenüberlassung motiviert, sondern durch Nutzenerwartungen.

Menschen streben danach, Gratifikationen zu realisieren. Individuelles Verhalten wird von der Intention bestimmt, Belohnung zu erreichen und Bestrafung zu vermeiden (Gratifikationsprinzip) (Schanz 1977: 99). Die erwartete oder vorab gewährte Gratifikation lässt sich als Nutzen aus einer Austauschbeziehung interpretieren, als Anreiz, dem der Beitrag zum Zustandekommen der Transaktion gegenübersteht. Ziel der Akteure ist es, die Differenz aus dem mit der Transaktion verbundenen Nutzen, der Belohnung, und den Kosten zu maximieren. Austauschprozesse zwischen Marktteilnehmern finden demnach statt, wenn sie für beide Seiten vorteilhaft sind.

Diese Überlegungen gelten gleichermaßen für philanthropisches Verhalten. Im Hinblick auf die finanzielle Dimension von *Venture Philanthropy* werden im Folgenden exemplarisch die Spender betrachtet. Für Fördermitglieder oder Stifter kann analog argumentiert werden. Ausgehend vom Gratifikationsprinzip lässt sich eine Spendenentscheidung als Kosten-Nutzen-Modell darstellen. Ein Spender wägt Kosten und Nutzen ab und wird diejenige Option wählen, die seinen Nettonutzen maximiert.

Auch bei Spendenmotiven, die auf den ersten Blick altruistisch sind, spielen egoistische Nutzenkomponenten eine entscheidende Rolle (Schneider 1996: 406). Oberflächlich betrachtet steht einer Spende keine Gegenleistung des Empfängers gegenüber, da sie eine freiwillige und unentgeltliche Geld- oder Sachzuwendung ist. Der Spender verzichtet zwar auf eine (marktadäquate) materielle Gegenleistung für die Bereitstellung von Ressourcen, aber nicht auf Gegenleistungen immaterieller oder ideeller Art: Sachgüter, monetäre Vorteile z.B. durch Minderung des zu versteuernden Gewinns oder Einkommens, Information, Anerkennung, Selbstachtung, Abbau von Schuldgefühlen, Steigerung des Selbstwertgefühls, soziales Prestige etc. Entscheidend für das

Spendenverhalten sind die damit verbundenen Gratifikationserwartungen (Becker 1993: 306–309; Schneider 1996: 396f.).

Dem persönlichen Nutzen stehen die individuellen Kosten des Spendens gegenüber. Sie umfassen nicht nur die unmittelbaren monetären Kosten bzw. den monetären Gegenwert einer Sachspende, sondern auch Transaktionskosten (Schneider 1996: 398f.). Der Spender wird versuchen, den materiellen und/oder immateriellen Nutzen, den er aus dem Vorgang des Spendens zieht, zu maximieren und dabei zugleich das mit der Mittelhingabe verbundene Risiko der Zweckentfremdung und Veruntreuung zu minimieren (Notheis 1995: 23).

Der potenzielle Spender unterscheidet sich vom Anleger oder Kreditgeber dadurch, dass er nicht die sicherste bzw. rentierlichste Anlageform auszuwählen hat, sondern diejenige Alternative des Spendenmitteleinsatzes, die den nach seiner subjektiven Beurteilung größtmöglichen Nutzen stiftet. Da sich der potenzielle Spender seiner Mittel im Gegensatz zum Eigen- oder Fremdkapitalgeber endgültig entäußert, ist sein Interesse an der Wahl der nach qualitativen Kriterien optimalen Verwendungsalternative nicht geringer als das Streben nach der Anlage mit der höchstmöglichen Rendite, auch wenn er keine finanzielle Rendite zu erwarten hat (Sandberg 2001: 116).

Letztlich benutzen Spender, Fördermitglieder und Stifter die NPO dazu, ihre individuellen Ziele zu realisieren. Gleiches gilt für andere Stakeholder, die an der NPO „teilnehmen“. Diese individuellen Ziele schlagen sich im Zielsystem der NPO nieder, denn Organisationen haben selbst keine originären Ziele (Cyert/March 1963: 26-32).

Besonderheiten des Zielsystems von NPOs

Im Zielsystem jedes erwerbswirtschaftlichen Unternehmens steckt zwar ein Zielbündel, doch Maßstab für den Unternehmenserfolg ist letztlich der Gewinn im Sinne einer zu maximierenden finanzwirtschaftlichen Größe, der Differenz aus Erlösen und Kosten. Während erwerbswirtschaftliche Unternehmen darauf ausgerichtet sind, das Einkommen ihrer Eigenkapitalgeber zu erhöhen, sind NPOs als bedarfswirtschaftliche Betriebe einzuordnen, deren Zweck darin besteht, gemeinwohlorientierte, öffentliche Aufgaben zu erfüllen. In NPOs wird Erfolg nicht anhand der Realisierung eines Gewinnziels, sondern am Grad der Erfüllung des gemeinwohlorientierten Satzungszweckes beurteilt.

Theorieansätze zur Erklärung des Verhaltens von NPOs stellen auf die Maximierung der Quantität bzw. der Qualität der produzierten Leistungen ab oder sehen NPOs als Budgetmaximierer (Rose-Ackerman 1996: 723f.). Es geht nicht um Gewinnmaximierung, sondern um Leistungsmaximierung bei Kostendeckung, wobei es sinnvoll sein kann, in einzelnen Perioden Überschüsse zu erwirtschaften, um zukünftige Investitionen zu finanzieren.

Das Zielsystem einer NPO ist mehrdimensional. Die Zielprioritäten sind jedoch andere als in einem Unternehmen. Im privatwirtschaftlichen Bereich dominiert das auf die verschiedenen Ausprägungen von Wirtschaftlichkeit bezogene Formalziel in Gestalt der Gewinnmaximierung das Sachziel, das sich auf die im Markt abzusetzenden Produkte bezieht. Bei NPOs ist es umgekehrt. Ihrer Gemeinwohlorientierung entsprechend arbeiten NPOs bedarfswirtschaftlich, d. h., ihr Angebotsverhalten ist nicht oder nicht primär auf Gewinnerzielung ausgerichtet, sondern auf die Deckung vorhandenen Fremdbedarfs. Die Deckung von Fremdbedarf ist nicht Mittel zum Zweck der Gewinnerzielung, sondern vorrangige Aufgabe. Der entscheidende Unterschied zu erwerbswirtschaftlichen Unternehmen liegt also darin, dass leistungsbezogene Ziele Vorrang und Finanzziele den Charakter von Nebenbedingungen haben (Kosiol 1968: 59, 261f.).

Für Stiftungen wurde diese Sachzieldominanz empirisch nachgewiesen (Sandberg 2007: 46-56). Ziele, die sich auf die Erfüllung des Stiftungszwecks beziehen, haben für die meisten Stiftungen klar Priorität. Aus der Beurteilung der Bedeutung der abgefragten Stiftungsziele ergibt sich folgende Rangfolge:

1. Inanspruchnahme von Stiftungsleistungen
2. Zufriedenheit der Leistungsempfänger
3. Steigerung der Kapitalrentabilität
4. Verbesserung des Bekanntheitsgrades
5. Imagepflege
6. Einnahmeerzielung
7. Transparenz der Arbeit gegenüber Dritten
8. Wirtschaftlichkeit
9. Professionalisierung der Stiftungsarbeit
10. Kostendeckung
11. Innovationsfähigkeit
12. Verbesserung der Dienstleistungsqualität
13. Förderung des Stiftungswesens
14. Profilierung im Wettbewerb
15. Senkung der Verwaltungskosten

Ziele, die im Zusammenhang mit der Erfüllung des Stiftungszwecks stehen, haben eine größere Bedeutung als rein ökonomische, finanzorientierte Ziele (Zielgrößen Einnahmen, Kosten, Effizienz, Kapitalrentabilität). In Bezug auf die Bedeutung von leistungsbezogenen Zielen und das Erreichen der Zielgruppen wurden diese Ergebnisse durch eine Studie zur Erfolgsfaktoren des Stiftungsmanagements bestätigt (Fritsch 2007: 132f.).

Für Verbände liegen keine aktuellen empirischen Ergebnisse vor. Folgende Ziele dürften jedoch nach wie vor eine große Rolle spielen: Mitglieder- bzw. Klientenzufriedenheit und Leistungsqualität sowie Bekanntheit und Image. Diese Ziele rangieren im Durchschnitt vor Wirtschaftlichkeit, Liquidität und Einnahmeerzielung (Witt et al. 1998: 115).

Rückschlüsse auf Zielprioritäten bei Verbänden lassen sich aus Indikatoren für die Erfolgsbeurteilung ziehen. Die zehn wichtigsten Indikatoren spiegeln die Sachzieldominanz. In der Reihenfolge ihrer Bedeutung sind dies (Witt et al. 2006: 60):

1. Mitgliederzahl
2. Image des Verbandes in der Öffentlichkeit
3. Zielerreichung
4. Lobbyerfolge
5. Inanspruchnahme von Dienstleistungen
6. Dienstleistungsqualität
7. Anzahl realisierter Projekte
8. Kostendeckung
9. Effizienz
10. Anzahl der Anfragen

Als wesentliche Ziele des Finanzmanagements von NPOs gelten (Vilain 2006):

- Sicherung der Liquidität
- Rentabilität
- Wirtschaftlichkeit
- Minimierung des Verlustrisikos
- Sicherung der Dispositionsfreiheit des Managements
- Übereinstimmung des Finanzgebarens mit Mission und Leitbild.

Empirische Befunde liefern ein etwas differenzierteres Bild. Nicht einmal von jedem zehnten Verband werden das Einkommen der Mitglieder und der Kapitalzufluss als Erfolgsmaßstab herangezogen (Witt et al. 2006: 60). Bei Stiftungen genießt die Einnahmeseite angesichts der Finanzierung aus Erträgen des Stiftungskapitals wenig Aufmerksamkeit. Zwei Drittel der befragten Stiftungen halten Einnahmeziele für sehr wichtig. Wirtschaftliches Denken ist nicht in allen Stiftungen verbreitet. Jede fünfte befragte Stiftung hält Effizienz für unwichtig. Fast drei Viertel der Befragten ordnen Kostendeckung als unwichtiges Ziel ein; nicht einmal jede zweite Stiftung strebt eine Senkung der Verwaltungskosten an (Sandberg 2007: 46–56). Andere Studien kommen in diesem Punkt zu abweichenden Ergebnissen. Kosteneffizienz hat demnach einen höheren Stellenwert als die Beschaffung finanzieller Mittel (Fritsch 2007: 132f.). In Bezug auf Einnahme- und Kostenziele ergibt sich somit eine widersprüchliche Datenlage.

Eine Steuerung von NPOs über Rentabilitätskennzahlen gilt aufgrund der fehlenden Gewinnerzielungsabsicht gemeinhin als problematisch (Vilain 2006: 153). Die Praxis zeigt jedoch, dass Kapitalrentabilität zumindest bei Stiftungen eine hohe Bedeutung hat. Drei Viertel der Stiftungen halten sie für eine sehr wichtige Zielgröße. Bei Stiftungen führt das finanzwirtschaftliche Zielbündel allerdings tendenziell zu einer konservativen Anlagepolitik, bei der das Kapitalvermögen eher in festverzinslichen

Werten als in Aktien angelegt wird und die durchschnittlichen Renditen vergleichsweise gering sind.[2]

Die vergleichsweise hohe Bedeutung vermögensbezogener Ziele ist darauf zurückzuführen, dass das Stiftungskapital als Mittel zur Zweckerfüllung fungiert. Der Werterhalt des Stiftungsvermögens ist ein zentrales, stiftungsrechtlich verankertes Ziel. Im Zielsystem der Stiftung entspricht der finanzwirtschaftliche Erfolg der Erfüllung der Optimalbedingung für die Vermögensverwaltung: Maximierung des unmittelbar für den Stiftungszweck verwendbaren Einkommens aus Stiftungsvermögen (Einkommensziel) unter der Nebenbedingung Erhaltung der Einkommensquelle (Sicherungsziel). Hinter dem finanziellen Erfolg der Stiftung bzw. ihren finanziellen Zielen steckt ein Zuwachs an Ausschüttungspotential oder an Verwendungsmöglichkeiten von Mitteln für den Stiftungszweck. Letztlich bedeutet Erfolg, dass die Vermögensverwaltung zu einer Erhöhung des Nutzens bzw. zu einer Zunahme von Nutzenpotentialen für die *Destinatäre* geführt hat (Sandberg 2001: 125).

Obwohl Renditeziele durchaus relevant sind, ist der bedeutsamste Leitgedanke für die Stiftungsarbeit die Klientenorientierung. Nicht einmal jede Zweite der befragten Stiftungen bezeichnet eine unternehmerische Orientierung der Stiftungsarbeit als einen sehr wichtigen oder wichtigen Leitgedanken. Die Orientierung am Stiftungszweck dominiert (Sandberg 2007: 44f.).

Erfolgsbeurteilung in NPOs

Problematik

Da *Venture Philanthropy* eine kontinuierliche Kontrolle der Zielerreichung fordert, ist zu fragen, inwieweit eine derartige Erfolgsmessung bei NPOs möglich ist.

Die Komplexität der Steuerungsaufgaben wird in Unternehmen u.a. dadurch reduziert, dass die Eigentümerinteressen Priorität haben und ein klarer, konsensualer Erfolgsmaßstab existiert, der auf monetären Größen basiert (Speckbacher 2007: 582). Für NPOs sind dagegen multiple Stakeholder mit divergierenden Interessen charakteristisch. Als wertebasierte Organisationen müssen NPOs häufig unterschiedliche Normensysteme und Rationalitäten integrieren. Weder die eingesetzten Ressourcen (z.B. Geld- und Zeitspenden) noch die erstellten Leistungen werden vollständig anhand von Marktpreisen bewertet. Erfolg ist daher schwer zu operationalisieren. Das führt dazu, „dass ein ... die gesamte Organisation umfassender Erfolgsindikator für NPOs grundsätzlich nicht besteht" (Schwarz 2003: 644). Es existiert kein einfacher und universell anwendbarer Erfolgsmaßstab.

Die Zielvielfalt und Zielkomplexität in NPOs im Rahmen der Erfolgsmessung abzubilden, ist Aufgabe von *Performance Measurement* und Evaluation. Beide Begriffe

2 Zur Asset Allocation s. Sandberg (2007: 83–85).

stehen für verschiedene Verfahren der Erfolgsmessung, die für *Venture Philanthropy* relevant sind.

Performance Measurement

Performance Measurement (Leistungsmessung) beinhaltet die regelmäßige Messung von Kennzahlen bzw. Indikatoren, mit denen die Leistungsfähigkeit der Organisation abgebildet wird. *Performance Measurement* geht mit Performance Management einher, was auf eine erfolgsorientierte Steuerung des Verhaltens der Organisationsteilnehmer auf der Basis von Kennzahlen hinausläuft, indem diese z. B. verwendet werden, um Ziele zu vereinbaren und die Erreichung der Leistungsziele zu kontrollieren.

Die verschiedenen Ansätze des *Performance Measurements* zeichnen sich durch eine Verknüpfung von monetären und nicht-monetären Kennzahlen aus und berücksichtigen nicht nur die Interessen der Eigentümer bzw. Kapitalgeber, sondern u. a. auch die der Leistungsabnehmer und Mitarbeiter. Ein weiterer Unterschied zu traditionellen Kennzahlensystemen ist die explizite Steuerungsorientierung (Greiling 2009: 101 f.). Wichtige Ansätze zum *Performance Measurement* sind die *Balanced Scorecard*, das EFQM-Modell, das Tableau de Bord und die Performance Pyramide.

Performance Measurement-Verfahren sind nicht darauf ausgelegt, die gesellschaftlichen Wirkungen von Aktivitäten zu erfassen. Eine Ausnahme stellt die *Balanced Scorecard* dar, die sich aber bei NPOs bislang nicht durchgesetzt hat. Der Nutzungsgrad liegt ungefähr bei 2% (Sandberg 2007: 57; Greiling 2009: 288-211).

Die geringe Akzeptanz ist darauf zurückzuführen, dass selbst traditionelle Kennzahlensysteme in NPOs eine geringe Bedeutung haben. Stiftungen befinden sich nicht einmal in einer Vorstufe zum Performance Management, denn über 80% arbeiten überhaupt nicht mit Kennzahlen. Den Stiftungen, die einzelne Kennzahlen oder ganze Kennzahlensysteme nutzen – das sind vor allem operative Stiftungen –, dienen sie in erster Linie zur Kontrolle und Information. Controlling-Instrumente, wie die Kostenrechnung, die entsprechende Kennzahlen liefern, werden erst ansatzweise genutzt (Sandberg 2007: 96-100).

Mehr als 80% der Verbände ergreifen regelmäßig Maßnahmen zur Erfolgsbeurteilung (Witt et al. 2006: 59) und stützen sich dabei auch auf Controlling-Instrumente wie die Kosten- und Erlösrechnung. Inwieweit heute auf Kennzahlen zurückgegriffen wird, ist nicht bekannt. Ältere Studien geben einen Wert von 25% an (Witt et al. 1998: 72-85). Insgesamt arbeitet also schätzungsweise nur jede fünfte NPO überhaupt mit Kennzahlen.

Evaluation

Anders als *Performance Measurement* erfasst Evaluation[3] in der Regel Informationen, die über reine Leistungskennzahlen hinausgehen und die sich daher einer kontinuierlichen Erfassung entziehen. Die Kernaufgabe von Evaluation besteht darin, die Programme und Maßnahmen einer NPO daraufhin zu beurteilen, ob sie dem gemeinwohlorientierten Satzungszweck dienen. Dabei ist ein Beurteilungsmaßstab Effizienz, d.h. die Relation zwischen eingesetzten finanziellen und personellen Ressourcen (Input) und Ergebnissen bzw. Leistungen (Output). Der andere Maßstab ist Effektivität. Dabei geht es um den Zielerreichungsgrad, also um die Frage, ob die Aktivitäten (Programme) über die damit erzielten Ergebnisse (Output) die angestrebten Wirkungen entfalten. Ziel einer solchen Wirkungsevaluation ist die Bestimmung der Netto-Wirkungen einer Intervention, d.h. der Effekte, die allein auf die Aktivitäten im Rahmen eines Programms oder Projekts und nicht auf andere Einflussfaktoren zurückzuführen sind. Effekte entstehen auf zwei Ebenen: in Bezug auf die Adressaten der Aktivitäten (Impact) sowie auf die Gesellschaft (Outcome). Der Impact umfasst die Wirkungen, die ein Programm in Bezug auf seine Zielgruppe entfaltet. Der Begriff Outcome steht für die Wirkungen im Umfeld, und zwar sowohl für kurzfristige Wirkungen als auch für gesellschaftliche Veränderungen im betreffenden Aufgabenfeld.

Wirkungsevaluation ist aufgrund der Schwierigkeiten, die mit der Operationalisierung geeigneter Indikatoren verbunden sind, im Dritten Sektor kaum verbreitet. Die meisten Stiftungen evaluieren Förderprojekte, und zwar vor allem begleitend zu deren Umsetzung und nach deren Abschluss. Jede zweite Stiftung evaluiert ihr Arbeitsprogramm (Sandberg 2007: 60f.). Für Verbände liegen keine vergleichbaren Studien vor.

Auf der Wirkungsebene lässt sich auch die Wirtschaftlichkeit von Programmen oder Projekten abbilden, etwa durch die Gegenüberstellung von Input und Outcome im Rahmen einer Kosten-Nutzen-Analyse (Cost-Benefit Analysis). Bei *Social Investments* kommt es vor allem auf die Quantifizierung des Kapitalrückflusses an, der mit den gesellschaftlichen Wirkungen der Maßnahme einhergeht. Herkömmliche Verfahren der Wirkungsevaluation sind aber nicht auf die Entscheidungsfindung von Investoren ausgerichtet.

Soziale Investitionsrechnung

Unter den verschiedenen Ansätzen zur Bewertung der sozialen Wertschöpfung[4] hat die Soziale Investitionsrechnung für *Venture Philanthropy* eine besondere Bedeutung. Die Soziale Investitionsrechnung wurde Ende der 1990er Jahre in den USA vom Roberts Enterprise Development Fund (REDF) entwickelt, und zwar in erster Linie als

3 Zu den verschiedenen Formen von Evaluation s. Sandberg (2005).
4 Für eine Übersicht über die Methoden s. Clark et al. (2004) und Maas (o.J).

ein Analyseinstrument für Investments mit Bezug auf marktorientierte Sozialunternehmen, die sich über Leistungsentgelte finanzieren.[5]

Die Soziale Investitionsrechnung ist ein Ansatz zur Bewertung und Messung des finanziellen und sozialen Mehrwertes, der mit einem *Social Investment* in Form einer Zuwendung eines öffentlichen oder privaten Mittegebers verknüpft ist. Ihr Ziel ist es, die Wertschöpfung für die Gesellschaft monetär zu quantifizieren. Das Verfahren basiert zum einen auf der Wirkungsevaluation und zum anderen auf Methoden der Unternehmensbewertung.

Die zentrale Kennzahl der Sozialen Investitionsrechnung ist der *Social Return on Investment* (SROI), der die gesellschaftlich relevanten Erträge eines *Social Investments* (Nutzen) in Verhältnis zum Investitionsvolumen (Kosten) setzt. Analog zur Bestimmung des *Return on Investments* (ROI) wird das „Verhältnis von monetären Inputs zu geldwerten Social Outcomes" berechnet (Mildenberger/Münscher 2009: 2), wobei auch Kosteneinsparungen und verwandte Vorteile berücksichtigt werden. Der SROI, der idealerweise einen Wert größer als 1 annimmt, gibt „die soziale Wertschöpfung (in Geldeinheiten) für jede eingesetzte Geldeinheit" an (Kehl/Then 2009: 4).

Die wirtschaftliche Wertschöpfung einer Organisation wird mit den gesellschaftlichen Wirkungen des Investments verknüpft, indem das Konzept des ROI um eine sozioökonomische und eine soziale Dimension erweitert wird. Der SROI besteht aus drei Komponenten, wobei die Differenz aus Nutzenwerten und investiertem Kapital (Kosten) die Wertschöpfung, den Mehrwert ergeben (Emerson et al. 2000):

- wirtschaftliche Wertschöpfung (economic value) Betriebsergebnis
- sozioökonomische Wertschöpfung (socio-economic value)
  monetär quantifizierbare Zusatzkosten und -erträge (z. B. Einsparpotenzial der öffentlichen Hand aufgrund geringeren Bedarfs, zusätzliche Steuereinnahmen, Einkommensveränderung bei der Zielgruppe)
- soziale Wertschöpfung (social value)
  nicht monetär quantifizierbare Zusatzerträge (z. B. Verbesserung der individuellen Lebensqualität).

Hinter dem SROI steht ein Set von Kennzahlen, die sowohl wirtschaftliche als auch sozioökonomische Wertsteigerungen erfassen und monetär bewerten. Es handelt sich um Standard-Kennzahlen, die an die Messung sozioökonomischer Wertschöpfung angepasst wurden. Die Berechnung des SROI, der den Netto-Barwert des *Social Investments* abbildet, sowie die flankierenden Analysen beruhen auf gängigen Methoden der Investitionsrechnung (Kapitalkostenrechnung, Diskontierung des Cash Flow, Kapitalwertmethode).

Der SROI wird berechnet, indem die ökonomische, sozioökonomische und soziale Wertschöpfung berechnet, monetarisiert und über die betrachtete Periode prognostiziert wird. Durch Diskontierung der Mehrwerte über die Nutzenperiode werden die

5 Für eine Übersicht über das Konzept des REDF und weitere Ansätze s. Reichelt (2009: 10–29).

Nutzenwerte der Investition in der Gegenwart (Netto-Barwert) bestimmt. Der Quotient aus dem Netto-Investitionswert und den gesamten diskontierten Nutzenwerten ist der SROI (Mildenberger/Münscher 2009: 4).[6]

Die Soziale Investitionsrechnung ist nicht unproblematisch. Eine Schwierigkeit besteht darin, Ursache-Wirkungs-Zusammenhänge zu identifizieren und diejenigen Effekte zu isolieren, die ausschließlich dem *Social Investment* zuzurechnen sind. Die Grenzen des Konzeptes liegen in der Konzentration auf den Outcome und der Vernachlässigung des Impacts sowie in der Beschränkung auf monetarisierbare Größen (Kehl/Then 2009: 4f.; Mildenberger/Münscher 2009: 5).

Die soziale Investitionsrechnung ist ein aufwändiges Verfahren, das sich in Bezug auf die Erweiterung des Anwendungsfeldes über den Ansatz des REDF hinaus immer noch im Entwicklungsstadium befindet (Reichelt 2009: 4). Anders als in Großbritannien, ist sie in Deutschland über einzelne Fallstudien hinaus noch nicht umgesetzt worden (Mildenberger/Münscher 2009: 6).[7]

Fazit

Rendite ist für die meisten NPOs auf den ersten Blick eine nachrangige Zielgröße, da dieser Begriff gemeinhin mit einem Gewinnverständnis verknüpft wird, das sich auf monetär bezifferbare Ausschüttungen an Eigentümer bzw. Investoren bezieht. Das Konzept des ausschüttbaren Gewinns ist unvereinbar mit einem der konstituierenden Merkmale von NPOs: der Nichtausschüttungsbedingung.

Doch auch NPOs müssen mit den Ressourcen, die sie einsetzen, Erträge erwirtschaften. Wie erwerbswirtschaftliche Unternehmen betreiben sie insofern Einkommens- bzw. Vermögensmaximierung. Der Unterschied zu Unternehmen besteht darin, dass dieses Einkommen nicht von den Eigentümern konsumiert wird, sondern durch den Satzungszweck. Insofern ist Rendite auch bei NPOs Voraussetzung für den Fortbestand der Organisation und das Erreichen von Leistungszielen. Die Erfüllung des Satzungszwecks ist für Zuwendungsgeber eine wichtige Größe in ihrem Entscheidungskalkül, das zwar nicht auf eine finanzielle Rendite, aber auf Nutzenmaximierung gerichtet ist.

Venture Philanthropy propagiert eine Rationalität, die dem Dritten Sektor z.T. fremd zu sein scheint, doch abgesehen von kulturellen Barrieren und terminologischen Engführungen steht das mit *Venture Philanthropy* verbundene Renditestreben in keinem Widerspruch zu den betriebswirtschaftlichen Kreisläufen in NPOs.

Schwierigkeiten bereitet der Ansatz vielmehr in Bezug auf das mit der ergebnisorientierten Mittelvergabe zwangsläufig verbundene *Performance Measurement*, d.h. in

6 Für das Schema einer idealtypischen SROI-Analyse s. Mildenberger/Münscher (2009: 3).
7 Zur Beschreibung einer Fallstudie s. ausführlich Reichelt (2009: 31 – 68).

Bezug auf die regelmäßige Messung von Kennzahlen bzw. Indikatoren, mit denen die Leistungsfähigkeit der Organisation abgebildet wird.

Kennzahlenbasierte Methoden der Erfolgsmessung, auf denen die Erfassung des Nutzens eines Sozialen Investments aufbauen könnte, sind im Dritten Sektor noch nicht etabliert, vor allem nicht solche, die auch gesellschaftliche Wirkungen abbilden. Die qualitative Erfolgsbeurteilung anhand von Evaluation wird von NPOs recht intensiv genutzt, doch in Bezug auf die Wirkungsebene von Programmen fehlt es an praktikablen Verfahren. Weder *Performance Measurement* noch Evaluation sind per se dafür konzipiert, Informationen für Investitionsentscheidungen zu liefern.

Um Entscheidungen im Rahmen von *Venture Philanthropy* zu begründen und zu überprüfen, werden Verfahren benötigt, mit dem über *Performance Measurement* und (Wirkungs-)Evaluation hinaus auch der gesellschaftliche Nutzen einer Investition monetär bewertet werden kann. Die soziale Investitionsrechnung bietet eine Lösung für dieses Problem, ist jedoch mit erheblichen methodischen Schwierigkeiten verbunden, die vermutlich dazu beitragen werden, dass sie nur im Einzelfall konsequent angewendet werden kann.

Barrieren für *Venture Philanthropy* liegen also weniger in kulturellen Unterschieden zwischen den Sektoren als in der Schwierigkeit, den *Social Return on Investment* zu bestimmen. Da betriebswirtschaftliche Instrumente zur strategischen Steuerung und zur Erfolgskontrolle im Dritten Sektor erst vergleichsweise wenig verbreitet und einschlägige Verfahren der Bewertung der sozialen Wertschöpfung nur bedingt praktikabel sind, ist mit einem Boom von *Venture Philanthropy* derzeit nicht zu rechnen.

Kooperative Lernräume als Erfolgsfaktor – Instrumente der Wirkungsmessung in der strategischen Philanthropie

von Knut Bergmann, Susanna Krüger

Inhalt

Einleitung

Auch in Deutschland ist seit einigen Jahren eine deutliche Professionalisierung des Stiftungswesens und des sogenannten Dritten Sektors zu beobachten. Viele Organisationen sind dabei zu machtvollen gesellschaftspolitischen Akteuren avanciert. Begriffe wie strategische Philanthropie, soziales Unternehmertum und - wenn auch weniger bekannt - *Venture Philanthropy* sind nicht länger Fremdworte, sondern werden von einer wachsenden Anzahl von Akteuren mit Leben gefüllt.[1] Diese rufen nach mehr Wirkung, Wirksamkeit und Messbarkeit sozialer Projekte. Wie sich jedoch Wirkung darstellen oder gar quantifizieren ließe, darüber herrscht in der Praxis oftmals Unklarheit. In verschiedenen akademischen Disziplinen hingegen spielt die Auseinandersetzung mit Wirkung und Messbarkeit von Programmen und Projekten schon lange eine große Rolle.[2] In Großbritannien und den USA werden seit einiger Zeit im philanthropischen und gemeinnützigen Sektor Methoden der Wirkungsmessung - das sogenannte „Social Impact Measurement" - im Stiftungssektor angewandt. Die Rezeption dieser Ergebnisse - vor allem aus dem Bereich der *Venture Philanthropy* - ist in Deutschland jedoch kaum zu verzeichnen. Eine historische Erklärung hierfür mag in der utilitaristischen Tradition der angelsächsischen Länder liegen. Doch auch im - kantisch pflichtgeprägten - Deutschland wächst die Erwartung an den Dritten Sektor, die Verwendung von Mitteln transparenter darzulegen und Projekte stärker wirkungsorientiert durchzuführen. Dies ist zum einen die Folge der größeren technischen Möglichkeiten durch die elektronischen Medien, die auf einfache Weise mehr Transparenz ermöglichen, zum anderen aber haben sich das Verhalten und die

1 Vgl. zum Begriff der Venture Philanthropy den einführenden Beitrag in diesem Band von Philipp Hoelscher. Zu deutschen Institutionen, die sich als Venture Philanthropist Funds betätigen vgl. den Beitrag von Erwin Stahl und Stefan Lülf in diesem Band.
2 Einschlägig für die evaluatorische Perspektive dieses Beitrages sind vor allem die sozialwissenschaftlichen Arbeiten von Guba/Lincoln (1989), Patton (2008), Weiss (1997).

Ansprüche von Spendern und Stiftern gewandelt. Sie fragen aus vielerlei Gründen vermehrt danach, was ihre soziale Investition eigentlich bewirken kann.[3] Das Modell des reinen „Homo Oeconomicus" hat im Zuge der „Economics of Happiness" glücklicherweise zwar an Erklärungs- und Überzeugungskraft verloren, und viele Argumente gegen eine – auch begriffliche – Ökonomisierung des Dritten Sektors sind vorzubringen. Dennoch bleibt die alte Sportlerweisheit: Nichts motiviert so sehr wie Erfolg. Transparenz, Kennzahlen und valide Kriterien der Wirkungsmessung könnten dazu beitragen, insbesondere sehr wohlhabende, zumeist unternehmerisch veranlagte Persönlichkeiten zu motivieren, größere Teile ihres Vermögens der Gemeinschaft dienlich zu machen. Bessere Möglichkeiten der Wirkungsmessung im Dritten Sektor würden wohl auch einen Beitrag zu der unvermeidbaren Debatte über die Frage leisten, was eigentlich als gemeinnützig zu definieren ist: Denn ob jeder Akt selbstreferentieller und exklusiver Kultur dieses Kriterium erfüllt, scheint heute mehr als fraglich.

Grundsätzlich ist die Rezeption von Monitoring- und Evaluationsmethoden im gemeinnützigen Sektor hierzulande noch immer tief geprägt von einem grundlegenden Misstrauen gegenüber Kennzahlen.[4] Dabei wird oftmals übersehen, dass sowohl die Entwicklung in der Evaluationsforschung als auch die konkreten Erfahrungen derjenigen, die in strategisch angelegter Philanthropie Methoden der Wirkungsmessung erproben, durchaus andere Interpretationen als nur die Gefahr einer schleichenden Ökonomisierung nahe legen. Die im Stiftungsbereich umsetzbaren Methoden führen die Messbarkeit von Projekt- und Programmergebnissen nämlich immer zusammen mit einer langfristigen, auf gemeinsames Lernen angelegten Organisationsentwicklung. Und die Methoden zielen längst nicht mehr auf eine alleinige Übersetzung sozialer Werte in Kennzahlen, sondern helfen allen Beteiligten, gemeinsam Indikatoren zu definieren, zu entwickeln und damit Wirksamkeit langfristig und gemeinsam zu überprüfen.

Methoden der Wirkungsmessung: von SROI zur „Theory of Change"

Mit der Gründungswelle von *Venture Philanthropy* Funds in den USA Ende der 1990er Jahre wurden auch die ersten Methoden für das Monitoring und die Evaluation der von ihnen getätigten sogenannten *Social Investments* entwickelt. Die Vorgehensweise war dabei nicht neu, sondern größtenteils dem privatwirtschaftlichen Sektor entliehen, der seit jeher einer *Return on Investment*-Logik unterliegt. Ein darauf aufbauendes System, mit dem sich auch soziale Werte und Kennzahlen erfassen lassen – ein *Social Return on Investment* Modell (SROI) also – entwickelte als erster der Roberts Enterprise Development Fund (REDF) aus San Francisco. Der REDF „investierte" in

3 Zum Begriff der sozialen Investition für den deutschen Sprachraum vgl. die Arbeiten des Centrums für soziale Investitionen und Innovationen (CSI) an der Universität Heidelberg.

4 Monitoring bezeichnet die fortlaufende und prozessorientierte Kontrolle, Evaluation die Bewertung nach Abschluss einer Maßnahme/eines Projekts.

Organisationen, die arbeitslose Jugendliche in den Arbeitsmarkt eingliedern und damit zur langfristigen gesellschaftlichen Integration beitragen wollten. Der Fund ordnete dabei alle von ihnen selbst geleisteten Inputs (finanzielle sowie nicht-finanzielle Zuwendungen an die Organisationen, die die Fähigkeiten der Jugendlichen stärken sollten) linear den konkreten Ergebnissen (tatsächlich geschaffene Arbeitsplätze oder erfolgreiche Arbeitsvermittlung) zu.[5] Dabei bedienten sich die Evaluatoren und Mitarbeiter des Funds klassischer Kosten-Nutzen-Rechnungen, erweiterten diese jedoch um eine soziale Perspektive.

Auch wenn das SROI-Modell vielfach weiterentwickelt wurde, haben alle Ausdifferenzierungen gemeinsam, dass die quantitative Erfassung des sozialen Mehrwerts im Mittelpunkt des Modells steht.[6] Vielen *Venture Philanthropy* Funds dient SROI insbesondere dazu, ihre Investitionsentscheidungen zu erleichtern, wenn nicht sogar überhaupt erst zu ermöglichen.[7] Parallel dazu ist in den letzten Jahren das sogenannte „Social Accounting" entstanden, mit dem versucht wird, gesellschaftlich positive oder negative Effekte unternehmerischer Tätigkeit in das betriebliche Rechnungswesen einzubeziehen.[8] Was anfänglich nur das Ziel verfolgte, Reportingformate für den privatwirtschaftlichen Sektor zu entwickeln, die – neben dem finanziellen – den sozialen und ökologischen Mehrwert beschreiben konnten,[9] hat mittlerweile weit darüber hinaus Einzug in die US-amerikanisch dominierte Debatte um die Wirkung von Stiftungsprogrammen gehalten. Seit ungefähr zwei Jahren hat sich hierfür der Begriff „Social Impact Investing" eingebürgert, mit dem soziale Investitionen gemeint sind, die nicht mehr nur sozialen und ökologischen, sondern auch finanziellen Mehrwert

5 REDF verwendete dabei eine Spielart des sogenannten „logical framework" oder auch „result chain". In diesem Zusammenhang erachten es die Autoren als sinnvoll, die verwendeten evaluatorischen Begriffe kurz zu erklären: „Input" bezeichnet immer alles, was als Ressource in ein Projekt einfließt, „Output" das, was direkt am Ende (!) des Projektes durch jenen „Input" erreicht worden ist. Ein „Outcome" hingegen bezeichnet das, was mit jenem „Output" nach einigen Monaten tatsächlich geschehen ist. „Impact" hingegen rekurriert immer nur auf Wirkungen, die langfristig erreicht worden sind. Ein „Impact" kann grundsätzlich nie einem einzelnen Projekt zugeschrieben werden, sondern erfordert mehrere Maßnahmen, die alle einem ähnlichen Ziel dienen. Nur so ist es möglich, langfristige, zusammenhängende Wirkungen zu erkennen.

6 Weiterentwicklungen fanden vor allem durch die New Economics Foundation in Großbritannien, durch REDF selbst (REDF Publikationen 2008/2009), die Social Venture Technology Group (SVT), verschiedene amerikanische *Venture Philanthropy* Funds sowie das europäische SROI-Netzwerk statt. Außerhalb der USA und Großbritannien gibt es nur wenige sinnvoll erscheinende Anwendungsbeispiele, so z. B. bei Aravind in Indien, dem NESsT Fund in Osteuropa sowie in Lateinamerika oder Kickstart in Afrika.

7 Den bis Ende 2008 aktuellsten Überblick über die derzeit verwendeten Methoden gibt eine von der Gates Foundation in Auftrag gegebene Studie (Tuan 2008). Die bekanntesten und in den USA im Stiftungssektor rezipierten Beispiele sind u. a. die Benefit-Cost-Ratio der Robin Hood Foundation, die BACO Ratio des Acumen Fund, der „expected return" der William and Flora Hewlett Foundation, das „cost per impact"-Modell des Center for High Impact Philanthropy oder der „Foundation Investment Bubble Chart".

8 Siehe hierzu vor allem die Global Reporting Initiative etc.

9 Diese Debatte war anfänglich in der Corporate Social Responsibility (CSR) Bewegung verortet und hat Standards wie AA1000 hervorgebracht (vgl. http://www.accountability21.net letzter Zugriff am 22.10.2009), findet jedoch seit einiger Zeit auch im philanthropischen und hybriden Bereich des sozialen Investierens statt.

generieren wollen. Dieses Novum in der Stiftungslandschaft ist insbesondere von der Rockefeller Foundation vorangetrieben worden.[10] Hieraus hat sich eine sehr lebendig geführte Debatte um die Möglichkeit gemeinsamer Reportingstandards für soziale Investitionen ergeben: Das erste konkrete internationale Ergebnis ist der Impact Reporting and Investment Standard (IRIS), der seit Mitte 2009 eine Liste standardisierter und vergleichbarer Indikatoren für die Wirkungsmessung sozialer Investitionen bereithält.[11] Eingeflossen sind dabei die Erfahrungen international agierender *Venture Philanthropy* Funds, wie z.B. des Acumen Fund.[12] Auch in Deutschland hat ein Verbund aus Funds, Forschern und Stiftern erste gemeinsame Reportingstandards entwickelt – mit dem Fokus auf die Förderung und Erfolgsmessung sogenannter sozialer Unternehmer.[13] Wirkung, so die Überzeugung dieser deutschen Initiative, kann nur demonstriert werden, wenn sich Geldgeber und Empfänger in gemeinsamer Absicht zusammentun und ebenso gemeinsame Bewertungsstandards entwickeln. Stiftungen beispielsweise könnte es auf diese Weise ebenso ermöglicht werden, sich einem solchen Standard anzuschließen und damit die Wirksamkeit ihrer Programme systematischer zu erheben und leichter verständlich darzustellen. Seit einiger Zeit hat sich darüber hinaus eine Anzahl von Akteuren mit dem Ziel zusammengefunden, Bewertungssysteme für den „Dritten Sektor" in Deutschland zu entwickeln und übergreifend zu etablieren.[14]

Die Erfahrungen aus der Anwendung von SROI-Modellen in den vergangenen Jahren haben allerdings gezeigt, dass für die Erfassung von Wirkung und die Entwicklung von Standards eines unabdingbar ist: Alle an einem Programm Beteiligten müssen sich gemeinsam vorab darauf einigen, was genau eigentlich erreicht werden soll. Das klingt trivial, doch die Praxis zeigt, wie wichtig diese Vorgabe ist. Falls Unklarheiten über das gemeinsame Ziel bestehen, lassen sich die intendierten Wirkungen keinen einzelnen Parametern – gleich welchen Modells – sinnvoll zuordnen.[15] Daten werden erst im jeweilig spezifischen Kontext überhaupt verständlich, denn sie bedürfen einer

10 Der Ursprung des heute sogenannten Impact Investing liegt in den 1960er Jahren, als sowohl die Rockefeller als auch die Ford Foundation „community development"-Programme aufsetzten, die den Begünstigten den Zugang zu Kapital erleichtern sollten. Heute führt die Rockefeller Foundation weltweit die Initiative GIIRS durch (Global Impact Investmenting Rating System) vgl. http://www.rockfound.org/efforts/impact_investing (letzter Zugriff am 22.10.2009) und http://www.globalimpactinvestingnetwork.org (letzter Zugriff am 22.10.2009); vgl. auch verschiedene Studien des Monitor Instituts.

11 http://www.iris-standards.org (letzter Zugriff am 22.10.2009) sowie der bezeichnende Kommentar Chris Parks von der IRIS Initiative auf der SoCap Konferenz 2009 in San Francisco: „IRIS will be for the social and environmental side of impact what U.S. GAAP and IFRS are to financial reporting – namely the ability to create comparable standards that allow for transparent reporting in the same way that publicly traded companies report on financial returns. IRIS is the language that will allow for apples to apples comparison of social and environmental results.", zitiert von Brad Pressner im Next Billion Blogeintrag vom 16. September 2009 http://www.nextbillion.net (letzter Zugriff 18.09.2009).

12 Vgl. das PULSE System des Acumen Funds. Vgl. ANDE Studien, Rockefeller Studien (GIIRS), IRIS Standards und PDMS Framework von Acumen.

13 Vgl. die gegenwärtige Entwicklung eines sozialen Reportingstandards im Verbund von Ashoka, Schwab Foundation, Universität Hamburg, Technische Universität München, PriceWaterHouseCoopers, BonVenture und auridis.

14 Zur Zeit der Drucklegung stand die Gründung der Phineo AG unter Führung der Bertelsmann Stiftung unmittelbar bevor.

15 Vgl. SROI Studie der New Economics Foundation (2008).

gemeinsamen Interpretationsleistung (Vgl. Nicholls 2009). Da jedem SROI-Modell naturgemäß die Werturteile derjenigen zugrunde liegen, die es entwickeln, besteht immer auch die Gefahr, dass durch die Verwendung von Zahlen eine scheinbare Objektivität vorgegaukelt wird, die es so gar nicht gibt. Grundsätzlich ist bei allen Bemühungen, soziale Werte messbar zu machen, immer zu berücksichtigen, dass es die *eine* Antwort nicht gibt - und glücklicherweise auch gar nicht geben kann. Außerdem ist gegenwärtig nicht geklärt, wem die sozialen Erträge eigentlich zugute kommen sollen, denn diejenigen, die investieren, kommen - im Unterschied zum finanziellen Return - nicht unbedingt unmittelbar in den Genuss des Ertrages.[16]

Wie sieht es nun in der Praxis aus, wenn alle an einem Programm Beteiligten sich auf das einigen sollen, was positive Wirkung sein soll? Unter Evaluationsexperten besteht Einigkeit darüber, dass jedes seriöse Wirkungsmonitoring der Entwicklung einer „Theory of Change" bedarf - es gilt, die Wirkungsannahmen der verschiedenen Stakeholder zu hinterfragen und offen zu legen.[17] Wie schon erwähnt gilt es dabei, vor Beginn eines Projektes mit allen Beteiligten eine Wirkungslogik zu erarbeiten. „Social Impact" zu messen heißt dann eben nicht, ein Projekt nach Beendigung zu evaluieren,[18] sondern es bedeutet, schon in der Konzeptionsphase eines Projektes mit den Partnern über Parameter für dessen Wirksamkeit zu verhandeln. Zum einen lassen sich Projekte so zielgenauer aufsetzen, zum anderen dienen die gemeinsamen Bemühungen vor dem Start auch dazu, die Projektempfänger zu befähigen, selbständig Daten zu erheben und interpretieren zu können. Mit diesem Modell wird ein Perspektivwechsel vollzogen; es beinhaltet weit mehr als nur eine Abfrage von Wahrnehmungen oder bloßen persönlichen Befindlichkeiten. Die Partner, Mittelempfänger und Zielgruppen werden in allen Schritten des Monitorings und der Evaluation konsequent einbezogen: Es entstehen *kooperative Lernräume.* Auf diese Weise entscheidet nicht mehr allein die Geberseite darüber, was die Wirkung und den Erfolg eines Programms ausmachen, sondern ebenso die Empfänger selbst.[19] Ein solcher gemeinsamer Feedback- und Lernprozess hilft auch unrealistische Wirkungserwartungen zu identifizieren und auszuräumen.

16 Ein Beispiel dafür wäre ein sozialer Investor, der in die Verbesserung der Leistungsfähigkeit von Kindergärten investiert. Das positive Resultat - der soziale Return - käme dann Eltern, Kindern und der Gesellschaft zugute, nicht aber unbedingt dem Investor. In einem logischen Modell - dem SROI - treten damit Zuordnungsschwierigkeiten auf. Vgl. dazu die Forschungsergebnisse des CSI Heidelberg, u.a. aus dem Projekt SONG-Netzwerk: Soziales neu gestalten.

17 Für den Stiftungs- und sozialen Investitionsbereich sind dazu in den letzten Jahren Methoden entwickelt worden, die für Stiftungen und soziale Organisationen sinnvoll anwendbar sind. Gegenwärtig führend im angelsächsischen Bereich sind hier keystone, die New Economics Foundation und New Philanthropy Capital.

18 Zweifelsohne entstehen auch auf diese Weise häufig kluge Papiere, sie erleiden in der Praxis jedoch zu oft das Schicksal, ohne jede Folgewirkung in Schubladen einzustauben.

19 Praktische Hilfsmittel zur Entwicklung und Moderation gemeinsamer Wirkungslogiken im Stiftungsbereich; vgl. die öffentlich zugänglichen Schriften von keystone oder auch die für den Stiftungssektor sehr hilfreiche GrantCraft Initiative der Ford Foundation.

Erklärtes Ziel von *Venture Philanthropy* ist ein gesteigerter Impact. Da es ein Ding der Unmöglichkeit ist, beobachtbare Wirkungen einzelnen kurzfristig angelegten Projekten zuzuordnen, investieren immer mehr Stiftungen in unterschiedliche Projektträger, die jedoch gleiche Ziele verfolgen: Sie bringen damit verschiedene Träger zusammen und fördern thematische Netzwerke.[20] Unabdingbar für den Erfolg solcher Netzwerke ist auch hier der fortwährende, offene Austausch der Beteiligten über die Logik, die Ziele, die Entwicklung und nicht zuletzt den Erfolg des gemeinsamen Tuns: eben eine gemeinsame „Theory of Change". Hinzukommen müssen für alle Netzwerkpartner verbindliche Reportingstandards.[21]

Eine weitere Möglichkeit, die Wirkung von Projekten oder sozialen Investitionen zu bewerten, besteht darin, auch Unbeteiligte – etwa interessierte, aber nicht involvierte Beobachter – mittels öffentlich zugänglicher Bewertungssysteme urteilen zu lassen. Weiterhin könnten auch die Mittelempfänger für jedermann einsehbare Bewertungen abgeben. Am Beispiel des oben eingeführten REDF-Funds hieße dies, dass die jugendlichen Arbeitslosen selbst einschätzen könnten, ob das Stiftungsprojekt positive Auswirkungen auf ihr Leben hat – oder eben auch nicht. Auf diesem Konzept basiert auch die bis dato wohl erfolgreichste Initiative zur Bewertung von Stiftungsperformance: Die Initiatoren des sogenannten Grantee Perception Reports konnten bisher über 170 Stiftungen und *Venture Philanthropy* Funds dazu bewegen, sich dem Urteil ihrer Projektbegünstigten zu stellen, und dann die Ergebnisse auf den Internetseiten der jeweiligen Organisation zu veröffentlichen.[22] Diese Bewertungsmethode ist im US-amerikanischen Stiftungssektor mittlerweile zum Standard avanciert.

Die rasante technische Entwicklung auf dem Gebiet der elektronischen Medien erleichtert die Umsetzung schneller Feedbacksysteme enorm – vor allem die Möglichkeiten, die das Internet bietet, sind die Triebkraft zu mehr Transparenz und Kooperation. Online-Spendenplattformen wie betterplace oder kiva sind dabei, nutzergestützte Qualitäts- und Bewertungssysteme zu entwickeln, die es den Mittelempfängern in naher Zukunft erlauben werden, ihr Feedback über den Verlauf von Projekten unmittelbar abzugeben und damit in das Projektmonitoring direkt einzugreifen.[23] Für Projektabwicklungen und -bewertungen im Bereich der internationalen Entwicklungszusammenarbeit, in dem Stiftungen und insbesondere *Venture Philanthropy*

20 Für einen detaillierteren Überblick über derzeit bereits bestehende funktionierende Plattformen und Beispiele siehe die aktuelle Studie der FSG Advisors (2009).

21 Ein Beispiel hierfür gibt die Förderpraxis der David und Lucile Packard Foundation, die im Laufe der letzten Jahre mit mehr als einem Dutzend ihrer Projektpartner eine alltagsnahe gemeinsame Wirkungslogik erarbeitet hat, um so Daten zu aggregieren, aufzuarbeiten und – vor allem – in einem moderierten Prozess miteinander zu analysieren.

22 Grantee Perception Report des Center for Effective Philanthropy. Bewertet werden u.a. die Managementfähigkeiten der Stiftung, ihre Ausrichtung auf tatsächliche soziale Bedürfnisse, ihre Reaktionszeiten auf Probleme und Mechanismen ihres Reportings.

23 http://www.kiva.org oder auch das Web of Trust System bei http://www.betterplace.org und dessen gegenwärtige Fortentwicklung hin zu einem ausgereifteren Feedbacksystem, das mobile Technologie zur Projektbewertung einsetzen wird.

Funds zunehmend agieren, bedeutet dies radikale Veränderungen hinsichtlich dessen, wie sie ihre Wirkungen beschreiben und messen werden. Wenn wir uns an das Beispiel der arbeitslosen Jugendlichen des REDF Funds erinnern, so hieße dies, dass sie - ohne große Hürden überwinden zu müssen - per E-Mail, Blogeintrag, Video oder sogar nur per SMS regelmäßig darüber Auskunft geben könnten, ob und welche Fortschritte zu verzeichnen sind.

Praxis in Deutschland

Deutschland hinkt in der Frage der Wirkungsmessung im Dritten Sektor den angelsächsischen Ländern noch um etwa zehn Jahre hinterher. Dafür lässt sich eine Vielzahl von Gründen anführen. Beinahe trivial mutet der Hinweis auf die bei uns im Gegensatz zu den USA und teilweise auch zu Großbritannien sehr viel stärker verankerte Sozialstaatstradition an - wobei dieser historisch bedingte kulturelle Kontext in vielerlei Hinsicht großen Einfluss hat. Viele Leistungen, die bei uns von der öffentlichen Hand - zumal in der Ausprägung eines vorsorgenden Sozialstaates - übernommen werden, müssen in anderen Ländern von zivilgesellschaftlicher Seite erbracht werden. Dies allein führt schon zu einem stärkeren Wettbewerb in der Frage, was nötig, was sinn- und was überhaupt *wirkungs*voll ist.

Nach wie vor ist die deutsche Tradition des Ehrenamtes sehr lebendig, die sich - schon begrifflich - fernab von konkreten Nutzen- und Wirkungskategorien bewegt. Zudem besteht hierzulande nicht nur in gemeinnützigen Organisationen ein oft starker Affekt gegenüber Kennzahlen und Evaluationen, die als ökonomisierendes Moment wahrgenommen werden. Das weckt viele Ängste, nicht zuletzt die, dass nunmehr allein Zahlen von Erfolgen und Misserfolgen künden sollen, womit im Übrigen häufig auch Machtansprüche in Frage gestellt werden. Einer Streitkultur um die beste Lösung, das wirkungsvollste Programm und transparenten Strukturen ebenfalls nicht zuträglich ist die Finanzierung des Dritten Sektors, die hierzulande im Durchschnitt zu fast zwei Dritteln aus staatlichen Mitteln erbracht wird - je stärker Organisationen sozialen Zwecken dienen, desto höher ist der Anteil öffentlichen Geldes.

Privat finanzierte Akteure wie etwa Stiftungen haben wiederum gelegentlich etwas von autokratisch-gönnerhafter Liebhaberei an sich, mit der sie sich keinem Wettbewerb stellen müssen und wollen.[24] Zudem fehlen Anreize ebenso wie Pflichten, denn das Gemeinnützigkeitsrecht stellt nicht auf die erzielte Wirkung, sondern auf die verfolgten Zwecke ab und verlangt kaum Rechenschaft über die Verwendung der steuerbegünstigten Mittel. Im Geflecht unterschiedlicher Interessen ist es gut verständlich,

24 Auch der Umstand, dass zivilgesellschaftliche Akteure oftmals mit einem schier übermächtigen - und bis vor kurzem auch schier unerschöpflichen - Sozialstaat konkurrierten, dürfte das Ausweichen in bisweilen eigenwillige Liebhaberecken befördert haben.

dass nur wenige Akteure überhaupt Eifer zugunsten von Transparenz entfalten.[25] Ähnlich verhält es sich mit der Debatte um die Frage, was eigentlich als gemeinnützig anzusehen ist – es wird spannend sein zu beobachten, ob diese Lawine zukünftig noch ins Rollen kommt, oder ob es lediglich bei vereinzelten Steinwürfen bleibt.[26]

Problematisch an der Wirkungsmessung ist zweifelsohne, dass die Ergebnisse nicht automatisch widerspiegeln, was ein Programm oder Projekt an sozialer Veränderung erreicht. Zudem könnte ein kontraproduktiver Kostendruck die Folge sein, denn erfolgreiche und wirksame Projekte sind nicht immer zwangsläufig diejenigen, die besonders effizient und kostengünstig aufgesetzt werden. Die verstärkte Verwendung von Kennzahlen – ohne gemeinsame Verhandlung über Wirkungsindikatoren – kann eine Reihe nicht intendierter Konsequenzen mit sich bringen: wie etwa die einseitige Ausrichtung der Projektlogik auf die Wünsche der geldgebenden Seite. Genauso könnten Organisationen dazu verleitet werden, „cherry picking" zu betreiben und nur noch solche Programme aufzulegen, die gerade im Trend liegen oder hochglanzbroschürentaugliche Ergebnisse zu erzeugen imstande sind. Damit ginge nicht zuletzt Vielfalt verloren.

Diese Einwände erklären aber noch nicht, warum es kaum Austausch zwischen den verschiedenen Sektoren hinsichtlich der angewendeten „Social Impact Measurement" Methoden gibt, obwohl alle Akteure voneinander lernen könnten. In der internationalen Entwicklungszusammenarbeit ist die Methodenentwicklung schon weit vorangeschritten und trotzdem sind diese vielfältigen Erfahrungen im deutschen Stiftungsbereich überhaupt nicht rezipiert worden. Das gilt sogar für die USA und Großbritannien, auch wenn der Austausch dort intensiver ist als bei uns. Genauso existiert eine Kluft zwischen der akademischen Sichtweise und dem Tagesgeschäft zivilgesellschaftlicher Organisationen. Worin dies alles auch begründet sein mag – in zu hohem Aufwand, fehlender Professionalität und Lernbereitschaft, Abschottungstendenzen, dem Mangel an einer gemeinsamen Sprache, zu divergenten Zielsetzungen, zu großer Neuartigkeit der Themen und Fragestellungen – im Ergebnis bleiben alle Akteure unter ihren *gemeinsamen* Möglichkeiten – auch dies kann als ein Plädoyer für *kooperative Lernräume* auf einer anderen Ebene verstanden werden.

25 Eine Ausnahme in der deutschen Stiftungslandschaft ist die Stiftung Mercator, die jüngst begonnen hat, strategisch zu investieren und Methoden der Wirkungsmessung in ihrer Praxis zu erproben. Die Bertelsmann Stiftung hingegen ist gegenwärtig die einzige große Stiftung, die Transparenzkriterien und die Messbarkeit sozialer Investitionen in der Öffentlichkeit vorantreibt. Die Autoren dieses Artikels sind jedoch davon überzeugt, dass sowohl die Methodik des Ansatzes (NPO-Bewertung durch externe Kennzahlen) als auch die Rolle der Bertelsmann Stiftung in diesem Bewertungsverfahren nicht unbedingt dem entspricht, was hier unter der Entwicklung einer „Theory of Change" gemeinsam mit allen Beteiligten verstanden wird.

26 Zu denken ist etwa an das beinahe von allen Seiten verdammte Gutachten des wissenschaftlichen Beirates des Bundesfinanzministeriums von 2006, das eine sehr stark ökonomisch geprägte, sozialstaatssubstituierende Argumentation vertritt. Bei aller berechtigten Kritik enthält es dennoch eine ganze Reihe interessanter Argumente und eröffnet eine andere Sichtweise auf das Thema, die aber – aus politisch durchaus verständlichen Gründen – in Bausch und Bogen verworfen und oft vermutlich nicht einmal zur Kenntnis genommen wurde.

Ausblick

Um die „Theory of Change" jeweils individuell an die geförderte Institution anzupassen, bedarf es erheblicher Ressourcen. Die bisherigen Erfahrungen mit dieser Art von Wirkungsmessung zeigen jedoch, dass mittels eines kooperativen Lernraums und durch die gemeinsame Entwicklung von Indikatoren eine Erfolgs- und Wirkungsmessung möglich ist, die im Resultat weit über reine Kennzahlen oder ex-post Evaluationen hinausgeht. Das ist insofern auch nicht verwunderlich, da der Anspruch ein anderer ist: Wirkung wird nicht nach Beendigung eines Programms erhoben, sondern zu Beginn konsequent in die Planung und Durchführung einbezogen. Ein Wirkungsmonitoring, das auf die Optimierung organisatorischer und personeller Fähigkeiten abzielt, bedarf neben einer professionellen Moderation vor allem des ausdrücklichen Willens des Stifters und des Stiftungsmanagements: Gemeinsam entwickelte Indikatoren müssen konsequent nachgehalten werden.

Dabei bedeutet jedoch bereits allein die gedankliche Auseinandersetzung mit der „Theory of Change" – fernab der konkreten, oftmals abschreckend aufwendigen Umsetzung in Workshops und Sitzungen mit den Projektbeteiligten – einen Schritt in Richtung einer größeren Wirkungsorientierung: Veränderung beginnt in den Köpfen, sagt schon der Volksmund. Tangiert wird dabei nicht zuletzt die Frage nach dem Selbstverständnis von Stiftungen, die u.a. durch die *Venture Philanthropy* Debatte nun auch in Deutschland neu aufgeworfen wurde: Sind Stiftungen nur Ermöglicher, sind sie Inkubatoren sozialer Innovationen (Anheier/Leat 2006; Frumkin 2006), betreiben sie sogar nachhaltiges *Capacity Building* und halten sie gemeinsame Lernerfolge konsequent nach? Wirkungsvolle, strategisch angelegte soziale Investitionen bestehen zweifelsohne sehr viel mehr darin, Strukturen im Sinne einer Hilfe zur Selbsthilfe zu entwickeln als mit dem Füllhorn durch die Lande zu ziehen.

Gestalten zu wollen – das gibt auch die Richtung für die weitere Debatte um Fragen der Wirkung und Evaluation von sozialen Investitionen vor. Es geht dabei nicht um Kosten und Einsparpotentiale, sondern um möglichst wirkungsvolle Methoden der Investition in sozialen Mehrwert für unsere Gesellschaft. Dies ist ausdrücklich nicht gleichbedeutend mit einer rein ökonomisch orientierten Herangehensweise. Nötig jedoch sind transparentere Strukturen. Die Chance, voneinander zu lernen, und gemeinsam darüber zu verhandeln, was in einem Programm erreicht werden soll, wird zu oft leichtfertig vertan.

Um herauszufinden, ob ein gesellschaftlicher Mehrwert erzielt wurde, ist es nötig, die Wirkung viel stärker aus Sicht der Betroffenen zu interpretieren. Techniken wie „user led evaluation" und „crowdsourcing" werden von deutschen Institutionen bisher nicht angewendet. Hier liegen große Potentiale brach. Genauso gilt es, mittels sektorweiter Kooperationen verschiedene Geldgeber zusammenzubringen, gemeinsame Ziele zu entwickeln und diese Mittel gebündelt einzusetzen – der gesellschaftliche Mehrwert wird viel größer sein, als dies bei der bloßen Addition der Wirkung einzelner Projekte möglich ist.[27] Um hier wirklich voranzukommen, ist insbesondere eine stärkere Kommunikation und Vermittlung der bisher gemachten internationalen Erfahrungen in den deutschen Dritten Sektor hinein notwendig.[28]

Zum Abschluss eines Artikels, in dem es oft um ökonomische Parameter, um Kennzahlen und Effizienz ging, noch eine persönliche Anmerkung: Es gibt vieles, was sich all diesen Kriterien entzieht – und das ist vor allem auch der aus reiner Nächstenliebe, schlicht aus Altruismus handelnde Mensch, ganz unabhängig davon, ob er damit auch etwas für sich tut oder nicht. Er handelt.

27 Vgl. FSG Studie Juni 2009.

28 Ein Beispiel für eine solche gelungene „Kommunikation" ist die von New Philanthropy Capital in Großbritannien eingeleitete Initiative, einen Analystenverband für Stiftungen und gemeinnützige Organisationen zu begründen. Ähnliche Initiativen wären – neben den bereits erwähnten von Ashoka et al. zu Reportingstandards oder der Phineo AG – in Deutschland sehr zu begrüßen.

Teil 5 – Internationale Perspektive

Die große Chance auf den Quereinstieg – Venture Philanthropy in Österreich

von Michael Fembek

Inhalt

Österreich ist ein „Newcomer“ in Sachen *Venture Philanthropy*. Gegenüber Deutschland, der Schweiz und anderen führenden europäischen Staaten sind in Österreich vergleichsweise – und auch absolut gesehen – wenige Aktivitäten sichtbar, sowohl in der Lehre als auch in der Praxis. Der folgende Beitrag geht kurz auf die Wurzeln dieses Defizits ein, beschreibt in der Folge die Ist-Situation und skizziert abschließend, warum Österreich in der jetzigen Situation trotzdem gut positioniert ist, um in den nächsten Jahre deutliche Schritte nach vorne machen zu können.

Kurzer historischer Abriss: Die fehlenden 80 Jahre

Österreich hat wie viele andere (west-)europäische Staaten eine rund 1000 Jahre alte Stiftungstradition, die bis heute zu sehen ist. Die kirchlichen Stifte gehören zu den größten Immobilienbesitzern in Österreich (Zum Beispiel gehören weite Teile Wiens nördlich der Donau dem Stift Klosterneuburg, das daran nur Baurechte vergibt.). Seit dem Mittelalter wurden Spitäler, Armenhäuser und andere soziale Einrichtungen als Stiftungen gegründet, in einer letzten Welle von den zu Wohlstand gekommenen Neo-Industriellen am Ende des 19. Jahrhunderts bis zum Jahr 1914.

Ab 1918 übernahm der in Österreich sehr stark ausgeprägte „Sozialstaat“ die soziale Letztverantwortung von der „christlichen Nächstenliebe“ der Stiftergeneration, während gleichzeitig zwei Weltkriege, eine Hyperinflation (1923), eine darauf folgende Wirtschaftskrise und zwei „Verstaatlichtungsgesetze" nach 1945 die meisten größeren privaten Vermögen vernichteten.

Entsprechen waren auch die Rahmenbedingungen für Philanthropie über viele Jahre hinweg denkbar widrig.

Besonders das Stiftungsrecht war über viele Jahrzehnte so unattraktiv, dass es kaum zu Neugründungen kam. Allgemein werden für diesen Stillstand zwei Faktoren verantwortlich gemacht:

1. Die spezielle Aufsichtspflicht über die Stiftung durch eine Instanz der Landesbehörde (bei Landesstiftungen) sowie durch die Finanzprokuratur bei Bundesstiftungen, die von heutigen Stiftern meist als unzumutbares Interventionsrecht der öffentlichen Hand angesehen wird.

2. Die Auflage der Unmittelbarkeit für die Tätigkeit der Stiftungen. Diese gilt grundsätzlich für jede Art gemeinnütziger Tätigkeit (mehr dazu weiter unten), für die „alten Stiftungen" (nach BStFG) existiert jedoch eine besonders enge Auslegung.

Ende 2008 waren 461 Stiftungen nach dem BStFG registriert, eine Zahl, die über viele Jahre stagnierte; in den letzten 15 Jahren kam es kaum zu Neugründungen. Die Bundesstiftungen widmeten sich dabei zu rund 50 Prozent Forschungs- und Bildungszwecken, währen die Landesstiftungen überwiegend soziale Zwecke verfolgen.

Neubeginn seit den 1990er Jahren

Seit den 1990er Jahren kam es zu einem fühlbaren Wandel in den Rahmenbedingungen von gemeinnützigen Aktivitäten und der Philanthropie:

1. Die Öffnung Ost- und Zentraleuropas nach 1989 führte unter anderem dazu, dass den Österreichern ihre Nähe zu vielen benachteiligten Regionen in den Nachbarstaaten Österreichs bewusst wurde und deren soziale und ökologische Probleme bekannt wurden, was sich durch die Balkankriege ab 1990 verstärkte. Bald nach 1989 begann eine Investitionswelle österreichischer Unternehmen in der CEE-Region (Zentral- und Osteuropa), was nicht nur die traditionelle Rolle Österreichs und speziell Wiens wieder belebte, sondern auch dazu führte, dass viele österreichische Unternehmer und Manager nunmehr seit 20 Jahren persönliche Erfahrungen mit den Problemen dieser Länder machen.

2. Im Gleichklang mit den meisten anderen westeuropäischen Staaten entstand in den letzten 20 Jahren eine größere Zahl von HNWI (High Networth Individuals), vor allem in der Finanzbranche (Hedgefonds, *Private Equity*, Mergers & Akquisistions), in der Immobilien- und IT-Branche sowie im Handel. Der Anteil des „neuen Reichtums" ist in Österreich noch höher als in anderen Ländern.

3. Das Sozialstaat-Denken ist auch in Österreich seit rund 25 Jahren auf dem Rückzug (ein markantes Datum ist hier das Ende der „Ära Kreisky" und der Alleinregierung der SPÖ im Jahr 1983). Seit der Privatisierung und Liberalisierung wächst auch in Österreich das Bewusstsein dafür, dass „der Staat" nicht alle soziale Aufgaben wahrnehmen kann, ja auch nicht soll.

4. All dies führte seit den 1990er Jahren zu etwas mehr Aktivität und zu verbesserten Rahmenbedingungen für philanthropische Aktivitäten. Im Jahr 1993 wurde das Privatstiftungsgesetz beschlossen, das nicht nur zu einer Gründungswelle von Privatstiftungen führte, sondern auch zur Repatriierung vieler Vermögen aus dem Ausland. Erst im Jahr 2009 wurden Spenden an manche NGOs (Stand im September 2009: 276) absetzbar gemacht.

Weiterhin schwierige Rahmenbedingungen für Philanthropie und Venture Philanthropy

Wer sich in Österreich mit Philanthropie und *Venture Philanthropy* befasst, trifft auf eine Reihe von Schwierigkeiten oder zumindest Eigenheiten. Dies ist angesichts des geschilderten „Geschichtsvakuums" und der fehlenden Tradition jedoch nicht verwunderlich: *Venture Philanthropy* braucht nicht nur „Geber" und „Nehmer", sondern innerhalb gesicherter Rahmenbedingungen ein funktionierendes Zusammenwirken vieler Stakeholder.

Eines der größten Probleme für *Venture Philanthropy* in Österreich ist das bereits erwähnte Gebot der „Unmittelbarkeit", das in der österreichischen Bundesabgabenordnung (BAO), dem steuerlich relevanten Gesetzeswerk, als Voraussetzung für die Zuerkennung des Status der Gemeinnützigkeit notwendig ist (§ 40). Diese „Unmittelbarkeit" verlangt, dass eine gemeinnützige Organisation nicht „mittelbar", sondern „unmittelbar" gemeinnützig zu agieren hat. Agiert eine Organisation beispielsweise als reiner Geldgeber oder auch als „Fonds" oder „Vermittler von Sozialkapital", so ist das auf keinen Fall gemeinnützig. Das hat den Verlust wesentlicher Steuervorteile zur Folge, wie zum Beispiel der Einkommensteuerfreiheit.

Eine Stiftung beispielsweise, die einem *Social Entrepreneur* durch finanzielle Unterstützung hilft, hat mit der Gemeinnützigkeit große Probleme, (und es ist auch egal, ob dies durch Arbeitsleistung, Erfolgskontrolle usw. ergänzt wird). Die Stiftung müsste für das Tun des *Social Entrepreneurs* verantwortlich und dessen Arbeit der Stiftung unmittelbar zuzurechnen sein, was in direktem Widerspruch zur heute geforderten „Arbeitsteilung" in der Zivilgesellschaft steht.

Die Unmittelbarkeit sei nur exemplarisch erwähnt, es gibt eine Reihe weiterer steuerlicher Hürden, die es für *Venture Philanthropy* zu überwinden gilt.

Das österreichische Phänomen der Privatstiftung

Wie bereits erwähnt, kam es ab 1993 zu einem Gründungsboom von Privatstiftungen in Österreich. Anfang 2009 waren in Österreich rund 3200 Privatstiftungen registriert. Allerdings haben die meisten dieser Privatstiftungen hinsichtlich des Stiftungszwecks sehr wenig mit den gemeinnützigen Stiftungen zu tun, wie man sie in Deutschland oder auch in der Schweiz kennt: Die meisten österreichischen Privatstiftungen sind eigennützig und sie wurden gegründet, um Familienvermögen zusammenzuhalten (mitunter mit dem Hauptmotiv, unerwünschte Familienmitglieder auszuschließen), oder um Steuern zu sparen. Auch der Unternehmensverkauf ist für den Verkäufer steuerlich oft günstiger, wenn er das Vermögen vorher in eine Privatstiftung eingebracht hat.

In der tagespolitischen „Reichendiskussion" ist es die simple Steuerersparnis, die man den Stiftern in Österreich häufig vorwirft. Allerdings dürfte dies tatsächlich nicht der Hauptgrund für die Gründung einer Privatstiftung sein: Wer Aktien länger als ein Jahr im Privatbesitz hält, hat ab diesem Zeitpunkt alle Kursgewinne steuerfrei – Aktienbesitz innerhalb einer Privatstiftung wird schlechter besteuert. Tatsache ist aber, dass die Privatstiftung als Gesamtheit der österreichischen Verteilungsdiskussion zurzeit eine große Angriffsfläche bietet. Ob gerechtfertigt oder nicht – sie werden heute häufig mit privatem Reichtum gleichgesetzt.

Das österreichische Gesellschaftsrecht bietet nicht nur Stiftern und Philanthropen, sondern auch den NGOs nur eingeschränkt passende Rechtsformen. So sind sehr große NGOs mit mehreren 1000 fest angestellten Mitarbeitern (wie etwa Hilfswerk, Volkshilfe, Caritas oder Rotes Kreuz) als Vereine oder als Netzwerke von Vereinen organisiert, die von ihrer Idee her ganz andere – jedenfalls kleinere – Aufgaben übernehmen sollten.

Privatstiftungen bieten nun für manche NGOs kurioserweise bessere rechtliche und steuerliche Rahmenbedingungen als für die Stifter, da sie ja u.a. die Auflage der Unmittelbarkeit durchweg erfüllen. Das führt dazu, dass sich manche NGOs nun selbst in gemeinnützige Privatstiftungen umgründen, wie beispielsweise die Vinzi-Rast gemeinnützige Privatstiftung, die Concordia Sozialprojekte P. Georg Sporschill Gemeinnützige Privatstiftung, die „Rote Nasen Clowndoctors International – gemeinnützige Privatstiftung" oder die „Rettet den Stephansdom – Verein zur Erhaltung des Stephansdoms" gemeinnützige Privatstiftung.

Dieses Wirrwarr an Rechtsformen ist für die *Venture Philanthropy* ebenfalls kein förderlicher Umstand. Ins Bild passt schließlich, dass auch in der Stiftungsurkunde als eigennützig beschriebene Privatstiftungen gemeinnützig tätig sein können, und umgekehrt.

Spendenabsetzbarkeit

Nach mehreren Jahren der politischen Diskussion wurden Anfang 2009 in Österreich die steuerliche Absetzbarkeit von Spenden beschlossen; die Details der Umsetzung sind seit Sommerbeginn 2009 bekannt. Insgesamt hilft die Absetzbarkeit von Spenden dem Gedanken der *Venture Philanthropy* nicht, und zwar aus mehreren Gründen:

1. Privatstiftungen sind im Vergleich zu Privatpersonen und Unternehmen steuerlich schlechter gestellt. Jeder philanthropisch gesinnte Österreicher ist steuerlich gesehen besser beraten, Aktivitäten als Privatperson durchzuführen und nicht durch eine Privatstiftung. Natürlich ist auch das Engagement von Privatpersonen (oder kommerziell geführte Unternehmen) möglich, da *Venture Philanthropy* ja nicht an Rechtsformen gebunden ist. Grundsätzlich stehen auch ausländische Stiftungskonstruktionen zur Verfügung und werden fallweise benutzt. Das Beispiel vieler anderer Staaten zeigt jedoch, dass sich *Venture Philanthropy* am besten aus einer funktionierenden Stiftungsszene heraus entwickelt.
2. Es gibt nur einen sehr eingeschränkten Kreis an NGOs, an die begünstigt gespendet werden kann. Die beiden wesentlichsten Einschränkungen beziehen sich auf die Mildtätigkeit (also keine Begünstigung für Aktivisten für Menschenrechte oder für den Umweltschutz; Amnesty International beispielsweise zählt nicht zum Kreis der begünstigten NGOs) und auf die Mindestbestanddauer von fünf Jahren. Typische Partner für die *Venture Philanthropy* wie junge *Social Entrepreneurs* sind ausgeschlossen.

Aktuelle Zahlen zu Stiftungen in Österreich

Laut der Zwischenergebnisse einer gerade in Arbeit befindlichen Studie zum gemeinnützigen Stiftungswesen in Österreich (durchgeführt vom Forschungsinstitut für Nonprofit-Organisationen an der Wirtschafts-Universität Wien) sind in Österreich rund 670 gemeinnützige Stiftungen registriert. Unter den 3150 Privatstiftungen sind acht Prozent gemeinnützig (plus vier Prozent „gemischtnützig“, also ohne erkennbaren Schwerpunkt), der Rest ist eigennützig. Diese 251 gemeinnützigen Privatstiftungen samt der 461 Bundes- und Landesstiftungen ergibt 666. Es wären auch noch einige Stiftungen nach dem Sparkassengesetz und je nach Definition kirchliche Institutionen hinzuzuzählen.

Die Aufgabengebiete der gemeinnützigen Stiftungen verteilen sich folgendermaßen (dunkler Balken: Privatstiftungen, heller Balken: Bundes- und Landesstiftungen).

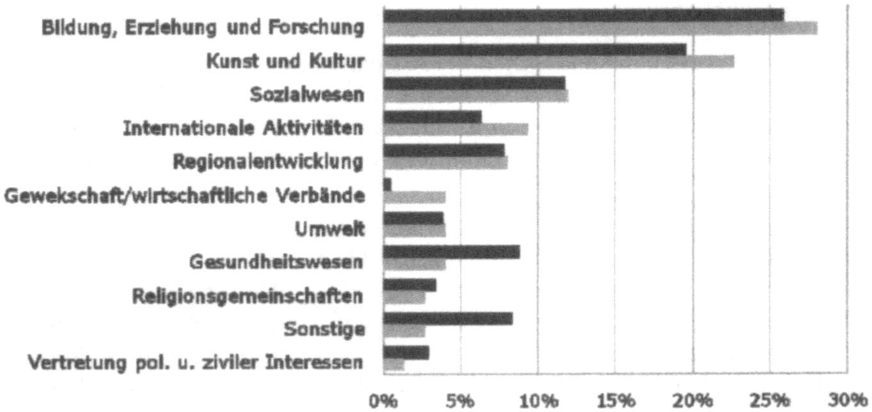

Quelle: Meyer, Michael/Schneider, Hanna/Millner, Reinhard (2009): Die Österreichische Stiftungslandschaft – Status Quo der Gemeinnützigkeit

Eine Hochrechnung dieser Zahlen durch das NPO-Institut ergibt, dass in Österreich ein höherer Anteil des gesamten Privatvermögens (Schätzung für Österreich: rund 1000 Milliarden Euro) in Stiftungen eingebracht ist als in Deutschland und in der Schweiz: sechs Prozent gegenüber drei Prozent in der Schweiz und zwei Prozent in Deutschland, bei einem geschätzten Vermögen aller Privatstiftungen von 60 Milliarden Euro. Das steht allerdings in krassem Gegensatz zum Anteil der gemeinnützigen Stiftungen an der Gesamtheit aller Stiftungen: In Österreich sind es nur 18 Prozent, während es in Deutschland 95 Prozent sind, in der Schweiz 64 Prozent. Eine Projektion (die auf Schätzungen und Annahmen für Österreich beruht) kommt zum Ergebnis, dass die österreichischen Stiftungen pro Jahr und Einwohner nur sechs Euro für gemeinnützige Zwecke ausschütten. In Deutschland sind es 230 Euro, in der Schweiz 215 Euro. Allerdings: Mehr als 50 Prozent der Privatstiftung haben in ihren Stiftungsurkunden subsidiär einen gemeinnützigen Zweck verankert.

Michael Meyer, der Initiator der Studie, kam in seiner Präsentation beim Symposium „Sinn stiften“ am 2. Juli 2009 in Wien zum Ergebnis, dass sich die Rolle der Privatstiftungen in Bezug auf ihre gemeinnützigen Aktivitäten „in den nächsten zehn bis fünfzehn Jahren“ entscheiden werde.

Venture Philanthropy heute in Österreich

Die österreichische Philanthropieszene ist in den letzten Jahren stark gewachsen. Eindeutiger Schwerpunkt sind dabei Kunst und Kultur. Speziell traditionsreiche Veranstaltungen und deren Häuser können sich über Gönner freuen, wie zum Beispiel die Gesellschaft der Musikfreunde in Wien seit der Gründung 1812. Auch in Wissenschaft und Forschung betätigen sich einige Philanthropen wie beispielsweise Hannes Androsch (Akademie der Wissenschaften). Einige gebürtige Österreicher sind im Ausland aktiv, so der frühere *Venture Capital* Spezialist Falk Strascheg mit dem „Strascheg Center for Entrepreneurship" an der Hochschule München oder der Unternehmer Gerhard Andlinger, der der Princeton University 100 Millionen US-Dollar schenkte, eine sowohl in ihrer Art als auch in ihrer Dimension für Österreich völlig unbekannte Art des Mäzenatentums.

Definiert man *Venture Philanthropy* aber im Sinne dieses Buches und setzt vor allem bei „sozialem Wagniskapital", bei höherem Engagement, vorhandenen personellen Kapazitäten und betriebswirtschaftlichen Grundprinzipien an, so wird der Kreis der in Österreich aktiven Organisationen sehr klein und die Beschreibung zu einer anekdotenhaften Aufzählung. Denn genau zwei Organisationen nehmen eine deutliche „Führungsposition" ein:

- Die Erste österreichische SparCasse Privatstiftung
- Die Martin und Gerda Essl Sozialpreis gemeinnützige Privatstiftung

Die Erste Stiftung

Die Erste österreichische SparCasse Privatstiftung (www.erstestiftung.org) ist eine 2003 – nach italienischen Vorbildern wie der Fondazio Cariplo oder der Compagnia di San Paolo – ins Leben gerufene Eigentümer-Stiftung für eine der größten Finanzkonzerne Österreichs, die Erste Bank. Die Erste Stiftung ist eine Nachfolgeorganisation für den früheren Sparkassen-Verein, der die Eigentumsrechte an der Ersten Österreichischen Sparcasse (gegründet 1819) wahrnahm. Die Umfirmierung in eine sozial und kulturell aktive Stiftung ist laut der Erste Stiftung auch als Rückbesinnung auf die traditionellen Werte einer Sparkasse zu sehen; gemeinnützige Aufgaben waren in den Statuten im Sparkassensektor von Beginn weg verankert.

Die Erste Stiftung hielt Mitte November 2009 rund 26,5 Prozent der Anteilsrechte an der Erste Group und ist damit deren größter Aktionär. Die Erste Stiftung hat bei den meisten Kapitalerhöhungen der Bank mitgezogen und zur Haltung ihres Anteils Fremdkapital aufgenommen. Die Dividenden der Erste Bank dienen der Tilgung und der Rückzahlung dieser Kredite, der Rest wird dem Stiftungszweck entsprechend verwendet. Die Erste Stiftung beschäftigt rund 30 Mitarbeiter, die Höhe des jährlichen Budgets wird nicht publiziert.

Die Erste Stiftung hat drei Themen in ihrem Stiftungszweck verankert:

1. Soziales
2. Kultur
3. Europa

Spezielle Aktivitäten entfaltet die Erste Stiftung in den Ländern, in denen auch die Erste Group tätig ist. So vergibt die Erste Stiftung jährlich den mit knapp 300.000 Euro dotierten „Award for Social Integration" und ist Mitbegründer des „European Fund for the Balkans". Gemeinsam mit der King Baudouin Foundation, der Robert Bosch Stiftung und der Compagnia di San Paolo soll der mit mehreren Millionen Euro dotierte Fonds zur europäischen Integration der Staaten auf dem Westbalkan beitragen.

Im Kernbereich der Venture Philanthropy hat die Erste Stiftung bislang zwei herausragende Aktivitäten durchgeführt:

Die Zweite Sparkasse (www.diezweitsparkasse.at) bietet Menschen ein Bankkonto, die sonst keinen Zugang zu einer Bankverbindung haben. Dieses Habenkonto ohne Überziehungsmöglichkeit wird in enger Kooperation mit Wohlfahrts- und Beratungsorganisationen wie der Caritas angeboten. Die tägliche Arbeit wird von 400 MitarbeiterInnen der Erste Bank und Sparkassen ehrenamtlich erledigt. Mittlerweile ist die Zweite Sparkasse aus Wien in einige Landeshauptstädte expandiert, und auch andere Banken sind dem Beispiel des „banking for the unbankable" gefolgt.

Im Jahr 2008 hat die Erste Stiftung gemeinsam mit der Erste Bank Beteiligungen GmbH die good.bee Holding gegründet (an der die Stiftung 60 Prozent der Anteile hält, www.goodbee.com). Die „good bee" (die Biene erinnert an das viele Jahrzehnte im Marketing der Ersten Österreichischern Sparcasse verankerte Tier) versteht sich als die Mikrofinanz- und *Social Entrepreneurship* Initiative der Erste Group. Sie soll unter anderem Mikrofinanz-Produkte für den CEE-Raum generieren. Die operative Zentrale (good.bee Service) hat ihren Sitz in Rumänien, am Standort der BCR, der größten Bankenbeteiligung der Erste Group. Zu den Aktivitäten der Good Bee und der Erste Stiftung in den Jahren 2009 und 2010 gehört u.a. die Hilfe für die Erweiterung des Ashoka-Netzwerks in Richtung der CEE-Staaten sowie die Organisation einer Osteuropa-Tournee zur Verbreitung der Philosophie des „Social Business" der Grameen-Group.

Essl Foundation

Die Martin und Gerda Essl Sozialpreis gemeinnützige Privatstiftung (Essl Foundation, www.esslsozialpreis.at) wurde im Jahr 2007 von der Eigentümerfamilie der Unternehmensgruppe Baumax gegründet. Die Baumax-Gruppe ist mit rund 10.000 Mitarbeitern und einem Umsatz von rund 1,6 Milliarden Euro die größte Do-it-Yourself-Handelskette in Österreich sowie in mehreren Staaten Ost- und Zentraleuropas, 2010 auch in der Türkei.

Für die Familie Essl ist die christlich-protestantische Ethik seit Generation eine Leitlinie. Karlheinz Essl gründete daher u.a. im Jahr 1999 das Essl Museum für zeitgenössische österreichische Kunst, das heute eines der größten Privatmuseen Europas ist.

Hauptzweck der Essl Foundation ist die jährliche Vergabe des Essl Social Prize, der mit einer Million Euro dotiert ist.

Der Essl Social Prize wurde 2007 initiiert und soll als international bedeutendster Sozialpreis für Gründerpersönlichkeiten – *Social Entrepreneurs* – etabliert werden. Ziel ist es, mit dieser Initiative auf die Bedeutung der Arbeit herausragender *Social Entrepreneurs* in der Gesellschaft aufmerksam zu machen und ihnen bei der Realisierung ihrer sozialen Initiativen bestmöglich zu helfen.

Jährlich werden besonders förderungswürdige, effiziente und wegweisende Projekte von *Social Entrepreneurs* mit einer Zuwendung von insgesamt einer Million Euro bedacht und bei der effizienten Realisierung unterstützt. Erster Preisträger war Pater Georg Sporschill, der seit vielen Jahren Straßenkinder in Rumänien, Moldawien und der Ukraine betreut. Mit dem Preisgeld wurde ein Wohn- und Ausbildungszentrum in Ploiesti/Rumänien errichtet. Ziel war es, den ehemaligen Straßenkindern eine spezielle Ausbildung zu bieten, die sie auf den Arbeitsmarkt vorbereitet, damit sie ihr Leben selbstständig in die Hand nehmen können. Der Essl Social Prize zeichnet sich dadurch aus, dass nicht nur das Preisgeld zur Verfügung gestellt, sondern auch die Entwicklung des Projektes aktiv begleitet wird: Das Know-how der Baumax-Gruppe bei der Planung und Errichtung dieses Gebäudes ist ein zentrales Element des Engagements.

Die Familie Essl hat auch die finanzielle Basis für den Essl Social Prize geschaffen, mit der über Generationen die jährliche Vergabe des Preises und die Unterstützung von *Social Entrepreneurs* und deren Projekte im Sinne eines umfassenden sozialen Verantwortungsbewusstseins ermöglicht werden soll.

Weitere Venture Philanthropy Aktivitäten in Österreich

Eine Reihe weiterer Aktivitäten rund um *Venture Philanthropy* sind derzeit in der Gründungsphase oder in einer sehr frühen Phase ihrer Entwicklung:

- „Ennovent – Innovations für Sustainability" wurde vom Unternehmer Peter Scheuch gegründet. Ennovent (www.ennovent.com) ist dabei, einen Social-Venture-Fonds (Sustainable Enterprises Fund) aufzulegen, der sich an den erfolgversprechendsten Innovationen im Bereich von Energieeffizienz und Klimaschutz beteiligen wird, und zwar im Speziellen an solchen, die in Indien eine besondere Marktchance besitzen. Der zweite Managementpartner von Ennovent ist Inder mit einem Background im *Venture Capital* Geschäft.
- Die Katharina Turnauer Privatstiftung engagiert sich bislang für Sozialsupermärkte und für Behindertenprojekte in Österreich und in Süd- und osteuropäischen Staaten, sowie für die Bekämpfung von Armut in Österreich.

- Die Unruhe Privatstiftung vergibt seit 2005 jährlich die „Sozialmarie“ (www.sozialmarie.org), Preise für herausragende Sozialinnovationen nicht nur an NOGs, sondern auch an Unternehmen und Kommunen, in Österreich sowie in einigen zentral-/osteuropäischen Staaten.
- Eine Gruppe österreichischer gemeinnütziger Stifter hat eine Initiative ins Leben gerufen, die ab 2010 selbst Projekte starten wird und als Vorbild für andere Privatstiftungen in Österreich dienen soll.

Ausblick

Österreichs *Venture Philanthropy* Szene steckt noch in den Kinderschuhen. Das Fehlen einer historisch gewachsenen Stiftungslandschaft hat viele Nachteile, zu denen die widrigen Rahmenbedingungen zählen. Allerdings eröffnet dieses Vakuum auch die Chance, dass Österreich einen direkten Sprung in die moderne Welt der *Venture Philanthropy* schafft und deren Elemente schneller annehmen kann als andere Staaten, wo auf dem Weg nach vorne auch beharrende Strukturen überwunden werden müssen. Die beiden aktivsten Stiftungen Österreichs setzen nicht nur beide auf das Konzept der *Venture Philanthropy*, sondern sind durch mannigfaltige Aktivitäten auch Anlaufstelle für viele andere Stiftungen in der Gründungsphase. Das stimmt für die Zukunft sehr optimistisch.

Venture- oder Risikophilanthropie in der Schweiz – Eine praxisbezogene Bestandsaufnahme

von Werner Blatter

Inhalt

Einleitung

Dieser Artikel beschreibt die Entwicklungen der Philanthropie und im speziellen der Risiko Philanthropie in der Schweiz anhand von drei Beispielen aus der Praxis. Der Artikel zeigt, dass sich auf dem Gebiet der Risiko Philanthropie in der Schweiz einiges getan hat und in den nächsten Jahren mit einer Expansion auf diesem Gebiet gerechnet werden kann. Beim Begriff Venture Philanthropie geht der Autor davon aus, dass es sich bei dieser Form der Philanthropie nicht so sehr um die Reduzierung auf einige unternehmerische Werkzeuge handelt, sondern dass „Risiko" von zentraler Bedeutung ist; aus diesem Grunde wird in diesem Artikel nicht die Bezeichnung Venture Philanthropie, sondern Risiko Philanthropie verwendet.

In der Schweiz ist die Risiko Philanthropie ein neues Phänomen; die klassische Philanthropie hingegen hat eine lange Tradition. So sind in der Schweiz laut CEPS[1] 12.000 gemeinnützige Stiftungen mit einem geschätzten Stiftungskapital von 50 Milliarden Schweizer Franken registriert. Das Ausschüttungsvolumen der Stiftungen liegt zwischen 1 und 1,5 Milliarden Franken pro Jahr. Auch die Spendenfreudigkeit der Schweizer Bevölkerung, sei dies für Projekte in der Schweiz oder international, ist traditionell groß. So haben laut ZEWO[2] die Schweizer/innen im Jahre 2007 1,16 Milliarden Franken an gemeinnützige Institutionen und NPOs gespendet; dies entspricht 100 Euro pro Einwohner. Diese traditionelle Form der Philanthropie ist nicht statisch, sondern hat sich in den vergangenen Jahren zunehmend professionalisiert; auch die gesetzlichen Rahmenbedingungen wurden schrittweise verbessert.

1 www.ceps.unibas.ch
2 www.zewo.ch

Risiko Philanthropie

Fallbeispiel Jeunes@Work

Um das Verständnis für die Risiko Philanthropie zu illustrieren, beschreibt dieser Beitrag zunächst ein Beispiel gelebter Risiko Philanthropie. Es handelt sich dabei um das Projekt Jeunes@Work (J@W)[3] in Genf. Ein Philanthrop[4] mit Sitz in Genf, der sich auch international philanthropisch engagiert, beauftragte Blatter+Frick im Jahre 2006, folgende Problematik zu recherchieren: Jugendliche im Alter zwischen 19 und 26 Jahren, die im Kanton Genf nach einer abgeschlossenen Berufsausbildung (von Berufslehre bis zu Hochschul- und Universitätsabschluss) keine erste Arbeitsstelle finden. Es ging also primär darum zu vermeiden, dass gut ausgebildete junge Menschen schon vor ihrem Einstieg in den Arbeitsmarkt in die Negativspirale der Arbeitslosigkeit geraten. Die Recherchen zeigten, dass sich zahlenmäßig eine spezifische Unterstützung rechtfertigte, und da in Genf keine besonderen Maßnahmen vorgesehen waren, entschloss sich der Risiko Philanthrop, diese Gruppe junger Menschen zu unterstützen. Zur Umsetzung seiner Idee wollte er jedoch keine neue Organisation gründen, sondern verlangte, dass das Projekt von einer bereits existierenden Organisation (NPO)[5] entwickelt und umgesetzt werden sollte. Der Partner wurde in der Fondation IPT[6], Intégration Pour Tous – Integration für alle – gefunden. IPT, gegründet im Jahre 1972 und mehrheitlich in der Romandie, aber seit einigen Jahren auch vermehrt in der Deutschen Schweiz aktiv, stellt eine Brücke zwischen Wirtschaft und Sozialwesen dar und hat zum Ziel, die Integration und berufliche Wiedereingliederung von Personen zu unterstützen, deren psychische oder physische Gesundheit beeinträchtigt ist. Im Jahre 2008 konnte IPT 1217 behinderte Personen in Arbeitsstellen in der Privatwirtschaft vermitteln. Aufgrund des außergewöhnlichen Netzwerkes, welches IPT im Laufe der Jahre gemeinsam mit der Privatwirtschaft aufgebaut hat und welches, zusammen mit der anerkannten Kapazität und Professionalität der Organisation, einen wesentlichen Bestandteil der erfolgreichen Arbeit von IPT darstellt, war IPT geradezu die ideale Organisation für die Auf- und Umsetzung des Konzepts J@W. Zudem war IPT bereit das Risiko einzugehen, für eine ihr unbekannte Zielgruppe tätig zu werden. Schon in der Planungsphase und um das Projekt aktiv zu begleiten, bestand der Risiko Philanthrop darauf, ein Leitungskomitee mit Vertretern der kantonalen Regierung (Sozialwesen und Erziehung), des Arbeitgeberverbandes, IPT und Blatter+Frick zusammenzustellen. Gleichzeitig wollte er vertraglich festhalten, dass sein Engagement zeitlich begrenzt ist und dass demzufolge auf lange Sicht

3 www.jeunesatwork.ch

4 Dieser Artikel benützt den Begriff „Risiko Philanthrop"; in letzter Zeit wird aber auch vermehrt die Bezeichnung „Sozialer Investor" verwendet.

5 Der Begriff NPO beschreibt normalerweise ausschliesslich Organisationen, die nicht profitorientiert handeln (Nonprofit). Dieser Artikel interpretiert diesen Begriff breiter und zählt auch sogenannte soziale Unternehmungen dazu. Soziale Unternehmungen sind gemäß der Schwab Foundation Organisationen, die soziale Dienstleistungen oder Produkte anbieten, dabei jedoch unternehmerisch vorgehen und nicht ausschließlich von Spenden oder Zuschüssen abhängig sind.

6 www.fondation-ipt.ch

andere Finanzierungsmöglichkeiten gefunden werden müssen, um die Nachhaltigkeit von J@W sicherzustellen. Der Kanton Genf unterstützt das Projekt mit ungefähr 30 Prozent des jetzigen Budgets. J@W wurde im Oktober 2007 lanciert. Nach den erwarteten Schwierigkeiten und Verzögerungen in der Aufbauphase hat J@W bis dato 100 gut ausgebildeten jungen Menschen im Kanton Genf einen ersten Arbeitsplatz vermittelt. Für 2010 ist eine Skalierung der Teilnehmerzahl vorgesehen und das Leitungskomitee wird sich vermehrt mit der Nachhaltigkeitsfrage beschäftigen. Sobald die Nachhaltigkeit von J@W in Genf gesichert ist, kann das Konzept in andere Schweizer Kantone „exportiert" werden.

Was zeigt uns dieses Beispiel? Der Risiko Philanthrop war bereit, ein neues Projekt aufzusetzen, obwohl es keine Erfolgsgarantien gab. Er hat damit eine Nische besetzt, die weder vom Staat noch von der Privatwirtschaft oder von Akteuren der Zivilgesellschaft abgedeckt wurde. Dass er darauf bestand, die Idee mit einer schon bestehenden Organisation (NPO) umzusetzen, half, die mit der Gründung und dem Aufbau einer NPO oft verbundenen enormen Kosten zu vermeiden. Er engagiert sich persönlich, indem er mithilfe seiner Kontakte und seines Netzwerks die Genfer Kantonsregierung und den Arbeitgeberverband in das Projekt einbinden konnte und auch aktiv an den Sitzungen des Leitungskomitees teilnimmt. Obwohl das Management des Projektes gänzlich in der Verantwortung von J@W liegt und er seine Rolle nicht als Mikro-Manager sieht, berät er das Projekt strategisch und bringt seine langjährige Erfahrung aus der Finanzwelt ein. Dass er sein mehrjähriges Engagement zeitlich beschränkt und die Exit-Strategie schon in der Planungsphase klar umrissen hat, ist ein weiteres Indiz für seinen Risiko Philanthropie Ansatz.

Annäherung an die Begrifflichkeiten

Das Beispiel zeigt, dass sich auch in der Schweiz Risiko Philanthropen nicht einheitlich engagieren, sondern je nach Art des Projekts dafür entscheiden, sich zusätzlich zu finanziellen Mitteln in der einen oder anderen Form für das von ihnen unterstütze Projekt einzusetzen. Darunter fallen das sogenannte soziale Kapital (d. h. der Risiko Philanthrop lässt seine Netzwerke für das Projekt spielen) und das intellektuelle Kapital, wobei es vor allem um das Einbringen von unternehmerischem Wissen geht. So kommen wir zum Begriff Risiko Philanthropie. Der Begriff Venture- oder Risiko Philanthropie wird in der Schweiz unterschiedlich definiert und - leider - auch als „catch word" gebraucht. Wenn wir davon ausgehen, dass Risiko Philanthropie die Begriffe Risiko und Unternehmertum beinhaltet, so kommt man einer allgemeinen Akzeptanz des Begriffes Risiko Philanthropie etwas näher.

Mit dem Begriff Unternehmertum schleicht sich jedoch eine Fehlinterpretation in die Diskussion ein, denn er wird im Zusammenhang mit einer NPO gebraucht, die unternehmerisch strukturiert ist und nach modernen Management-Prinzipien arbeitet. Dass NPOs im heutigen Umfeld solche Prinzipien anwenden, kann in der Schweiz bei mittelgroßen und großen NPOs zunehmend als Selbstverständlichkeit angenommen werden. Dasselbe gilt für unternehmerische Strukturen; dies bedeutet jedoch nicht, dass sie damit automatisch unter die Kategorie Risiko Philanthropie eingestuft werden können.

Ausgehend von den beiden Grundbegriffen Risiko und Unternehmertum und basierend auf der Erfahrung mit Risiko Philanthropen, sind die beiden Hauptakteure der Risiko Philanthropie der Risiko Philanthrop auf der einen Seite und die für die Umsetzung verantwortliche Organisation (NPO) auf der anderen Seite.

a) Der Risiko Philanthrop

Beim Risiko Philanthrop handelt es sich in der Regel um einen Unternehmer oder Risikokapitalanleger (*Venture Capitalist*), der zur Umsetzung seiner Idee bzw. Vision einen Partner (NPO) unterstützt, der mit den gleichen Methoden arbeitet, die der Philanthrop von seinen rein gewinnbringenden Investitionen gewohnt ist. Wir sprechen hier von Werkzeugen wie Machbarkeitsstudie, Business-Plan, *Due Diligence*, festgelegte Dauer des Engagements, finanztechnische Analyse, klare Zielsetzungen, Key Performance Indikatoren, Nachhaltigkeitsanalyse, Wirkungsmessung, Exit-Strategie, vertragliche Vereinbarungen sowie Gewinn, sei dieser sozialer oder finanzieller Natur. Der Risiko Philanthrop ist bereit ein Risiko einzugehen, indem er ein Projekt schon in der Aufbauphase finanziert, obwohl es keine Gewissheit auf Erfolg gibt. Er ist aus diesem Grund bereit, seine Expertise, seine Erfahrung und seine Kontakte einzubringen, um das Projekt zu fördern. Für den Risiko Philanthrop befindet sich Risiko Philanthropie im Mittelfeld zwischen Wohltätigkeit und *Social Responsible Investments*. Ein möglicher finanzieller Ertrag wird dabei im Zusammenhang mit der Nachhaltigkeit des Projektes gesehen und ist oft sekundär. Für den sozialen Investor haben der soziale Ertrag und die Nachhaltigkeit des Projektes Priorität, denn sein Ziel ist die Lösung eines sozialen Problems. Wohl wissend, dass er als Risiko Philanthrop außer Stande ist, die oft komplexen sozialen Probleme alleine zu lösen, ist er bemüht, mittels Vernetzung mit anderen Entitäten/Personen, die sich mit derselben Problematik befassen, eine Partnerschaft einzugehen. Der Risiko Philanthrop ist jedoch kein Mikro-Manager, die Leitung des Projektes bleibt in der Verantwortung der umsetzenden NPO.

Unsere Erfahrung zeigt uns, dass es meistens jüngere Menschen sind, die einen Risiko Philanthropie Ansatz für die Umsetzung ihres sozialen Engagements suchen. Es handelt sich dabei auch meistens um Menschen, die ihr Vermögen nicht geerbt, sondern selbst erarbeitet haben. Beim Risiko Philanthropen kann es sich auch um eine gemeinnützige Stiftung handeln, deren interne Regelungen es ihr erlauben, auch ein finanzielles Risiko einzugehen, und die sich mit den oben beschriebenen Kriterien auskennt und diese auch anwenden will.

Um seine Idee umzusetzen, benötigt der Risiko Philanthrop entweder eine NPO, die willig ist, ein mit Risiko verbundenes Projekt umzusetzen, oder er muss (wenn sich keine solche NPO findet) eine neue Organisation aufsetzen.

Letztlich ist der Risiko Philanthrop daran interessiert, die Wirkung einer erfolgreich aufgebauten und unterstützten Organisation, oft durch Kapazitätserhöhung, zu skalieren. Das Wachstum der Zahl der Nutznießer, oder im besten Falle sogar die Lösung des ursprünglichen Problems, sind zentrale Motive eines Risiko Philanthropen.

b) Die NPO

Um ein solches Projekt aufzustellen und dieses dann auch umzusetzen, muss die NPO gewillt sein, neben den heute üblichen Management-Prinzipien auch die Arbeitsmethoden des Risiko Philanthropen zu übernehmen und während des gesamten Zyklus› des Projektes, d.h. von der Planung bis zum Abschluss der Umsetzungsphase, eng mit dem Risiko Philanthropen zusammenzuarbeiten. Dazu gehören auch die Offenlegung der Bücher und die Bereitschaft, regelmäßig mit dem Risiko Philanthropen den Ablauf der Umsetzung zu besprechen und von ihm angeregte Verbesserungen in der Projektführung anzunehmen. Obwohl es in der Schweiz bei den NPOs zu einem Umdenken gekommen ist, sind die meisten NPOs noch nicht so weit, eine solche Beziehung einzugehen. Dazu gehört in manchen Fällen auch ein finanzielles Risiko; so kann ein Risiko Philanthrop verlangen, dass die NPO einen Teil der benötigten Mittel in Form eines Darlehens oder als Eigenkapital annimmt. Obwohl es sich nicht um eine Schweizer NPO handelt, zeigt das folgende Beispiel, wie ein solches Projekt aussehen kann.

Fallbeispiel: Stiftung Gente Nueva

Ein junger erfolgreicher Schweizer Unternehmer und Risikokapitalanleger unterstützt ein Wasserpumpen-Projekt in Argentinien. Der Umsetzungspartner, die Stiftung Gente Nueva[7] baut seit zwei Jahren das soziale Unternehmen ETV[8] auf, welches verschiedene Produkte für die ärmste Bevölkerungsschicht in Argentinien herstellt. Dazu gehören einfache Wasserpumpen, welche von langzeitarbeitslosen Jugendlichen hergestellt und von der Geschäftsführung verkauft werden. Der Ertrag dieses sozialen Jungunternehmens fließt dann in die gemeinnützige Stiftung Gente Nueva. Der soziale Ertrag dieses Projektes besteht darin, dass Bauern in armen und abgelegenen Gegenden Argentiniens ihren Tagesbedarf an Wasser direkt in ihre Häuser pumpen können und so ihre persönliche Hygiene verbessert wird; zudem können sie dank der Pumpen ihre Gemüsegärten besser und einfacher bewässern und haben so mehr Gemüse für ihren Eigenverbrauch. Da solche Projekte in Argentinien noch selten sind, trägt der Risiko Philanthrop letztlich auch dazu bei, sozialunternehmerische Ansätze wie ETV und das Vorgehen von Risiko Philanthropen bekannt zu machen.

Der Philanthrop hat vor zwei Jahren das Projekt in Bariloche besucht und war nach eingehender *Due Diligence* bereit, in das Projekt einzusteigen. Ein Teil des von ihm zur

7 www.fundaciongnetenueva.org.ar oder auch www.avina.net
8 www.etvida.com.ar

Verfügung gestellten Kapitals wurde in Form eines Darlehens strukturiert. Ein interessanter Aspekt des Projekts ist, dass der Risiko Philanthrop dieses Projekt bereits in der Planungsphase evaluierte und sich schon zu diesem Zeitpunkt entschloss, in das Projekt zu investieren. Seine Absicht, das soziale Jungunternehmen zu fördern, spiegelt sich im Ansatz, den er im Risikokapitalgeschäft anwendet. Das Projekt hat mittlerweile die erfolgreiche Anfangsphase hinter sich und ist selbsttragend. In der nächsten Phase geht es nun darum, mit Gente Nueva die Skalierungsmöglichkeiten des Projekts auszuarbeiten, wobei der Risiko Philanthrop in Ergänzung zu seinem finanziellen Engagement vermehrt soziales und intellektuelles Kapital einfließen lassen möchte.

Position der Risiko Philanthropie in der Schweiz

Im Zusammenhang mit der Diskussion über Risiko Philanthropie muss festgehalten werden, dass die traditionelle Philanthropie (individuelle Spenden und Schenkungen) in der Schweiz in Zukunft den Großteil der zur Verfügung gestellten Mittel beanspruchen wird. Dies hat zwei Gründe. Erstens: Der Kleinspender, der eine NPO pro Jahr mit 50 bis 1500 Euro unterstützt, verlangt keine detaillierte Berichterstattung und vertraut darauf, dass die NPO die angesagte und geplante Hilfe auch leistet. Auch die meisten Stiftungen, die seit Jahren und zum Teil seit Jahrzehnten die gleichen Institutionen (NPOs) unterstützen, sind weder geneigt noch von der Mentalität her bereit, Risiko Philanthropie zu wagen. Zweitens: Bei der Nothilfe und der humanitären Hilfe sind Spendengelder bestimmt auch in Zukunft die einzig mögliche Form der Unterstützung.

In der Schweiz ist Risiko Philanthropie noch relativ jung. Löbliche Ausnahme ist Stephan Schmidheiny, der im 1994 die AVINA Stiftung[9] gründete. Schmidheiny ist ein Risiko Philanthrop vor seiner Zeit, denn er hat seine Stiftung nicht nur mit unternehmerischem Charakter gegründet, sondern AVINA unterstützt seit der Gründung ganz bewusst viele sogenannte soziale Jungunternehmungen. Obwohl AVINA jede Organisation und jedes Projekt einer sorgfältigen Risikoanalyse unterzieht und oft schon bei der Planung beratend herangezogen wird, besteht doch in jedem Fall ein wirkliches Risiko. AVINA leistet oft und ganz gezielt Anschubfinanzierung, damit sich dann in einer zweiten Phase, wenn sich das Projekt bestätigt hat, andere Investoren ebenfalls an den Projekten beteiligen. Die Vernetzung zwischen Privatunternehmen und NPO, sei dies in der Schweiz oder in Lateinamerika, ist ein besonderes Anliegen und eine besondere Stärke von AVINA.

Risiko Philanthropie als Erweiterung und Neuentwicklung der Philanthropie bewegt sich nicht in einem Vakuum. Sie kann sich nur im Umfeld der traditionellen Philanthropie bewegen. Aus diesem Grunde ist es wichtig, die allgemeine Situation und die Rahmenbedingungen der traditionellen Philanthropie sowie deren Entwicklung in der Schweiz kurz zu beschreiben.

9 www.avinastiftung.ch

Auf der Seite der NPOs findet man die ZEWO, die Schweizer Zertifizierungsstelle für gemeinnützige Spenden sammelnde Organisationen, welche Schweizer NPOs (aktiv in der Schweiz und international) regelmäßig evaluiert. Sie hat ihr Gütesiegel an über 500 NPOs vergeben. Dieses Gütesiegel gibt dem/der Spender/in die Gewissheit, dass die von ihm/ihr begünstigte Organisation die Kriterien von ZEWO erfüllt. ZEWO hat nun auch eine Arbeitsgruppe zusammengestellt, um die Wirkungsmessung bei NPOs auszuarbeiten. Dies ist auch im Zusammenhang mit der Risiko Philanthropie ein wichtiger Schritt, der es den NPOs ermöglichen wird, sich auf von Spezialisten ausgearbeitete Richtlinien zur Wirkungsmessung ihrer Aktivitäten zu stützen.

Die Konferenz Präsidentinnen und Präsidenten grosser Hilfswerke der Schweiz (KPGH) hat 2006 zudem den Swiss NPO Code veröffentlicht. Dieser Code ist verbindlich für NPOs, die ihn unterzeichnen. Er legt die Grundsätze für eine verantwortungsvolle, transparente und zeitgemäße „good governance" im Nonprofit-Bereich fest. Für die Trägerschaft des Swiss NPO Codes wurde im Jahre 2008 der Verein Swiss NPO-Code[10] gegründet.

Das Schweizer Stiftungswesen wird durch das im Jahr 2006 reformierte Schweizer Stiftungsrecht geregelt. Dank dieser Gesetzesrevision wurde der Spendenabzug bei der direkten Bundessteuer von 10 auf 20 Prozent des Einkommens bzw. des Gewinns des Spendenden erhöht. Doch die Bemühungen um weitere Verbesserungen gehen laufend weiter. So hat im Dezember 2009 das Schweizer Parlament die Motion Luginbühl zur „Steigerung der Attraktivität des Stiftungsstandortes Schweiz" angenommen. Mit dieser Motion wird der Bundesrat (also die Regierung) beauftragt, Anpassungen an europäische Entwicklungen vorzunehmen und die Rahmenbedingungen für gemeinnützige Förderstiftungen wie auch Familienstiftungen fiskalisch so attraktiv auszugestalten, wie es im benachbarten Ausland der Fall ist.

Ebenfalls im Dezember 2009 nahm das Parlament außerdem eine Motion an, die den Bundesrat beauftragt, die statistischen Grundlagen des schweizerischen Stiftungswesens zu verbessern. Dabei sorgt er insbesondere für die jährliche Erhebung der wichtigsten Zahlen und Fakten und schafft ein nationales, elektronisch zugängliches Register aller gemeinnützigen Stiftungen in der Schweiz. Diese auch von der Swiss-Foundations[11] unterstütze Motion wird die Transparenz im Schweizer Stiftungswesen erheblich verbessern.

proFonds[12], der Dachverband gemeinnütziger Stiftungen und Vereine der Schweiz, wahrt deren Interessen, vor allem im Bereich des Zivil-, Aufsichts- und Steuerrechts. Zudem dient proFonds als Forum, in dem aktuelle Entwicklungen und Probleme im Gemeinnützigkeitswesen thematisiert werden. Der Verband Schweizer Förderstiftungen, SwissFoundations, wurde 2001 von elf großen Schweizer Förderstiftungen gegründet. Hauptziel dieses Verbandes ist es, das Image und die Entwicklungsmög-

10 www.swiss-npocode.ch
11 www.swissfoundations.ch
12 www.profonds.org

lichkeiten von Förderstiftungen zu verbessern. SwissFoundations hat ein nationales Netzwerk zur Förderung des Stiftungswesens in der Schweiz aufgebaut und setzt sich aktiv und innovativ für Transparenz und Professionalität im Stiftungswesen ein. SwissFoundations hat sich besonders verdient gemacht, indem sie 2005 den Swiss Foundation Code veröffentlichte. Dieser Code war auf europäischer Ebene der erste „Good Governance Code“ für Förderstiftungen. 2009 wurde eine erweiterte Version des Codes veröffentlicht. Der Swiss Foundation Code strebt im Gegensatz zum Swiss NPO Code keine Verbindlichkeit an. Er hat empfehlenden Charakter und basiert auf folgenden drei Grundsätzen: 1. Wirksame Umsetzung des Stiftungszweckes, 2. „Checks und Balances“ und 3. Transparenz.

Zu einem gut funktionierenden Umfeld in der Philanthropie gehört zudem Forschung und Weiterbildung, zwei Schlüsselelemente in der Entwicklung und Professionalisierung der Philanthropie. In diesem Feld sind besonders die Universitäten in Fribourg und Basel sehr aktiv. Das Verbandsmanagement-Institut der Universität Fribourg[13] bietet neben Vortragsreihen und Publikationen über philanthropische Themen auch Weiterbildungskurse, inklusive eines Executive MBA in NPO Management, für Stiftungen und NPOs an. Das Centre for Philanthropy Studies (CEPS) der Universität Basel, im Jahre 2008 auf Initiative von SwissFoundations gegründet, versteht sich als ein universitärer Think Tank zum Themenbereich Philanthropie. Neben der wissenschaftlichen Arbeit offeriert CEPS auch Weiterbildungskurse, Beratung und Coaching für Stiftungen und NPOs und wurde in kurzer Zeit zu einem wichtigen Akteur auf dem Gebiet der Philanthropie in der Schweiz.

Die sich abzeichnende Professionalisierung der traditionellen Philanthropie sowie die guten Rahmenbedingungen bilden das nötige Umfeld, in dem sich die Risiko Philanthropie in der Schweiz bewegen und entwickeln kann. Dabei sind andere Akteure ebenfalls wichtige Bestandteile: Die Schwab Foundation[14] hat im Oktober 2009 zum vierten Mal den Sozialen Unternehmer des Jahres in der Schweiz ausgewählt. Der gesamte Auswahlprozess für diese sozialen Unternehmer hat im Zusammenhang mit Risiko Philanthropie nicht nur einen starken Einfluss auf die nominierten Organisationen, sondern auch auf die Philanthropen. Für die NPOs sind die Gewinner Vorbilder, die erfolgreich soziale Renditen mit Unternehmertum und Risiko verbinden. Für die Philanthropen in der Schweiz sind die Finalisten und die Gewinner Beispiele für mögliche philanthropische Risiko Investitionen. Dasselbe gilt für Ashoka[15], die, obwohl erst seit einem Jahr in der Schweiz präsent, schon vier Ashoka Fellows ausgewählt hat. Um Ideen weiterzuentwickeln und auch um das Verständnis von Risiko Philanthropie zu verbessern, spielen zudem akademische Arbeit und Weiterbildung eine wichtige Rolle. CEPS ist dabei ein Vorreiter. So befasst sich der Leiter von CEPS wissenschaftlich mit dem Begriff Risiko Philanthropie. Ebenso ist das Themenfeld Risiko Philanthropie Bestandteil eines Bachelor Lehrgangs der Universität Basel/CEPS.

13 www.vmi.org
14 www.schwabfound.org
15 www.switzerland.ashoka.org

Auch der Austausch zwischen Stiftungen, NPOs und Philanthropen wächst – in diesem Zusammenhang ist die Podiumsdiskussion über Risiko Philanthropie anlässlich des 9. Schweizer Stiftungssymposiums der SwissFoundations im November 2009 zu erwähnen. Hinzu kommen einige neue Akteure. Dazu gehören die Elea Foundation[16] und die LGT Group[17], die zukünftig die Risiko Philanthropie in der Schweiz vorantreiben und mitgestalten werden.

Fallbeispiel: Stiftung Speranza

Ein neuer Risiko Philanthrop in der Schweiz ist Otto Ineichen, ein erfolgreicher und charismatischer Schweizer Unternehmer und Parlamentarier. Im Jahre 2006 gründete er mit einer Gruppe von Unternehmern (zum Teil ebenfalls Parlamentarier) die Stiftung Speranza[18]. Mit großem Einsatz ist es dieser noch jungen Stiftung gelungen, mehr als 8000 neue Ausbildungsplätze für schulisch schwache Jugendliche und junge Erwachsene zu schaffen. In eigenen Projekten und Integrationsmassnahmen hat die Stiftung Speranza bis dato schon über 250 Jugendlichen mit sozialen und schulischen Problemen einen Ausbildungsplatz ermöglicht. Speranza beschäftigt knapp 20 vollamtliche Mitarbeiter, hat mehrere Zweigstellen errichtet und ist in mehr als 20 Kantonen in der Schweiz engagiert. Speranza wird in einzelnen Projekten zu 60 Prozent vom Bund und den Kantonen finanziert. Die restlichen 40 Prozent des Budgets sind durch Eigenleistung, Spenden von Grossunternehmen, Klein- und Mittelständischen Unternehmen, privaten Gönnern und Otto Ineichen selbst gesichert.

Um seine Vision umzusetzen hat der Risiko Philanthrop in diesem Falle eine eigene Stiftung aufgestellt und zusammen mit anderen Unternehmern die ersten finanziellen Mittel in das Projekt investiert; als Vorsitzender des Stiftungsrates und als Geldgeber ist er weiterhin aktiv an der Entwicklung von Speranza beteiligt. Schon in der Planungsphase hat der Risiko Philanthrop realisiert, und dies ist besonders bemerkenswert, dass er nicht in der Lage war, ein großes soziales und wirtschaftliches Problem alleine zu lösen. Aus diesem Grund setzt er mit Erfolg seine politischen und unternehmerischen Netzwerke ein, um die Vision von Speranza voranzutreiben. So sind alle Stiftungsräte in der Wirtschaft verankert, drei davon sind auch Politiker auf nationaler Ebene. Neben dem Stiftungsrat stützt sich Speranza auf einen Fachausschuss, zusammengesetzt aus Spezialisten aus Wissenschaft, Verbänden und Verwaltung, sowie einen Vorstand der Gönnervereinigung Stiftung Speranza. Letztere setzt sich aus Persönlichkeiten aus Politik, Verwaltung, Vereinigungen sowie der Wirtschaft zusammen. Dank dieser engen Vernetzung von Wirtschaft und Politik konnte der Philanthrop sehr schnell die nötigen Mittel für das auf nationaler Ebene aufgebaute Projekt finden und so die Nachhaltigkeit der Arbeit von Speranza sichern. Im Juni vergangenen Jahres ist Herr Ineichen, zusammen mit der Nationalratspräsi-

16 www.elea-foundaton.org
17 www.lgt.com
18 www.stiftungsperanza.ch

dentin und dem Ständeratspräsident, mit einem Aufruf zur „Weiterbeschäftigung der Lehrabgänger nach der Lehre“ an die Öffentlichkeit getreten. Mit diesem politischen Aufruf gelang es dem Risiko Philanthropen, das Problem der Jugendarbeitslosigkeit auf nationaler Ebene zu thematisieren; eine weitere Art des Engagements eines Risiko Philanthropen.

Ausblick: Risiko ja, Venture nicht immer

Wie die Beispiele von Speranza und J@W zeigen, werden Risiko Philanthropie-Projekte und Programme in der Schweiz auch in Zukunft zum Teil auf öffentliche Mittel angewiesen sein. Die Lösung von sozialen Problemen sind in allen industrialisierten Ländern mit einem enormen finanziellen Aufwand verbunden und der Risiko Philanthrop kann das Problem nicht alleine und nur mit seinen eigenen Mitteln lösen. Neue Lösungsmodelle anzuregen und als Vorreiter das damit verbundene Risiko einzugehen, sind Rollen eines Risiko Philanthropen. Der Staat mit seinen schwerfälligen Strukturen und seinen komplizierten Entscheidungsprozessen hat weder die nötige Flexibilität noch das Mandat, neue, mit Risiko verbundene Ideen zu erproben. Dagegen kann der Staat, ja es ist geradezu in seinem Interesse, so sich ein solches Projekt bewährt, bei dessen Weiterführung und/oder bei dessen Skalierung finanzielle Mittel zur Verfügung stellen. Ein gut funktionierendes Zusammenspiel zwischen dem Risiko Philanthropen, der NPO, dem Staat und vermehrt auch der Privatwirtschaft sind demzufolge Vorbedingungen, um erfolgreich soziale Probleme in Industriestaaten anzugehen.

Die beschriebenen Entwicklungen auf dem Gebiet der Risiko Philanthropie und die angeführten Beispiele deuten darauf hin, dass sich in der Schweiz auf diesem Gebiet in den vergangenen drei Jahren einiges bewegt hat. Dies war möglich, weil es einerseits bereits einige Philanthropen gibt, die Risiko Philanthropie betreiben, und sich andererseits auf der Seite der NPOs und Stiftungen ein größeres Verständnis für die damit verbundenen unternehmerischen Ansätze abzeichnet. Die guten Rahmenbedingungen der Philanthropie in der Schweiz sowie die Forschungstätigkeiten und Weiterbildungsmöglichkeiten sind ebenfalls positive Faktoren für die Entwicklung dieser neuen Form der Lösung sozialer Probleme.

Demzufolge kann man davon ausgehen, dass eine Bestandsaufnahme im Jahre 2015 eine ganz Reihe von Risiko Philanthropen und Risiko Projekten beinhalten wird. Dabei darf mit Spannung erwartet werden, ob die bisher in der Schweiz noch selten verwendeten Finanzierungsformen aus dem Risikokapitalgeschäft vermehrt im Werkzeugkasten von risikofreudigen Philanthropen und NPOs zu finden sein werden. Da solch positive Entwicklungen zur Lösung von sozialen Problemen beitragen, darf man sich auf die Zukunftsperspektiven freuen.

Venture Philanthropy skalieren – eine globale Perspektive

von Felix Oldenburg

Inhalt

> *"Nearly every problem has been solved by someone, somewhere. The challenge of the 21st century is to find out what works and scale it up."*
> *Bill Clinton*

Einleitung

In den vergangenen Jahren hat *Venture Philanthropy* in Deutschland größeres Interesse erfahren als je zuvor. Im Land des langjährigen Exportweltmeisters steht die globale Vernetzung des philanthropischen Sektors allerdings in keinem Verhältnis zu ihrer globalisierten Wirtschaft. Das ist insofern überraschend, als Deutschland nach den USA der weltweit zweitgrößte Geber in der Entwicklungszusammenarbeit ist,[1] aber nicht überraschend, wenn man den geringen Anteil privater Geldgeber im Vergleich zum Staat in Betracht zieht.[2] Zwar stehen hinter vielen der meist englischen Fachbegriffe Prinzipien, die es schon lange in der philanthropischen Tradition gibt (s. Beitrag von Alberg-Seberich in diesem Band). Der Trend zu international eingesetztem philanthropischem Wagniskapital aber, der nicht zuletzt auch durch die Beispiele etwa der Bill and Melinda Gates Foundation oder der Clinton Global Initiative jüngst einige Öffentlichkeit erhalten hat, ist in der deutschen Geberlandschaft noch nicht angekommen.[3]

1 OECD-Erhebung 2008 (http://www.bmz.de/de/presse/aktuelleMeldungen/2008/april/20080404_oecd/index.html)

2 65 % des deutschen Sozialsektors sind aus öffentlichen Mitteln finanziert, im Gegensatz zu 45 % in Großbritannien und 28 % in den USA (Quelle: The Johns Hopkins Comparative Non Profit Sector Project).

3 Ein zusätzliches Indiz für diesen Befund ist die geringe Anzahl der deutschen Mitgliedsorganisationen in der European Venture Philanthropy Association EVPA, die mittlerweile über 140 Mitglieder zählt (Stand 2009: vier).

Einiges spricht dafür, dass sich dieses Bild in naher Zukunft ändern wird. *Social Entrepreneurship* (und insbesondere die Finanzierungsstrategie Social Business) nimmt inzwischen nicht nur großen medialen Raum ein, sondern erweitert das Blickfeld hin zum internationalen Erfolg gesellschaftlicher Innovationen – etwa die Expansion des „Dialogs im Dunkeln" von Andreas Heinecke oder 2010 die Exklusivpartnerschaft von Jürgen Griesbecks „streetfootballworld" mit der Fußballweltmeisterschaft, oder in der Gegenrichtung, die Übertragung des Finanzbildungsprogramms für Kinder durch „Aflatoun" von Jeroo Billimoria in den deutschsprachigen Bereich.

Des Weiteren wächst der Handlungsdruck, globalen Bedrohungen wie Epidemien, Armutsmigration und Klimawandel mit erheblichem Risikopotenzial für Deutschland auch mit philanthropischen Investitionen zu begegnen. Im gleichen Maße wie sich gesellschaftliche Problemlösung für Deutschland zunehmend in globalen Handlungsfeldern abspielen wird, werden sich die Fragen nach der Skalierung von Gesundheitskampagnen, Armutsbekämpfung und Mikrokrediten und Umweltinitiativen drängender stellen.

Und schließlich – aber hier handelt es sich noch um eine Hoffnung – könnte die Finanzkrise im besten Fall dazu führen, dass ihre deutschen Hauptakteure den Werkzeugkasten des *Venture Capitalism* verstärkt auch als philanthropische Strategie entdecken, um einen neuen, sozialeren Finanzsektor zu bauen.

Nicht ganz zufällig stehen hinter allen drei der oben genannten Beispiele für internationale Skalierung *Social Entrepreneurs*. Wenn *Venture Philanthropy* in erster Linie eine Geberstrategie bezeichnet, ist das begriffliche Gegenstück auf der Empfängerseite *Social Entrepreneurship*. Durch ihre unternehmerische Denkweise sind *Social Entrepreneurs* für „konditionale Formen des Gebens" (siehe Beitrag von Adloff in diesem Band) meist empfänglicher als traditionelle Dritte Sektor-Organisationen.

Ashoka nutzt als Plattform für 2500 Ashoka Fellows in über 60 Ländern seit fast 30 Jahren einige Kernprinzipien der *Venture Philanthropy* in der eigenen Förder- und Investitionsstrategie – seit 2004 auch in Deutschland. Dabei ist Ashoka vor allem eines: ein großes Lernnetzwerk. Dieser Beitrag möchte einige der zentralen Lernerfahrungen skizzieren, die im Laufe dieses Prozesses hinsichtlich der Anpassung von Prinzipien der *Venture Philanthropy* gemacht wurden.

Diese Lernerfahrungen beziehen sich vor allem auf vier Bereiche, von denen interessierte philanthropische Akteure in Deutschland für ihre eigenen Strategien profitieren können: erstens der Auswahlprozess, zweitens die Wachstumsunterstützung, drittens die Kooperationsstrategien und -anreize und viertens die Wirkungsmessung. Diese Bereiche entsprechen in etwa auch den Werttreibern für *Venture Philanthropy* nach Porter und Kramer: Die besten Investitionsempfänger aussuchen, Signale zu Best Practices für andere Investoren setzen, Leistungssteigerung der Investitionsempfänger schaffen (Kramer/Porter 2007).

In jedem der folgenden Lernerfahrungen existiert ein Spannungsfeld zwischen globaler Einheitlichkeit und lokaler Flexibilität, in dem sich jede international tätige philanthropische Organisation bewegt.

Die Auswahl

Der Auswahlprozess ist direkt von der Zielsetzung der philanthropischen Organisation abhängig und bildet einen zentralen Teil ihrer eigenen Wirkungskette ab. Im Fall von Ashoka geht es um die Absicht, erstens Innovationen mit einem großflächigen sozialen Problemlösungspotenzial voran zu bringen, und zweitens über die Vorbildwirkung der dahinter stehenden *Social Entrepreneurs* weitere „changemaker" in der Gesellschaft zu aktivieren. Durch die Verleihung einer positiven Identität als Ashoka Fellow, durch intensive finanzielle und beraterische Unterstützung sowie durch die Einbindung in ein globales Netzwerk sollen die *Social Entrepreneurs* entscheidend in ihrer Fähigkeit gestärkt werden, ihre Innovationen einem möglichst großen Markt zuzuführen. Diese Wirkung soll weiterhin in allen gesellschaftlichen Problemfeldern und auch geographisch möglichst uneingeschränkt erzielt werden. Aus dieser sehr knapp dargestellten Grundstrategie ergeben sich die Auswahlkriterien, die mit fünf Auswahlkriterien sowohl auf die Idee als auch die Person abzielen.

Auswahlkriterien nützen allerdings nichts, wenn es keinen Auswahlprozess gibt, in dessen Verlauf tatsächlich die aussichtsreichsten Kandidaten und verlässliche Informationen über sie gefunden werden, um die Kriterien anzuwenden (siehe dazu den Beitrag von Achleitner, Heister, Spiess-Knafl in diesem Band). Dafür hat Ashoka als Pionier das Konzept eines mehrstufigen Auswahlprozesses von Wagniskapitalgebern (*Venture Capitalists*) übertragen. Um eine weltweit einheitliche Qualität zu gewährleisten, schaltet Ashoka einem nationalen Auswahlverfahren eine internationale Stufe nach, auf die das nationale Auswahlteam keinen Einfluss hat.

Der nationale Auswahlprozess beginnt mit einem Netzwerk von lokalen Nominatoren, Experten aus möglichst vielen gesellschaftlichen Problemfeldern, die geeignete Kandidaten in einer Frühphase identifizieren – meist deutlich bevor sie im öffentlichen Bewusstsein ankommen und dann auch durch die Recherche vom Ashoka-Team gefunden werden können. Und: Anders als ein Bewerbungsverfahren kann eine aktive Suchstrategie *Social Entrepreneurs* auch dann finden, wenn sie noch gar nicht ahnen, welches Potenzial ihre Innovation hat. Die Erfahrung von Ashoka zeigt, dass ein gutes Nominatorennetzwerk nicht nur zu einer deutlich besseren Kandidatenliste, sondern über die Multiplikatorenwirkung der Nominatoren auch zu einer Wahrnehmungssteigerung für *Social Entrepreneurship* führt.

Der darauffolgende Prozess der *Due Diligence* ist mit Interviews, Vor-Ort-Besuchen, Recherchen und Referenzen darauf ausgerichtet, eine möglichst aussichtsreiche Kurzliste von Kandidaten für die internationale Stufe vorzuschlagen. Oft führen die Gespräche mit Kandidaten dazu, dass sie ihre Arbeit erstmals als sozialunternehmerisch wahrnehmen, das Potenzial ihrer Lösung besser verstehen und den Auswahlprozess so auch ohne Erfolg als große Bereicherung empfinden. Jeder Kandidat verfügt nach diesem Anfangsprozess über eine Dokumentation, die sie auch als regelmäßigen Bericht aktualisieren und gegenüber weiteren Unterstützern verwenden können.

Bevor die Kandidaten einem immer neu zusammengestellten Auswahlpanel vorgestellt werden, müssen sie einen international erfahrenen Interviewer überzeugen, der für ein global einheitliches Qualitätsniveau sorgt. Nach einstimmiger Entscheidung des Panels muss der globale Aufsichtsrat von Ashoka der Wahl noch formell zustimmen.

Auswahlkriterien und Auswahlprozess bei Ashoka

1. Der Lösungsansatz für das gesellschaftliche Problem muss neu sein.
2. Der Lösungsansatz muss das Potenzial haben, das gesellschaftliche Problem großflächig und tiefgreifend zu lösen.
3. Die Person muss den Lösungsansatz kreativ an das Umfeld anpassen.
4. Die Person muss den Lösungsansatz unternehmerisch umsetzen, das bedeutet mit Blick auf den größtmöglichen Markteinsatz.
5. Die Person muss hohen ethischen Ansprüchen genügen.

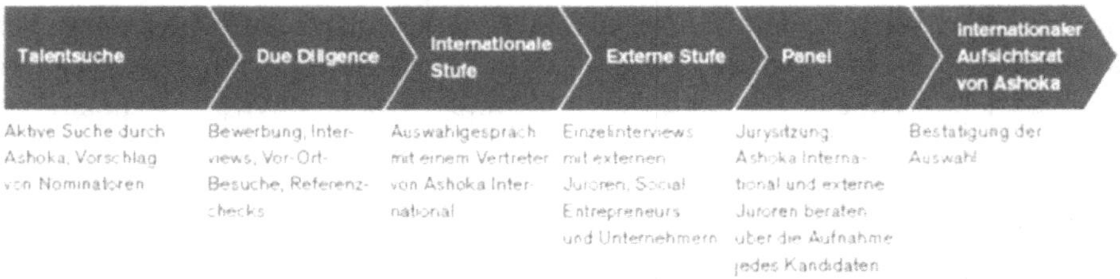

Für Organisationen der *Venture Philanthropy*, die international nach Investitionsmöglichkeiten suchen, kann der Ashoka-Auswahlprozess zwei wichtige Lernerfahrungen liefern.

Erstens sind lokale Kompetenz, Ressourcen und Netzwerke erforderlich, um eine vernünftige Entscheidungsgrundlage zu schaffen. Wenn Organisationen selbst die „Erstidentifikation" von Kandidaten vornehmen wollen, müssen sie diese Ressourcen selbst aufbauen. Können sie das nicht, sollten sie Kandidaten durch Partner wie Ashoka identifizieren, die einen aufwändigen lokalen Auswahlprozess bereits mit langer Erfahrung und Reichweite durchführen.

Zweitens sind die Kandidaten und ihre Projekte „bewegliche Ziele“, deren Potenzial sich oft erst im Auswahlprozesses erschließt und deren Sicht auf das eigene Projekt sich während eines gut geführten Auswahlprozesses verändern kann. Die häufig von Investoren gewünschte Fähigkeit, sich vollständig aus Eigeneinnahmen zu finanzieren, ist ein meist unrealistisches Eingangskriterium. Der Weg zur besten Finanzierungsstrategie für ein Projekt ist lang, und wenn Investoren die Lösung etwa mit der Forderung nach „Social Business“ bereits als Auswahlkriterium vorgeben, dann verpassen sie sowohl Innovationen, die sich erst auf dem Weg dorthin befinden, als auch Innovationen, für die andere Finanzierungsstrategien noch besser geeignet sind. Aus der Erfahrung von Ashoka ist die Lernerfahrung eines Kandidaten während des Auswahlprozesses ein guter Indikator für die Entwicklungsdynamik, die man mit der Investition bewirken möchte.

Die Wachstumsförderung

Hat eine Organisation ihre Investitionsobjekte ausgewählt, stellt sich die Frage der Förderstrategie. Sie ist der zweite Teil der Wirkungskette des Investors. Anders als bei typischen „hands-off“-Zuwendungen von Stiftungen, Spendern oder der öffentlichen Hand stellen sich Organisationen der *Venture Philanthropy* dabei der Herausforderung einer langfristigen, individuellen und nicht allein finanziellen Unterstützung.

Im Fall von Ashoka ist die Förderung direkt auf die Person des *Social Entrepreneurs* selbst ausgerichtet. Ihre zeitliche Verfügbarkeit für die Vertiefung und Verbreitung der Idee ist in der Frühphase oft der entscheidende Wachstumsmotor. Daher stellt Ashoka seinen Fellows drei Jahre lang ein Stipendium zur Verfügung, dass es ihnen ermöglicht, sich voll auf das Projekt zu konzentrieren. Mit Absicht werden keine anderen Projektkosten übernommen, und das Projekt muss von Ashoka unabhängige Finanzierungsstrategien für das Wachstum umsetzen.

Während die finanzielle Unterstützung von den meisten Ashoka Fellows als wichtige Voraussetzung für das Wachstum beschrieben wird, liefern die nichtfinanziellen Förderungen erst die eigentliche Wachstumsenergie. Dazu mobilisiert Ashoka einerseits ein Netzwerk von Partnern wie die Managementberatung McKinsey & Company, die Anwaltskanzlei Lovells und viele andere, die ihre Leistungen pro bono anbieten. Andererseits stehen die Investoren von Ashoka selbst (in der Regel selbst Unternehmerpersönlichkeiten oder unternehmerisch denkende Organisationen) mit ihren Erfahrungen, Netzwerken und Rat zur Verfügung, um den Fellows direkt Anregungen zu geben. Und drittens ist das Fellowship selbst sowohl auf nationaler als auch auf internationaler Ebene ein enorm wirksames Netzwerk, das nicht nur eine hohe Motivierungswirkung hat, sondern durch seinen Zusammenhalt für viele Fellows ein wichtiger Rückzugs- und Strategieraum ist.

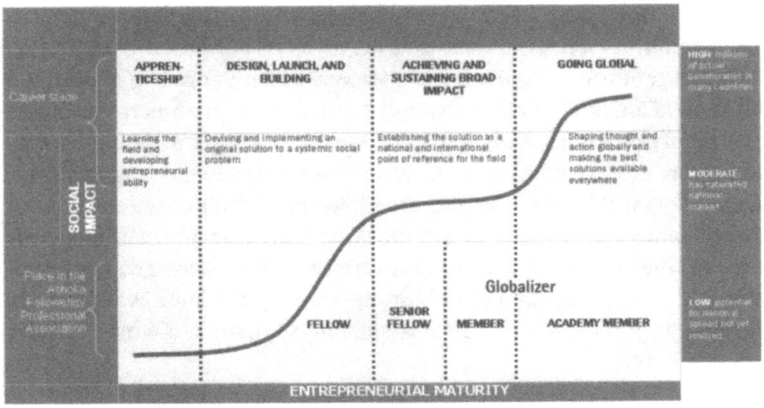

Abbildung: Entwicklungspfad für Social Entrepreneurs

Für diejenigen Fellows, deren Wachstum schon deutlich über die nationale Ebene hinausgeht, hat Ashoka jüngst ein eigenes Programm gestartet. Mit einem breit angelegten Wettbewerb innerhalb des eigenen Netzwerks identifiziert der „Ashoka Globalizer" jene Fellows, die das größte Potential zur Vervielfachung in anderen Ländern haben und damit global Muster verändern können. Sie erhalten international führende Unternehmerpersönlichkeiten als Gesprächspartner für die Entwicklung und Umsetzung ihrer Strategien. Zum einen findet dies - wie im Ashoka-Auswahlprozess - in Form von persönlichen Gesprächen statt, zum anderen online in einer geschlossenen Gruppe.

Auch zum Thema Wachstumsförderung kann man aus den Erfahrungen von Ashoka zwei wichtige Hinweise für Organisationen ableiten, die ihre *Venture Philanthropy* global skalieren wollen:

Erstens: Die Finanzierungsumfelder und -kulturen für soziale Projekte sind international verschieden, und dementsprechend unterschiedlich sehen nachhaltige Wachstumsfinanzierungen aus. Das Ende der Förderung muss von vorneherein mitgedacht werden, sodass die „Fundraising-Falle" nicht zuschnappt: Denn viele Organisationen wachsen mit Hilfe von einmaligen, zweckgebundenen Mittelzuwendungen und wenden damit immer mehr Ressourcen für die Einwerbung von Mitteln zur Selbsterhaltung der gewachsenen Organisation auf statt für ihre Mission - was das Fundraising wiederum nicht leichter macht. Teil der Wachstumsförderung durch *Venture Philanthropy* muss daher vor allem die Sicherung der Finanzierung nach dem Exit des Wachstumsfinanzierers sein. Wichtig ist dabei die Einsicht: Nicht jeder *Social Entrepreneur* kann oder sollte sich komplett aus eigenen Einnahmen finanzieren. In jedem Fall aber sollte die Finanzierung keine separate Aktivität sein, sondern selbst Anteil an der Verwirklichung der Mission haben. So kann es sehr produktiv im Sinne der Mission sein, öffentliche oder Spendenmittel als Teil der Finanzierung zu nutzen - wenn die Einbindung der öffentlichen Hand oder privater Spender dazu führt, dass diese Akteure Teil der Problemlösung werden.

Zweitens: „It takes a village to grow a child.“ Analog gilt für die Wachstumsförderung von *Social Entrepreneurs*: „It takes a community to help a social entrepreneur grow.“ Je besser es während der Förderung durch *Venture Philanthropy* gelingt, den *Social Entrepreneur* in eine Landschaft von Unterstützern auch jenseits des „Exits“ einzubinden, desto höher die Aussichten auf einen dauerhaften Wachstumspfad. Viele Förderorganisationen tendieren dazu, die von ihnen geförderten Projekte kommunikativ zu vereinnahmen und nicht aktiv weitere Förderer einzubeziehen. Ashoka schafft es dagegen durch eine Reihe von Partnerschaften (nicht zuletzt mit Finanzinstitutionen in der Initiative Social Financial Services) schon während der Förderzeit, eine Einbettung in ein Netzwerk von Investoren zu stärken.

Die Kooperationsstrategie

Die Wirkungskette der meisten Venture Philanthropen hört nach der Wachstumsförderung für einzelne Investitionsobjekte auf. Ashoka geht noch einen entscheidenden Schritt weiter. Die Organisation fördert Fellows nicht nur individuell, sondern verbindet ihre Ideen im Sinne von „collaborative entrepreneurship“ zu kraftvollen Lösungen, um ihre Wirkung zu multiplizieren und Reformimpulse für ein ganzes gesellschaftliches Teilsystem zu setzen.

Sobald Ashoka eine kritische Masse von Fellows in einem Problemfeld gewählt hat, werden die Ideen gemeinsam mit Partnern (etwa Stiftungen oder Unternehmen mit einer für dieses Problemfeld relevanten Mission) global oder regional zusammengebracht. Sie identifizieren aus den Einzellösungen ein „Mosaik“ aus Barrieren, die von den meisten Lösungen im Feld gemeinsam sind, sowie aus Hebeln, mit denen diese Barrieren überwunden werden. Auf dieser Grundlage können dann systematische Investitionen und Kooperationen entstehen - und da diese Prozesse öffentlich sind, lernt das gesamte Feld und kommt näher an einen Umschlagpunkt (tipping point).

Mit der Onlineplattform changemakers.com hat Ashoka dieses „Sourcing“ von Innovationen bereits 37 Mal durchgeführt. So suchte Nike, deren Geschäftsbereich Frauensportbekleidung schnell wächst, weltweit nach Innovationen, die mehr Frauen in den Sport bringen. Das daraus entstehende Mosaik identifizierte Hebel wie zum Beispiel die kulturelle Stigmatisierung von Sport treibenden Frauen, die zu zahlreichen Investitionen geführt haben. Erst in jüngster Zeit hat National Geographic nach Lösungen für nachhaltigen Tourismus gesucht oder die Robert Wood Foundation Innovationen im Feld psychischer Gesundheit gefunden.

Eine weitere Form der Partnerschaften schafft „Cluster“ von kooperierenden *Social Entrepreneurs*, in die oft mittels eines speziellen Suchfokus neue Ashoka Fellows gewählt werden. So entsteht eine lernende Community, in der Lösungen zu lokalen und globalen Wertschöpfungsketten verbunden werden - ein Prozess, der in der Wirtschaft eine Selbstverständlichkeit und im sozialen Sektor bisher die Ausnahme ist. So sammeln sich beispielsweise in der Initiative „Solar for All“ (siehe auch den

Beitrag von Heller zur Canopus Stiftung in diesem Band) zahlreiche führende Akteure im Feld, um neue Design-, Produktions- und Distributionslösungen für den Durchbruch dezentraler Solartechnik miteinander zu verbinden. Die daraus resultierenden Marktlösungen sind hybride Wertschöpfungsketten, die For-profit- und Nonprofit-Organisationen kombinieren.

Diese Beispiele sind nur eine Momentaufnahme einer sehr dynamischen Entwicklung im gesamten Feld, die auch durch das wachsende Interesse vieler Unternehmen an Wettbewerbsvorteilen durch die Lösung gesellschaftlicher Probleme in ihrem Umfeld angetrieben wird.

Organisationen, die ihre *Venture Philanthropy* international skalieren wollen, können durch Kooperationsstrategien die Wirkung des eigenen Einsatzes vervielfachen. Dies erfordert allerdings manchmal einen Mentalitätswandel: Organisationen müssen nicht nur ihre eigene Wirkungskette im Blick haben, sondern sich als Teil einer Landschaft von Organisationen verstehen.

Das wiederum gilt nicht nur für einzelne Problemfelder, sondern auch für das Gesamtfeld der *Venture Philanthropy*: Statt die Kernfunktionen Auswahl, Förderung, Finanzierung und Wirkungsmessung unabhängig zu betreiben und zu duplizieren, könnten sich die Organisationen selbst als Teil einer großen Wertschöpfungskette verstehen – von sozialen Ideenwettbewerben und Preisen ganz zu Beginn über die philanthropische Frühförderung bis hin zur nationalen und schließlich internationalen Wachstumsfinanzierung. Dann könnten die geförderten *Social Entrepreneurs* im Idealfall von Synergien profitieren und die Unterstützer zielgenauer investieren.

Die Wirkungsmessung

Schließlich sollte sich jede Organisation der *Venture Philanthropy* der Herausforderung der Wirkungsmessung stellen, die naturgemäß im sozialen Sektor komplexer ist als für die *Venture Capitalists* im Finanzsektor.

Der Einsatz von philanthropischem Wagniskapital ist dann erfolgreich, wenn eine möglichst hohe gesellschaftliche Rendite erreicht wird. Die finanzielle Rendite steht dahinter zurück oder der Investor verzichtet völlig auf sie, meist abhängig von der Verfügbarkeit weiterer Finanzquellen im jeweiligen Bereich sowie davon, in welcher Phase der Organisationsentwicklung die Investition erfolgt.

Im Fall von Ashoka ist der finanzielle Einsatz effektiv eine Spende, denn die Stipendien werden nicht zurückgezahlt. Die finanzielle Renditeerwartung ist also minus 100 Prozent. *Venture Philanthropy* kann auch eine „günstigere“ Renditeerwartung haben, aber als Philanthropie sollte sie sich nur dann bezeichnen, wenn sie für das Gesamtportfolio bei oder unter Null (beziehungsweise Inflationsrate) liegt, und wenn ihr Hauptziel die Maximierung der gesellschaftlichen Wirkung ist.

Investoren, die nur an einem Ort in ein Thema investieren, können die Wirkung ihrer Investitionen im besten Falle entlang eines stabilen Messsystems ablesen, etwa mithilfe von Längsschnittstudien zur Entwicklung einer bestimmten Zielgruppe. Investoren, die international investieren und dies auch noch in mehr als einem Themenfeld, können das nicht so leicht. Stattdessen sollten sie eine Wirkungsmessung möglichst nah an der eigenen „theory of change" anlegen. Ashoka befragt seine Fellows dementsprechend fünf und zehn Jahre nach der Auswahl zu den entscheidenden Punkten dieser Wirkungskette.

Danach geben 94 Prozent aller Fellows an, nach fünf Jahren noch aktiv an der Verbreitung ihrer Idee zu arbeiten. Daraus lässt sich ableiten, dass die Wachstumsförderung mindestens dazu führt, dass sie sich selbst (und in der Regel deutlich mehr Mitarbeiter) auch unabhängig weiter finanzieren können. 93 Prozent verbreiten ihren Ansatz national oder international und machen ihn unabhängig von ihrer Person, was einen Rückschluss auf die Auswahlstrategie im Hinblick auf die unternehmerische Motivation und die ethische Integrität ermöglicht. Und 71 Prozent beeinflussen mit ihren Lösungen nach zehn Jahren nationale Gesetzgebung - ein guter Gradmesser für die Wirkung der Fellows jenseits ihres Projekts.

Eine weitere Strategie der Wirkungsmessung besteht für Ashoka darin, als Teil der Wachstumsförderung die Fellows selbst darin zu unterstützen, eigene Wirkungsanalysen durchzuführen. Aus dem Vergleich der Anfangsperformance mit der Performance nach der Wachstumsförderung ließe sich in der Addition aller Fellows im Portfolio ebenfalls eine gesellschaftliche Gesamtwirkung abbilden. Wie aber in diesem Band u.a. im Beitrag von Krüger argumentiert wird, ist die quantitative Messung einer gesellschaftlichen Wirkung entlang von Indikatoren nicht trivial und erfordert ein genaues Verständnis der individuellen Wirkungsketten der Einzelprojekte. Ashoka hat in Deutschland mit der Einführung eines wirkungsorientierten Reportingstandards[4] für seine Fellows erste Schritte in diese Richtung unternommen.

Die Erfahrungen, die eine globale Organisation wie Ashoka im Feld *Venture Philanthropy* gemacht hat, lassen sich kaum auf wenigen Seiten darstellen. Eine Einsicht aber ragt aus allen anderen heraus: Ein Investor, der sich als Wachstumspartner für *Social Entrepreneurs* versteht, muss genauso unternehmerisch handeln wie sie - sich ständig hinterfragen, immer neue, kreative und lokale Lösungen finden, nicht ausruhen im eigenen Ehrgeiz und sich den Respekt der Investitionsempfänger täglich verdienen.

Und das ist keine Frage des Geldes.

4 Der Standard wurde in Zusammenarbeit mit der Uni Hmburg, der TU München, der Schwab Stiftung und Bonventure entwickelt. Gemeinsam mit diesen Organisationen sowie Auridis und PricewaterhouseCoopers soll der Standard zu einem mit üblichen Standards der Unternehmensberichterstattung vergleichbaren Leitfaden ausgebaut werden. Zahlreiche Investorenorganisationen haben bereits Interesse an einer Anwendung des Standards angemeldet, um die Wirkung ihrer Portfolioinvestitionen systematischer nachzuvollziehen.

Teil 6 – Anhang

Bibliographie

Abrams, Rhonda (2003): The Successful Business Plan. Secrets and Strategies: The Planning Shop.

Achleitner, Ann-Kristin (2007): Social Entrepreneurship und Venture Philanthropy – Erste Ansätze in Deutschland. In: Hausladen, I. (Hrsg.): Management am Puls der Zeit, Festschrift für Univ. Prof. Dr. Dr. h.c. mult. Horst Wildemann, Bd. 1: Unternehmensführung. München. http://ssrn.com/abstract=1152275 [Stand: 2010-01-30].

Achleitner, Ann-Kristin (2007a): Venture Philanthropy und Social Venture Capital. In: Anderer, T. (Hrsg.): Financial Yearbook Germany 2007. Garching, S. 121181 – 129.

Achleitner, Ann-Kristin/Bassen, Alexander/Roder, Barbara (2009): An Integrative Framework for Reporting in Social Entrepreneurship. Hamburg/München. http://ssrn.com/abstract =1325700 [Stand: 2010-01-30].

Achleitner, Ann-Kristin/Heister, Peter (2010): Deal Flow, Decision-Making Process and Selection Criteria of Venture Philanthropy Funds, Working Paper. Technische Universität München.

Achleitner, Ann-Kristin/Heister, Peter/Stahl, Erwin (2007): Social Entrepreneurship – Ein Überblick. In: Achleitner, A.-K./Pöllath, R./Stahl, E. (Hrsg.): Finanzierung von Sozialunternehmen. Konzepte zur finanziellen Unterstützung von Social Entrepreneurs. Stuttgart, S. 13 – 25.

Achleitner, Ann-Kristin/Pöllath, Reinhard/Stahl, Erwin (Hrsg.) (2007): Finanzierung von Sozialunternehmen – Konzepte zur finanziellen Unterstützung von Social Entrepreneurs. Stuttgart.

Adam, Thomas (Hrsg.) (2004): Philanthropy, Patronage, and Civil Society. Experiences from Germany, Great Britain, and North America. Bloomington: Indiana University Press.

Adam, Thomas (2002): Transatlantic Trading. The Transfer of Philanthropic Models between European and North American Cities during the Nineteenth and Early Twentieth Centuries. In: Journal of Urban History, Vol. 28, No. 3.

Adloff, Frank (2005): Theorien des Gebens. Nutzenmaximierung, Altruismus und Reziprozität. In: Hopt, Klaus J./Hippel, Thomas von/ Walz, W. Rainer (Hrsg.): Nonprofit-Organisationen in Recht, Wirtschaft und Gesellschaft. Tübingen: Mohr Siebeck, S. 139-157.

Adloff, Frank (1997): „Das Ende der Wohlfahrt, wie wir sie kannten." Ein Jahr Sozialhilfereform in den USA. In: Blätter für deutsche und internationale Politik, 11/1997, S. 1350 – 1357.

Alberg-Seberich, Michael (2009): Zivilgesellschaftliche Organisationen stärken = Venture Philanthropy? In: BBE-Newsletter, 8/2009. http://www.activephilanthropy.org/fileadmin/ap/downloads/Venture_Philanthropy_final_BBE_Newsletter.pdf [Stand: 2010-01-30].

Alexeeva, Olga (2007): Philanthrocapitalism: Myth or Reality? New Philanthropy. A Microworld of Busy Youngsters. Articolo pubblicato nella Alliance Magazine, March 2007. http://www.allavida.org/alliance/mar07e.html [Stand: 2010-01-30].

Alt, Franz/Spiegel, Peter (2009): Gute Geschäfte – Humane Marktwirtschaft als Ausweg aus der Krise. Berlin.

Anheier, Helmut/Leat, Diana (2006): Creative Philanthropy. London.

Anheier, Helmut/Salamon, Lester M. (1992): Genese und Schwerpunkte internationaler Forschung zum Nonprofit Sektor. Von der Filer-Kommission zum Johns Hopkins Projekt. In: Forschungsjournal Neue Soziale Bewegungen, 5. Jg., H. 4, S. 40–58.

Ashoka (2004): Measuring Effectiveness. A Six Year Summary of Methodology and Findings. Washington, D.C.http://www.ashoka.org [Stand: 2010-01-30].

Austin, James (2000): The Collaboration Challenge. How Nonprofits and Business Succeed Through Strategic Alliance. San Francisco: Jossey-Bass.

Bailin, Michael A. (2003): Requestioning, Reimagining, and Retooling Philanthropy. In: Nonprofit and Voluntary Sector Quarterly 2003, Nr. 32, S. 635–642.

Balbo, Luciano/Mortell, Deidre/Oostlander, Pieter (2008): Establishing a Venture Philanthropy Fund in Europe – A Practical Guide. Brüssel.

Baldach, Jeffrey (2003): Going to Scale. The Challenge of Replicating Social Programs. In: Stanford Social Innovation Review, Spring 2009, S. 20–25.

Barman, Emily (2007a): What is the Bottom Line for Nonprofit Organizations? A History of Measurement in the British Voluntary Sector. In: Voluntas 18, S. 101–115.

Barman, Emily (2007b): An Institutional Approach to Donor Control. From Dyadic Ties to a Field-Level Analysis. In: The American Journal of Sociology 112, No. 5, S. 1416–1457.

Barman, Emily (2002): Asserting Difference. The Strategic Response of Nonprofit Organizations to Competition. In: Social Forces 80, No. 4, S. 1191–1222.

Baxter, Christie I. (1997): A Basic Guide to Program-Related Investments. The Grantsmanship Center Magazine, Autumn Edition 1997.

Becker, Gary S. (1993): Der ökonomische Ansatz zur Erklärung menschlichen Verhaltens, 2. Aufl. Tübingen.

Bernholz, Lucy (1999): The Future of Foundation History. Suggestions for Research and Practice. In: Condliffe Lagemann, Ellen (Hrsg.): Philanthropic Foundations. New Scholarships, New Possibilities. Bloomington and Indianapolis: Indiana University Press, S. 359–375.

Bertelsmann Stiftung und New Philanthropy Capital (2009): Orientierung für soziale Investoren: Engagement mit Wirkung. Warum Transparenz über die Wirkungen gemeinnütziger Organisationen wichtig ist. Gütersloh.

Best, Paul/ Harvey, Hal (2008): Money Well Spent. New York.

Bishop, Matthew (2006). The Birth of Philanthrocapitalism. The Economist Survey of Wealth and Philanthropy. In: The Economist Newspaper Limited, 23. February, London.

Bishop, Matthew/Green, Michael (2008): Philanthrocapitalism. How the Rich Are Trying to Save the World. Bloomsbury Press.

Blau, Peter (2005 [1968]): Sozialer Austausch. In: Adloff, Frank/Mau, Steffen (Hrsg.): Vom Geben und Nehmen. Zur Soziologie der Reziprozität. Frankfurt/New York: Campus, S. 125–137.

Blohm, Hans/Lüder, Klaus/Schaefer, Christina (2006): Investition, 9. Aufl. München.

Boltanski, Luc/Ève Chiapello (2003): Der neue Geist des Kapitalismus. Konstanz: UVK.

Borgmann, Karsten (1998): Kultur des Reichtums. Philanthropy, Wohltätigkeit und Elite in den Vereinigten Staaten von Amerika. In: Gaehtgens, Thomas/Schieder, Martin (Hrsg.): Mäzenatisches Handeln. Studien zur Kultur des Bürgersinns in der Gesellschaft. Berlin: Fannei u. Walz.

Bornstein, David (2006): Die Welt verändern – Social Entrepreneurs und die Kraft neuer Ideen. Stuttgart.

Bosch, Ise (2007): Besser Spenden! Ein Leitfaden für nachhaltiges Engagement. München: C. H. Beck.

Bouché, Jacques (2006):Venture Philanthropy – Neuer Trend im Dritten Sektor Europas. In: Stiftung und Sponsoring, 4/2006, S. 33.

Braverman, Marc T./Constantine, Norman A./Slater, Jana Key (2004): Foundations and Evaluation. Contexts and Practices for Effective Philanthropy. New York: John Wiley and Sons.

Breiteneicher, Joseph C. K./Marble, Melinda G. (2001): Strategic Programme Management. In: Schlüter, Andreas/Then, Volker/Walkenhorst, Peter (Hrsg.): Foundations in Europe. Society, Management and Law. London: Directory of Social Change, S. 508–586.

Brest, Paul/Harvey, Hal (2008): Money Well Spent. A Strategic Plan for Smart Philanthropy. New York.

Bröckling, Ulrich (2007): Das unternehmerische Selbst. Soziologie einer Subjektivierungsform. Frankfurt a. M.: Suhrkamp.

Brown, Alvord, D./Letts, Christine (2002): Social Entrepreneurship and Social Transformation. An Explanatory Study, Working Paper 15. The Hauser Center for Nonprofit Organizations, Harvard University.

Brown, John Seely/Duguid, Paul (2000): The Social Life of Information. Harvard Business School Press.

Bundesverband Deutscher Stiftungen (2005): Verzeichnis Deutscher Stiftungen 2005. Berlin.

Caillé, Alain (2008): Anthropologie der Gabe. Frankfurt a. M./New York: Campus.

Caillé, Alain (2005): Die doppelte Unbegreiflichkeit der Gabe. In: Adloff, Frank/Mau, Steffen (Hrsg.): Vom Geben und Nehmen. Zur Soziologie der Reziprozität. Frankfurt/New York: Campus, S. 157–184.

Cardis, J./Kirschner, S./Richelson, S./Kirschner, J./Richelson, H. (2001): Venture Capital: The Definitive Guide for Entrepreneurs, Investors, and Practitioners. New York: John Wiley and Sons.

Carrington, David (2003): Venture Philanthropy. A New Concept or an Old Idea Re-wrapped? Presentation auf der Konferenz der ACF – Association of Charitable Foundations. Nottingham, UK, April 2003. http://www.davidcarrington.net/articles/docs/acf_venture.doc [Stand: 2010-01-30].

Centrum für soziale Investitionen und Innovationen (2006): Leitlinien und Arbeitsprogramm. Heidelberg. http://www.csi.uni-heidelberg.de [Stand: 2010-01-30].

Chan, Y. (1983): On the Positive Role of Financial Intermediation in Allocation of Venture Capital in a Market with Imperfect Information. In: The Journal of Finance, 38 (5), S. 1543–1568.

Chandler, Alfred D. (1980): Strategia e struttura: storia della grande imprea americana. Milano: F. Angeli.

Clark, Catherine et al. (2004): Double Bottom Line Project Report. Assessing Social Impact in Double Bottom Line Ventures, Methods Catalog. http://www.riseproject.org/DBL_Methods_Catalog.pdf [Stand: 2010-01-30].

Cleaves, Peter (2005): Venture Philanthropy. Origins & Experiences. Meeting of the Association of Fund Raising Professionals. Austin, Texas, July 2005. http://www.afpaustin.org/site/DocServer/Microsoft_PowerPoint_-_Venture_Philanthropy_July_05_AFP_.pdf?docID=881 [Stand: 2010-01-30].

Clinton, Bill (2008): Giving – How Each of Us Can Change The World. London: Arrow.

Cohen, Ben/Warwick Mal (2006): Values-driven Business. How to Change the World, Make Money, and Have Fun. Berrett-Koehler Publishers.

Collaborative Economics (2001): The Creative Community Leveraging Creativity and Cultural Participation for Silicon Valley Economic and Civic Future, Working Paper. Center for Collaborative Economics, February 2001.

Council of Foundations (2001): Venture Philanthropy. A Model of Innovation vs. a Model of Intrusion. Board Briefing: Venture Philanthropy, February 2001. http://www.cof.org/files/Documents/Governing_Boards/bb2venturephil.pdf [Stand: 2010-01-30].

Croissanth, Aurel/Lauth, Hans-Joachim/Merkel, Wolfgang (2000): Zivilgesellschaft und Transformation. Ein internationaler Vergleich. In: Merkel, Wolfgang (Hrsg.): Systemwechsel 5. Die Rolle der Zivilgesellschaft. Opladen, S. 9–49.

Cyert, Richard M./March, James G. (1995): Eine verhaltenswissenschaftliche Theorie der Unternehmung, 2. Aufl. Stuttgart.

Davis, Lee/Etchard, Nicole (2005): Alle in einem Boot. Engagierte Philanthropie – eine Einführung, Nonprofit Enterprise and Self-sustainability Team (NESsT): http://www.activephilanthropy.org/fileadmin/ap/downloads/alle_in_einem_boot.pdf [Stand: 2010-01-30].

Delevett, Peter (2003): Capitalist Venture out with Charity. In: „Mercury News", 23. April 2003. http://www.siliconvalley.com/mld/siliconvalley/business/columnists/peter_delevett/ [Stand: 2010-01-30].

Di Maggio, Paul (2001): Measuring the Impact of the Nonprofit Sector on Society Is Probably Impossible but Possibly Useful. In: Flynn, Patrice/Hodgkinson, Virginia Ann: Measuring the Impact of the Nonprofit Sector. New York, S. 249–272.

Dove, Kent E. (2002): Conducting a Successful Major Gifts and Planned Giving Program. A Comprehensive Guide and Resource. San Francisco: Jossey Bass.

Drayton, Bill (2006): The Citizen Sector Transformed. In: Nicholls, Alex: Social Entrepreneurship – New Models of Sustainable Change. Oxford, S. 45–55.

Drucker, Peter F. (1990): Managing the Nonprofit Organization. Principles and Practices. HarperCollins Publishers.

Edwards, Michael (2008): Just another Emperor? New York: Demos.

Emerson, Jed (2003): The Blended Value Map. Tracking the Intersects and Opportunities of Economic, Social and Environmental Value Creation. San Francisco.

Emerson, Jed (2000): The US Non Profit Capital Market: An Introductory Overview of Developmental Stages, Investors and Funding Instruments. Roberts Enterprise Development Fund Foundation.

Emerson, Jed/Wachowicz, Jay/Chun, Suzy (2000): Social Return on Investment. Exploring Aspects of Value Creation in the Nonprofit Sector. In: The Roberts Foundation (Hrsg.): Social Purpose Enterprises and Venture Philanthropy in the New Millennium. San Francisco, S. 131 - 173.

Enquete-Kommission „Kultur in Deutschland" (2007): Schlussbericht. http://dip21.bundestag.de/dip21/btd/16/070/1607000.pdf [Stand: 2010-01-30].

EVPA (2009), European Venture Philanthropy Association: European Venture Philanthropy Directory 2009/2010. http://www.evpa.eu.com/downloads/EVPA%20Directory_2009-2010_Web%20Issue%201.pdf [Stand: 2010-01-30].

Flanagan, Joan (2002): Successful Fundraising. A Complete Handbook for Volunteers and Professionals. McGraw-Hill.

Fleishman, Joel (2007): The Foundation, A Great American Secret. How Private Wealth is Changing the World. New York: Public Affairs.

Flynn, Patrice/Hodgkinson, Virginia Ann (2001): Measuring the Impact of the Nonprofit Sector. New York.

Foundations, Private Giving, and Public Policy (1970): Report and Recommendations of the Commission on Foundations and Private Philanthropy. Chicago/London: The University of Chicago Press.

Franssen, B./Scholten, P. (2008): Handbuch für Sozialunternehmertum. Assen.

Fritsch, Nina (2007): Erfolgsfaktoren im Stiftungsmanagement. Erfolgsfaktorenforschung im Nonprofit-Sektor. Wiesbaden.

Frumkin, Peter (2006): Strategic Giving. Chicago: The University of Chicago Press.

Frumkin, Peter (2003): Inside Venture Philanthropy. In: Society, May/June 2003, S. 7 - 15.

Frumkin, Peter (2000): Philanthropic Leverage. In: Society, September/October 2000, S. 40 - 46.

Funken, Arndt P. (2005): Venture Philanthropy - Ein Wettbewerber für Stiftungen? In: Maecenata Actuell Nr. 53, S. 43 - 45.

Gemelli, Giuliana (Hrsg.) (2004): Filantropia di Ventura. Rischio, responsabilità, riflessività nell'agire filantropico. Legacy of MISP. Bologna: Baskerville Unipress.

Gemelli, Giuliana/MacLeod, Roy (2003): American Foundations in Europe. Grant-Giving Policies, Cultural Diplomacy and Trans-Atlantic Relations, 1920-1980. Brüssel. College of Europe

Goldberg, Steven H. (2009): Billions of Drops in Millions of Buckets. Why Philanthropy Doesn't Advance Social Progress. New York: John Wiley and Sons.

Green, David (2009): The Eye Fund, in: Peter W. Heller (Hrsg.): Innovative Funding Mechanisms for Social Change, Baden-Baden: Nomos, S. 57 - 63.

Greiling, Dorothea (2009): Performance Measurement in Nonprofit-Organisationen. Wiesbaden.

Grenier, Paola (2006): Venture Philanthropy in Europe. Obstacles and Opportunities. [Stand: 2010-01-30].

Grossmann, Alan/Letts, Christine/Ryan, William P. (1998): Managing Upstream. The Challenge of Creating High Performing Nonprofit Organizations. New York: John Wiley and Sons.

Grossmann, Alan/Letts, Christine/Ryan, William P. (1997): What Foundations Can Learn From Venture Capitalists. In: Harvard Business Review, April/May 1997.

Guba, Egon G./Lincoln, Yvonna S. (1989): Fourth Generation Evaluation. Newbury Park, CA: Sage.

Hall, Peter Dobkin (2004): „A Solution is a Product in Search of a Problem": A History of Foundation and Evaluation Research. In: Braverman, Marc/Constantine, Norman A./Slater, Jana (Hrsg.): Foundations and Evaluation. Contexts and Practices for Effective Philanthropy. San Francisco: Jossey-Bass.

Hand, John R. M./Lev, Baruch (Hrsg.) (2003): Intangible Assets. Oxford: Oxford University Press.

Hansmann, Henry B. (1980): The Role of Nonprofit Enterprise. In: Yale Law Journal, Vol. 89, No. 5, S. 835–901.

Heller, Peter W. (2009) (Hrsg.): Innovative Funding Mechanisms for Social Change, Baden-Baden: Nomos.

Heyman, J./Ariely, D. (2004): Effort for Payment. A Tale of Two Markets. In: Psychological Science, 15 (11), S. 787–793.

Hirshleifer, Jack (1958): On the Theory of Optimal Investment Decision. In: Journal of Political Economy, Vol. 66, S. 320–352.

Hoelscher, Philipp (2007): Modische Worthülse oder innovative Förderpolitik? „Venture Philanthropy" bietet neue Anregungen für Stiftungen. In: Die Stiftung, 4/2007.

Huang, Judy/ Buchanan, Phil/ Buteau, Ellie (2006): In Search of Impact. Practices and Perceptions in Foundations' Provision of Program and Operating Grants to Nonprofits. Cambridge, Mass.: The Center for Effective Philanthropy.

Hüttemann, Rainer (2008): Gemeinnützigkeits- und Spendenrecht. Köln: Schmidt (Otto).

John, Rob (2007): Beyond the Cheque. How Venture Philanthropists Add Value. Skoll Center for Social Entrepreneurship, Working Paper. Oxford.

John, Rob (2006): Venture Philanthropy. The Evolution of High Engagement Philanthropy in Europe. Oxford. http://www.can-online.org.uk/data/files/pages/venture_philanthropy_in_eur.pdf [Stand: 2010-01-30].

Johns Hopkins Comparative Nonprofit Sector Project (2000): Changes in Nonprofit Revenue. http://www.ccss.jhu.edu/pdfs/CNP/ct11.pdf [Stand: 2010-01-30].

Karl, Barry D./Karl, Alice W. (1999): Foundations and the Government. A Tale of Conflict and Consensus. In: Clotfelder, Charles T./Ehrlich, Thomas (Hrsg.): Philanthropy and the Nonprofit Sector in a Changing America. Bloomington and Indianapolis: Indiana University Press, S. 52–72.

Katz, Stanley N. (2005): What Does It Mean to Say that Philanthropy is „Effective"? The Philanthropists' New Clothes. In: Proceedings of the American Philosophical Society, Vol. 149, No. 2, S. 121–131.

Katz, Stanley N. (2001): Whatever Happened to the General Purpose Foundation? Who Is Thinking about the Big Problems? 19. October, Waldemar A. Nielsen Issues in Philanthropy Seminar Series. Washington, D.C.: Georgetown University.

Kehl, Konstantin/Then, Volker (2009): Analytischen Tiefgang wagen! – Vom „Social Return on Investment“ zur sozioökonomischen Mehrwertanalyse. In: BBE-Newsletter, 15/2009, Berlin. http://www.b-b-e.de/fileadmin/inhalte/aktuelles/2009/07/nl15_kehl_then.pdf [Stand: 2010-01-30].

Keystone (2008): Impact Planning and Learning Series (IPL). http://www.keystoneaccountability.org/resources/guides [Stand: 2010-01-30].

Klein, Armin (2009): Leadership im Kulturbetrieb. VS Verlag für Sozialwissenschaften, Wiesbaden.

Kosiol, Erich (1968): Einführung in die Betriebswirtschaftslehre. Die Unternehmung als wirtschaftliches Aktionszentrum, 2. Ausg. Wiesbaden.

Kramer, Mark R.: (2009): Catalytic Philanthropy. In: Stanford Social Innovation Review, Fall 2009, S. 30–35.

Kramer, Mark R. (2002): „Will 'Venture Philanthropy' Leave a Lasting Mark on Charitable Giving?" Chronicle of Philanthropy, 2. May, S. 38.

Kramer, Mark R./Cooch, Sarah E. (2007): The Power of Strategic Mission Investing. In: Stanford Social Innovation Review, Fall 2007, S. 42–51.

Kramer, Mark R./Parkhurst, Marcie/Vaidyanathan, Laitha (2009): Breakthroughs in Shared Measurement and Social Impact. FSG Social Impact Advisors. Boston.

Kramer, M./Porter, M. (1999): Philanthropy's New Agenda: Creating Value. In: Harvard Business Review, November/December 1999. http://www.ncbf.org/Philanthropys_New_Agenda.pdf [Stand: 2010-01-30].

Kraus, Christoph (2009): Hinter den Kulissen der österreichischen Privatstiftung. Daten und Fakten, Vortragsunterlage. Wien.

Kraus, Christoph (2004): Richtig stiften. Der umfassende Ratgeber zur österreichischen Privatstiftung. Wien.

Kressner Cobb, Nina (2002): The New Philanthropy. Its Impact on Funding Arts and Culture. In: The Journal of Arts Management, Law, and Society, Summer 2002, S. 125–142.

Kruschwitz, Lutz (2009): Investitionsrechnung, 12., akt. Aufl. München/Wien.

Lanzen, Jörg (2003): Kulturbegriff und Stiftungswesen. Die amerikanische Stiftungslandschaft von ihren Anfängen bis zur Gegenwart. Triest: Edizioni Parnaso.

Lepsius, M. Rainer (1989): Die Soziologie und die Kriterien sozialer Rationalität. In: Soziale Welt Nr. 40, S. 215–219.

Lerner, J. S./Tetlock, P. E. (1999): Accounting for the Effects of Accountability. In: Psychological Bulletin, 125 (2), S. 255.

Letts, Christine (1998): Was Stiftungen von Venture Capital Unternehmen lernen können/What Foundations Can Learn From Venture Capitalists. München: Maecenata Verlag (Reihe Varia).

Letts, Christine W./Ryan, William/Grossmann, Allen (1997): Virtuous Capital. What Foundations Can Learn from Venture Capital. In: Harvard Business Review, March/April 1997.

Light, Paul C. (2004): Sustaining Nonprofit Performance. The Case for Capacity Building and the Evidence to Support It. Brookings Institution Press.

Littich, Edith (2007): Finanzierung von NPOs. In: Badelt, Christoph/Meyer, Michael/Simsa, Ruth (Hrsg.): Handbuch der Nonprofit Organisation. Strukturen und Management, 4., überarb. Aufl. Stuttgart, S. 322–339.

Littich, Edith (2002): Finanzierung von NPOs. In: Badelt, Christoph (Hrsg.): Handbuch der Nonprofit Organisation. Strukturen und Management, 3., überarb. u. erw. Aufl. Stuttgart, S. 361–380.

Luhmann, Niklas (2003): Soziologie des Risikos, unveränd. Nachdruck der Ausg. von 1991. Berlin/New York.

Maas, Karen (o.J.): Social Impact Measurement. Towards a Guideline for Managers. http://www.sso.nl/Media/download/119224/Social%20Impact%20Measurement%20voor%20sso%20nieuwsbrief.pdf [Stand: 2010-01-30].

Mahmood, Asad (2009): Financing the Eye Fund, in: Peter W. Heller (Hrsg.): Innovative Funding Mechanisms for Social Change, Baden-Baden: Nomos, S. 64–68.

March, James G./Simon, Herbert A. (1958): Organizations. New York u.a.

Martin, Maximilian (2009): Venture Philanthropy. From Operations to Finance. In: Heller, Peter W. (Hrsg.): Innovative Funding Mechanisms for Social Change. Baden-Baden, S. 27–38.

Martin, Maximilian/John, Rob (2006): Venture Philanthropy in Europe. Landscape and Driving Principles. http://ssrn.com/abstract=1322281 [Stand: 2010-01-30].

McCarthy, Kathleen D. (2003): American Creed. Philanthropy and the Rise of Civil Society 1700-1865. Chicago/London: The University of Chicago Press.

Meehan, W./Kilmer, D./O'Flanagan, M. (2004): Investing in Society. Why We Need a More Efficient Capital Market – and How We Can Get There. In: Stanford Social Innovation Review, 2 (1), S. 35–43.

Melandri, Valerio/Zamagni, Stefano (2001): Il finanziamento del non-profit in Italia fra intervento pubblico, filantropia e reciprocità, per una via italiana al Fund-rising. In: „Economia e management", n.1.

Meyer, John W. (2005): Weltkultur. Wie die westlichen Prinzipien die Welt durchdringen. Frankfurt a.M.: Suhrkamp.

Meyer, John W./Francisco O. Ramirez (2005): Die globale Institutionalisierung der Bildung. In: Meyer, John W.: Weltkultur. Wie die westlichen Prinzipien die Welt durchdringen. Frankfurt a.M.: Suhrkamp, S. 212–234.

Meyer, Michael/Schneider, Hanna/Millner, Reinhard (2009): Die Österreichische Stiftungslandschaft – Status Quo der Gemeinnützigkeit. Erste Befunde eines Forschungsprojektes. Forschungsinstitut für Nonprofit-Organisationen, Wien.

Meyn, Barbara (2009): Darlehen geben und nehmen. In: Bundesverband Deutscher Stiftungen (Hrsg.): StiftungsWelt, 2/2009, S. 72f.

Mildenberger, Georg/Münscher, Robert (2009): „Social Return on Investment" - Ein vielversprechender Ansatz zur Wirkungsmessung im Dritten Sektor? In: BBE-Newsletter, 8/2009. http://www.b-b-e.de/fileadmin/inhalte/aktuelles/2009/07/nl15_mildenberger_muenscher.pdf [Stand: 2010-01-30].

Millner, R./Meyer, M./Neumayr, M. (2008): The Legal Structures of Foundations and Its Impact on Their Areas of Activities. Many Privileges and no Obligations? The Case of Austria. Arnova Conference Paper 2008.

Moody, Michael (2008): „Building a Culture". The Construction and Evolution of Venture Philanthropy as a New Organizational Field. In: Nonprofit and Voluntary Sector Quarterly 37, No. 2, S. 324-352.

Moody, Michael (2006): The Construction and Evolution of Venture Philanthropy, Research Paper 26. University of California, Los Angeles.

Morino Institute (2000): Venture Philanthropy. Landscape and Expectations. Produced for the Morino Institute Youth Social Ventures by Community Wealth Ventures, Inc.

Morris, Susannah (2004): Changing Perceptions of Philanthropy in the Voluntary Housing Field in Nineteenth- and Early-Twentieth-Century London. In: Adam, Thomas (Hrsg.): Philanthropy, Patronage, and Civil Society. Experiences from Germany, Great Britain, and North America. Bloomington: Indiana University Press. S. 138-160.

NESsT (2005): All in the Same Boat: An Introduction to Engaged Philanthropy.

NESsT (2007): Alle in einem Boot. Berlin. http://www.activephilanthropy.org/fileadmin/ap/downloads/alle_in_einem_boot.pdf [Stand: 2010-01-30].

New Economics Foundation (2008): A Guide to Social Return on Investment. Verfasst von Jeremy Nicholls, Eilis Lawlor, Eva Neitzert und Tim Goodspeed, London.

New Economics Foundation (2004): Social Return on Investment. Valuing What Matters, Findings and Recommendations from a Pilot Study. Verfasst von David Aeron-Thomas, Jeremy Nicholls, Sarah Forster und Andrea Westall, London.

Nicholls, Alex (2009): We Do Good Things, Don't We? Blended Value Accounting in Social Entrepreneurship. In: Accounting, Organizations and Society. Elsevier Ltd.

Nicholls, Jeremy/Olsen, Sara (2005): A Framework for Approaches to SROI Analysis. http://www.socialedge.org [Stand: 2010-01-30].

Notheis, Dirk R. (1995): Wahrgenommenes Spendenrisiko als Herausforderung für das Spendenmarketing. In: M&M, 39 Jg., H. 1, S. 21-25.

Oberbeck, Petra/Winheller, Stefan (2009): Die gemeinnützige UG: Die Pflichtrücklage nach § 5a Abs. 3 GmbHG als Stolperstein? DStR 2009, S. 516.

Obst, Helmut (2002): A.H. Francke und die Franckeschen Stiftungen in Halle. Göttingen: Vandenhoeck u. Ruprecht.

Ostrander, Susan A. (2007): The Growth of Donor Control. Revisiting the Social Relations of Philanthropy. In: Nonprofit and Voluntary Sector Quarterly 36, No. 2, S. 356-372.

Overseas Development Institute (2009): Working Paper 300. Improving Impact Evaluation Production and Use. Verfasst von Nicola Jones, Harry Jones Liesbet Steer und Ajoy Datta Ma, London.

Panas, Jerold (2006): The Fundraising Habits of Supremely Successful Boards. A 59-minute Guide to Ensuring Your Organization's Future. New York: Emerson and Church.

Panas, Jerold (2005): Mega Gifts. Who Gives Them, Who Gets Them. New York: Emerson and Church.

Patton, Michael Quinn (2008): Utilization-focused Evaluation, 4. Aufl. Newbury Park, CA: Sage.

Paxmann, Stephan A./Fuchs, Gerhard (2005): Der unternehmensinterne Businessplan. Frankfurt/New York: Campus.

Pfeffer, Jeffrey/Salancik, Gerald R. (1978): The External Control of Organizations. A Resource Dependence Perspective. New York.

Philips, Kevin (2002): Wealth and Democracy. A Political History of the American Rich. New York.

Porter Michael E./Kramer, Mark R. (2002): The Competitive Advantage of Corporate Philanthropy. In: Harvard Business Review, December 2002, S. 67 – 68.

Porter, Michael E./Mark R. Kramer (1999): Philanthropy's New Agenda: Creating Value. In: Harvard Business Review, November/December 1999, S. 121 – 130.

Power, Michael (1997): The Audit Society. Rituals for Verification. Oxford.

Pöllath, Reinhard (2007): Rechtliche Einordnung und steuerliche Aspekte. In: Achleitner, Ann-Kristin/Pöllath, Reinhard/Stahl, Erwin (Hrsg.) (2007): Finanzierung von Sozialunternehmen – Konzepte zur finanziellen Unterstützung von Social Entrepreneurs. Stuttgart, S. 60.

Prahalad, C. K./Hammond, A. (2002): Serving the World's Poor, Profitably. In: Harvard Business Review.

Prewitt, Kenneth (1998): Auftrag und Zielsetzung einer Stiftung. Stifterwille, Stiftungspraxis und gesellschaftlicher Wandel. In: Bertelsmann Stiftung (Hrsg.): Handbuch Stiftungen, Ziele – Projekte – Management – Rechtliche Gestaltung. Wiesbaden: Gabler.

Price, Will (2007): Introduction to Venture Capital. Presentazione alla Stanford University. Hummer Winblad Venture Partners, Marzo 2007.

Proust, Marcel (1995): Auf der Suche nach der verlorenen Zeit Bd. 2, Frankfurt a. M.: Suhrkamp.

Quataert, Jean H. (2004): Staging Philanthropy. Patriotic Women and the National Imagination in Dynastic Germany 1813 – 1916. Ann Arbour: The University of Michigan Press.

Rajan, Raghuram/Zingales, Luigi (2003): Saving Capitalism from the Capitalists. Unleashing the Power of Financial Markets to Create Wealth and Spread Opportunities. Crown Publ.

REDF (2009): SROI Act II. A Call to Action for Next Generation SROI, verfasst von Cynthia Gair. San Francisco. http://www.redf.org/learn-from-redf/publications/119.

REDF (2008): REDF's Current Approach to SROI, verfasst von Carla I. Javits. San Francisco. http://www.redf.org/learn-from-redf/publications/119 [Stand: 2010-01-30].

REDF (2002): OASIS. An Introduction, verfasst von Fay Twersky. San Francisco. http://www.redf.org/learn-from-redf/publications/119 [Stand: 2010-01-30].

REDF (2001): SROI. Methodology Paper. San Francisco. http://www.redf.org/learn-from-redf/publications/119.

Rehberg, Karl-Siegbert (1995): Die „Öffentlichkeit“ der Institutionen. Grundbegriffliche Über¬legungen im Rahmen der Theorie und Analyse institutioneller Mechanismen. In: Göhler, Gerhard (Hrsg.): Macht der Öffentlichkeit - Öffentlichkeit der Macht. Baden-Baden: Nomos, S. 181 - 211.

Reichelt, Daniel (2009): SROI - Social Return on Investment. Modellversuch zur Berechnung des gesellschaftlichen Mehrwertes. Hamburg.

Rogers, Julie L. (2002): The Eugene and Agenes E. Meyer Foundation - Sixty Years of Engaged Philanthropy in the Greater Washington Region. In: Venture Philanthropy Partners: Venture Philanthropy 2002. Washington, D.C., S. 13 - 14.

Rose-Ackerman, Susan (1996): Altruism, Nonprofits and Economic Theory. In: Journal of Economic Literature, Vol. 34, June 1996, S. 701 - 728.

Rosso, Henry A. (1991): Achieving Excellence in Fund Raising. A Comprehensive Guide to Principles, Strategies, and Methods. San Francisco: Jossey Bass.

Saccani, Sira (2008): Deutsche Stiftungen als „Venture Philanthropist“? In: Maecenata Institut (Hrsg.): Opusculum Nr. 24, 2/2008, Berlin, S. 9.

Sahlman, W. (1990): The Structure and Governance of Venture-capital Organizations. In: Journal of Financial Economics, 27, S. 473 - 521.

Sandberg, Berit (2007): Stand und Perspektiven des Stiftungsmanagements in Deutschland. Eine empirische Studie zur betriebswirtschaftlichen Orientierung von Stiftungen. Berlin.

Sandberg, Berit (2005): Evaluation und Effektivitätskontrolle. In: Strachwitz, Rupert Graf/Mercker, Florian (Hrsg.): Handbuch Stiftungen in Theorie, Recht und Praxis. Berlin, S. 763 - 776.

Sandberg, Berit (2001): Grundsätze ordnungsmäßiger Jahresrechnung für Stiftungen. Entwurf eines stiftungsspezifischen GoB-Pendants. Baden-Baden.

Scarlata, M./Alemany, L. (2009): How Do Philanthropic Venture Capitalists Choose Their Portfolio Companies? Working Paper; http://ssrn.com/abstract=1343563 [Stand: 2010-01-30].

Schanz, Günther (1977): Grundlagen der verhaltenstheoretischen Betriebswirtschaftslehre. Tübingen.

Schervish, P./O'Herlihy, M./Havens, J. (2001): Agent-Animated Wealth and Philanthropy. The Dynamics of Accumulation and Allocation among High-Tech Donors. Social Welfare Research Institute, Boston College.

Schlüter, Andreas/Stolte, Stefan (2007): Stiftungsrecht. München.

Schmitt, Hanno (2007): Vernunft und Menschlichkeit. Studien zur philanthropischen Erziehungsbewegung. Bad Heilbrunn: Klinkhardt.

Schneider, Willy (1996): Philanthropie und Gratifikationsprinzip. In: zfbf, 48 Jg., H. 4, S. 394 - 408.

Scholten, Peter/Nicholls, Jeremy/Olsen, Sara/Galimidi, Brett (2006): Social Return on Investment. Amsterdam.

Schwarz, Peter (2003): Erfolgsorientierung in Nonprofit-Organisationen. Zur Konstruktion eines Modells. In: Blümle, Ernst-Bernd et al. (Hrsg.): Öffentliche Verwaltung und Nonprofit-Organisationen, Festschrift für Reinbert Schauer. Wien, S. 641 - 662.

Shannon, James P. (1991): Corporate Contributions Handbook. San Francisco: Jossey-Baas.

Sievers, Bruce (2001): If Pigs Had Wings. The Appeals and Limits of Venture Philanthropy. http://cpnl.georgetown.edu/doc_pool/Nielsen0103Sievers.pdf [Stand: 2010-01-30].

Somers, Margaret (2001): Romancing the Market, Reviling the State. In: Crouch, Colin/Eder, Klaus/Tambini, Damian (Hrsg.): Citizenship, Markets, and the State. Oxford: Oxford University Press, S. 23 – 48.

Speckbacher, Gerhard (2007): Stakeholder-orientiertes Performance Management und Nonprofit Governance. In: Badelt, Christoph/Meyer, Michael/Simsa, Ruth (Hrsg.): Handbuch der Nonprofit Organisation, Strukturen und Management, 4., überarb. Aufl. Stuttgart, S. 581 – 595.

Sprengel, Rainer/Ebermann, Thomas (2007): Statistiken zum deutschen Stiftungswesen 2007. Stuttgart: Lucius u. Lucius.

Stahl, Erwin (2007): Exit. In: Achleitner, A.-K./Pöllath, R./Stahl, E. (Hrsg.): Finanzierung von Sozialunternehmen. Konzepte zur finanziellen Unterstützung von Social Entrepreneurs. Stuttgart, S. 239 – 248.

Stahl, Erwin (2007a): Prüfungsprozess und Finanzierungsvoraussetzungen. In: Achleitner, A.-K./Pöllath, R./Stahl, E. (Hrsg.): Finanzierung von Sozialunternehmern. Stuttgart: Schäffer-Poeschel, S. 220 – 229.

Stahl, Erwin (2007b): Zusatzvereinbarungen. In: Achleitner, A.-K./Pöllath, R./Stahl, E. (Hrsg.): Finanzierung von Sozialunternehmern. Stuttgart: Schäffer-Poeschel, S. 71 – 77.

Stahl, Erwin (o. J.): Venture Philanthropy und Socially Responsible Capital. Aktuelles und Trends. In: Hohn, Bettina et al. (Hrsg.): Arbeitshandbuch Finanzen für den sozialen Bereich, Abschnitt 2/2.2. Hamburg.

Stockmann, Reinhard (2006): Evaluation und Qualitätsentwicklung. Münster/New York/Berlin/München.

Strachwitz, Rupert Graf (2007): Warum muss Zivilgesellschaft transparent sein? In: BBE-Newsletter 16/2007.

Strachwitz, Rupert Graf (2010): Die Stiftung – Ein Paradox? Zur Legitimität von Stiftungen in einer politischen Ordnung. Stuttgart: Lucius u. Lucius.

SVT Group (2008): Catalog of Approaches to Impact Measurement. Assessing Social Impact in Private Ventures, Version 1.1. A Catalog of Methods for Entrepreneurs and Investors to Define, Measure and Communicate Social Impact and Return in Privately-Held Companies, verfasst von Sara Olsen and Brett Galimidi für die Rockefeller Foundation. http://www.riseproject.com [Stand: 2010-01-30].

Tausend, C. (2006): Selektion von Venture Capital-Fonds durch institutionelle Investoren. München.

The Monitor Group (2009): Investing for Social and Environmental Impact. A Design for Catalyzing an Emerging Industry. http://www.monitor.com [Stand: 2010-01-30].

Timmer, Karsten (2005): Stiften in Deutschland. Gütersloh.

Toepler/Anheier (2005): Theorien zur Existenz von Nonprofit-Organisationen. In: Hopt, Klaus/Hippel, Thomas von/Walz, Rainer W.: Nonprofit-Organisationen in Recht, Wirtschaft und Gesellschaft. S. 47 – 102. Tübingen: Mohr Siebeck.

Tuan, Melinda (2008): Measuring and/or Estimating Social Value Creation. Insights into Eight Integrated Cost Approaches. Report plus Appendices for the Bill and Melinda Gates Foundation. http://www.gatesfoundation.org.

Tuan, Melinda T. (2008): Measuring and/or Estimating Social Value Creation. Bill and Melinda Gates Foundation, Narberth, PA.

Tyebjee, T./Bruno, A. (1984): A Model of Venture Capitalist Investment Activity. In: Management Science, 30 (9), S. 1051 – 1066.

University Of Pennsylvania (2004): Does Venture Philanthropy Work? Wharton School, May 8, 2004. http://news.com.com/2030-1030_3-5206330.html [Stand: 2010-01-30].

Urban Institute – The Center for What Works (2006): Building a Common Outcome Framework to Measure Nonprofits. http://www.urban.org [Stand: 2010-01-30].

Venture Philanthropy Partners (2003): High-Engagement Grantmaker Survey Results and Profiles. VPP Report 2002. http://vppartners.org/learning/reports/report2002/profiles.pdf [Stand: 2010-01-30].

Venture Philanthropy Partners (2001): Effective Capacity Building in Nonprofit Organizations. By McKinsey & Company.

Venturesome (2008): Approach to Assessing Social Impact. London.

Vilain, Michael (2006): Finanzierungslehre für Nonprofit-Organisationen. Zwischen Auftrag und ökonomischer Notwendigkeit. Wiesbaden.

Vogel, Ann (2006): Who's Making Global Civil Society? Philanthropy and US Empire in World Society. In: British Journal of Sociology 57, No. 4, S. 635 – 655.

W.K. Kellogg Foundation (2004): Logic Model Development Guide. Michigan.

Wagner, Gillian (2004): Thomas Coram, Gent. 1668 – 1751. Woodbridge: The Boydell Press.

Weber, Max (2002 [1905/1920]): Die protestantische Ethik und der „Geist" des Kapitalismus. In: Weber, Max: Schriften 1894 – 1922. Hg. von Dirk Käsler. Stuttgart: Kröner, S. 150 – 226.

Weinstein, Michael M. (2009): Measuring Success. How Robin Hood Estimates the Impact of Grants. Robin Hood Foundation, New York. http://www.robinhood.org [Stand: 2010-01-30].

Weiss, Carol H. (1997): Evaluation, 2. Aufl. Prentice Hall.

Wigand, Klaus/Haase-Theobald, Cordula/Heuel, Markus/Stolte, Stefan (2009): Stiftungen in der Praxis, 2. Aufl. Wiesbaden.

Witt, Dieter et al. (2006): Herausforderung Verbändemanagement, Handlungsfelder und Strategien. Wiesbaden.

Witt, Dieter et al. (1998): Stand des Managements in Verbänden. Ergebnisse der Verbändeerhebung 1996/97, Gesamtauswertung. Freising.

Yankey, John A. (1996): Corporate Support of Nonprofit Organizations. Partnerships across the Sectors. In: Burlingame, Dwight F./Young, Dennis R.: Corporate Philanthropy at the Cross Road. Bloomington: Indiana University Press.

Zimmer, Annette/Priller, Eckhard (2004): Gemeinnützige Organisationen im gesellschaftlichen Wandel. Ergebnisse der Dritter-Sektor-Forschung. Wiesbaden: Gabler.

Glossar

Balanced Scorecard	System von Kennzahlen, welches die Leistungen eines Unternehmens bzw. einer Einheit aus verschiedenen Perspektiven (Finanzen, Kunden, Prozess und Potential) beschreibt.
Benchmarking	Vergleichende Analyse mit einem Referenzwert für die beste bzw. erstrebenswerteste Leistung.
Capacity Building	Aufbau und Vermittlung von Fähigkeiten und Kompetenzen, um eine bestimmte Leistungsfähigkeit aufzubauen bzw. langfristig zu sichern.
Community Foundation	Eine von Bürgern für Bürger errichtete Stiftung, die das Gemeinwohl in einem geographisch begrenzten Raum (z.B. Region) fördert.
Corporate Citizenship	Engagement von und in Unternehmen, ausgehend von dem Verständnis, dass das Unternehmen eine gesellschaftliche Verantwortung hat.
Corporate Giving	Sach- und Geldzuwendungen eines Unternehmens im Rahmen von Corporate Citizenship.
Corporate Social Responsibility	Unternehmerische Sozialverantwortung bzw. Unternehmerische Gesellschaftsverantwortung.
Loans	Darlehen bzw. Kredite
Destinatär	Empfänger von Stiftungs- bzw. Fördermitteln
Due Diligence	Analyse vor dem Kauf, Verkauf oder Beteiligung an einem Unternehmen, um Stärken und Schwächen dieses Unternehmens zu identifizieren und genauer bewerten zu können.
Equity Stake	Aktienpaket
Financial Return on Investment (FROI)	Bewertungssystem, in dem die Rendite des eingesetzten Kapitals ermittelt wird.
Grants	Zuwendungen, Zuschüsse, Subventionen
Intermediär	Institution, die zwischen Kapitalgeber und Kapitalnehmer vermittelt.

Micro-Loans	Kleinstkredite, die überwiegend in Entwicklungsländern vergeben werden.
Performance Measurement System	Managementsystem, mit dem die Leistung eines Unternehmens in mehreren Dimensionen gemessen wird.
Private Equity	Außerbörsliches Beteiligungskapital
Public Private Partnership	Staat und Markt realisieren und finanzieren ein Projekt bzw. eine Unternehmung gemeinsam.
Social Entrepreneurship	Innovative unternehmerische Tätigkeit, mit dem Ziel, einen positiven Wandel der Gesellschaft zu erreichen.
Social Responsible Investment (SRI)	Investitionen, bei denen neben finanziellen auch soziale, umweltbezogene, ethische Kriterien und die Aufstellung der Unternehmensführung bei der Anlageentscheidung hinzugezogen werden.
Social Return On Investment (SROI)	Bewertungssystem, in dem ein geschaffener gesellschaftlicher Mehrwert ins Verhältnis zu den damit verbundenen Investitionen bzw. Kosten gesetzt wird.
Venture Capital	Form der Eigenkapitalbeteiligung, bei der eine zeitlich begrenzte Bereiststellung von Kapital unter weitesgehendem Verzicht auf Sicherheiten beim Kapitalnehmer erfolgt. Ziel ist es, die Wachstumschancen des Unternehmens zu stärken und daraus eine Rendite zu erzielen. Neben der rein finanziellen Transaktion werden vom Kapitalgeber auch Betreuungs- und Beratungsleistungen z.B. die Vermittlung von Management Know-how angeboten bzw. vereinbart. Der Einsatz von Venture Capital erfolgt oft in frühen Phasen eines Unternehmens. Der Begriff kann mit Wagniskapital bzw. Risikokapital übersetzt werden.
Venture Philanthropy	Philanthropische Strategie, die ihre Aktivitäten als soziale Investition in gemeinwohlorientierte Organisationen versteht und dabei auf Instrumente von Venture Capital zurückgreift.

Links

Forschung, Information, Dokumentation

Alliance for Effective Social Investing.
http://www.alleffective.org

Bundesnetzwerk Bürgerschaftliches Engagement
http://www.b-b-e.de

Bundesverband Deutscher Stiftungen
http://www.stiftungen.org

Center for Entrepreneurial and Financial Studies (CEFS)
http://www.cefs.de/

Centre for Philanthropy Studies (CEPS)
http://ceps.unibas.ch

Centre for Social Investment
http://www.csi.uni-hd.de

Forum for Active Philanthropy - inform inspire impact gGmbH
http://www.activephilanthropy.org

IESE Business School
http://insight.iese.edu

International Society for Third-Sector Research
http://www.istr.org

Maecenata Institut für Philanthropie und Zivilgesellschaft
http://www.maecenata.eu/institut

social e-valuator
http://www.socialevaluator.eu

Skoll Centre for Social Entrepreneurship
http://www.sbs.ox.ac.uk/centres/skoll

Stifterverband für die Deutsche Wissenschaft
http://www.stifterverband.de

The Center for effective philanthropy
http://www.effectivephilanthropy.com

The World of NGOs
http://www.ngo.at

Zentrum für Nonprofit-Management
http://www.npm-studium.de

Beratungs- und Dienstleistungseinrichtungen

Antara Foundation
http://www.antara-foundation.org

Blatter+Frick Social Investors Services
http://www.socialinvestors.com

BonVenture Management GmbH
http://www.bonventure.de

Canopus Foundation
http://www.canopusfund.org

CONVIVATUS Social Capital GmbH
http://www.convivatus.com/de/index.html

GEXSI – The Global Exchange for Social Investment
http://www.gexsi.org

goodroot - tools for social change
http://www.good-root.org

LGT Venture Philanthropy Foundation
http://www.lgt.com/de/private_kunden/philanthropie/index.html

Maecenata Management GmbH
http://www.maecenata.eu/management

responsAbility Social Investments AG
http://www.responsability.com

Internationale Einrichtungen

Ashoka
http://www.ashoka.org/international

European Foundation Centre
http://www.efc.be

European Private Equity and Venture Capital Association
http://www.evca.eu

European SROI Network
http://www.sroi-europe.org

European Venture Philanthropy Association
http://www.evpa.eu.com

Grantmakers for Effective Organizations
http://www.geofunders.org

Rockefeller Philanthropy Advisors
http://rockpa.org

Schwab Foundation for Social Entrepreneurship
http://www.schwabfound.org

Social Venture Partners International
http://www.svpi.org

Kurzbiografien

Achleitner, Ann-Kristin, Prof. Dr. Dr., Wirtschaftswissenschaftlerin. Studium und Promotion der Wirtschafts- und Rechtswissenschaften an der Universität St. Gallen. 1991 - 1992 Unternehmensberaterin für die MS Management Service AG. 1992 - 1994 Habilitation. 1994 - 1995 Unternehmensberaterin für McKinsey & Company, Inc. 1995 - 2001 Professorin für Banking und Finance an der European Business School (ebs) in Oestrich-Winkel. Seit 2001 Inhaberin des KfW-Stiftungslehrstuhls für Entrepreneurial Finance und seit 2003 Wissenschaftliche Co-Direktorin des Center for Entrepreneurial and Financial Studies (CEFS) an der Technischen Universität München.

Adloff, Frank, Prof. Dr. phil., geb. 1969, Professor für die Soziologie Nordamerikas am John F. Kennedy Institut für Nordamerikastudien der Freien Universität Berlin. Schwerpunkte: Philanthropie, Zivilgesellschaft, politische Soziologie, Religionssoziologie, Theorien des Gebens. Ausgewählte Veröffentlichungen: *Im Dienste der Armen. Katholische Kirche und amerikanische Sozialpolitik im 20. Jahrhundert,* Frankfurt a. M./New York 2003. *Zivilgesellschaft. Theorie und politische Praxis,* Frankfurt a. M./ New York 2005. *Vom Geben und Nehmen. Zur Soziologie der Reziprozität,* hg. mit Steffen Mau, Frankfurt a. M./New York 2005. *Stiftungen, Staat und Gesellschaft. Historisch-soziologische Analysen zur Philanthropie in Deutschland und den USA,* 2009/10 im Erscheinen.

Alberg-Seberich, Michael, geb. 1970, stellvertretender Geschäftsführer bei Active Philanthropy. Studium Regionalwissenschaften Nordamerika, Ethnologie und Staatsrecht in Vancouver und Bonn. 1997 - 98 Lektor an der University of Oxford. 1998 - 2000 interkultureller Berater und Abteilungsleiter für das Deutsche Youth For Understanding Komitee e. V. (YFU) in Hamburg. 2001 - 2007 u. a. als Projektleiter und Strategieberater im Stab des Vorstands der Bertelsmann Stiftung tätig. Herr Alberg-Seberich ist ausgebildeter Kommunikationstrainer, Moderator und Mediator.

Bergmann, Knut, M. A., Dr. phil., geb. 1972. Studium Politische Wissenschaft, Psychologie und Öffentliches Recht von 1992 - 1998 in Bonn, Promotion Anfang 2002 mit einer Arbeit zum Thema Wahlkampfstrategien. Anschließend zwei Jahre persönlicher Referent von Sabine Christiansen und wissenschaftlicher Mitarbeiter der Fernsehproduktionsfirma TV21 GmbH. 2004 Geschäftsführer der Stiftung Liberales Netzwerk. 2005 - 2009 Referent im Grundsatzreferat des Bundespräsidialamtes mit den inhaltlichen Schwerpunkten Zivilgesellschaft und Gesellschaftspolitik und Redenschreiber des Bundespräsidenten. Seit November 2009 Fellow der Stiftung Neue Verantwortung mit dem Projekt „Parteien mit Zukunft"; seit 2003 Lehrauftrag an der Hochschule für Technik und Wirtschaft Berlin im Fachbereich Wirtschaftskommunikation.

Blatter, Werner, geb. 1945. Mitbegründer und Partner der Firma Blatter+Frick (www.socialinvestors.com), die vermögende Einzelpersonen und Familien bei der Planung und Umsetzung ihrer philanthropischen Ambitionen begleitet und berät. Werner Blatter hat mehr als 35 Jahre internationale Erfahrung auf dem Gebiet der humanitären Hilfe in Afrika, Asien, Lateinamerika, Zentraleuropa und auf dem Balkan, mit Langzeiteinsätzen in neun Ländern. Er war verantwortlich für die Konzeptualisierung und Umsetzung großer Hilfs- und Wiederaufbauprogramme und hat dabei mit bilateralen und multilateralen Organisationen sowie einer großen Anzahl nichtstaatlicher Organisationen die verschiedenen Aspekte der Projekte koordiniert. Bei Blatter+Frick ist Werner Blatter verantwortlich für das Risiko Philanthropie Projekt „Jeunes@Work" in Genf und betreut für Kunden verschiedene Projekte in Lateinamerika, Südost- und Zentralasien.

Ebermann, Thomas, geb. 1979, wissenschaftlicher Mitarbeiter des Maecenata Instituts. Studium der Betriebswirtschaftslehre mit dem Schwerpunkt Nonprofit-Management. Seit 2004 widmet er sich schwerpunktmäßig dem Stiftungswesen und ist u.a. verantwortlich für die Herausgabe der Statistiken zum deutschen Stiftungswesen und des Maecenata Stiftungsführers.

Edwards, Michael, Distinguished Senior Fellow bei Demos in New York, Senior Visiting Scholar der Wagner School of Public Service an der New York University und Senior Visiting Fellow am Brooks World Poverty Institute der Manchester University in England. Studium an der Oxford University, Promotion an der University of London. 1999-2008 Direktor des Governance and Civil Society Program der Ford Foundation. Er ist außerdem Mitbegründer des Seasons Fund for Social Transformation und war Senior Civil Society Spezialist der Weltbank in Washington, DC. Davor arbeitete Edwards 15 Jahre als Manager in internationalen Hilfs- und Entwicklungs-NGOs, darunter Oxfam UK und Save the Children UK. Sein neues Buch „Small Change: Why Business Won't Save the World" erscheint 2010 bei Berrett-Koehler.

Fembek, Michael, Dr., geb. 1961, Wirtschaftswissenschafter. Studium der Betriebswirtschaft an der Wirtschaftsuniversität Wien. 1985 Einstieg als freier Mitarbeiter beim österreichischen Wirtschaftsmagazin Gewinn, 1992 stv. Chefredakteur, 2000 – 2007 Chefredakteur, 1991 – 2008 Organisation des Kongressteils der jährlichen Gewinn-Messe, Co-Herausgeber vieler Finanz- und Wirtschaftssachbücher im Gewinn-Verlag. 1999 Gründung des eigenen Beratungs-Unternehmens Mipa, seit 2008 mit zusätzlichem Schwerpunkt auf Stiftungen und Philanthropie. 2009 Herausgabe des ersten CSR-Jahrbuchs für Österreich (KGV-Verlag). 2007 Gründung von Antara Solutions, eines Forschungsvereins für Bildungs- und Know-how-Transfer für benachteiligte Menschen. Im Juli 2009 Organisation des Symposiums „Sinn Stiften" in Wien. Seit 2010 Programm-Manager für die Essl Privatstiftung und Leiter Soziales der Baumax-Unternehmensgruppe.

Gemelli, Giuliana, geb. 1951. Professorin für Geschichte der Philanthropie an der Universität Bologna. Direktorin des Internationalen Forschungszentrums PHaSi - Philanthropy and Social Innovation, sowie Herausgeberin der Zeitschrift „Giving" - Thematic Issues in Philanthropy and Social Innovation. Seit Januar koordiniert sie das erste Europäische Doktorandenprogramm „Global Studies in Philanthropy". Zahlreiche Veröffentlichungen zur Geschichte der Philanthropie, zu Stiftungsaktivitäten und institutionellen Strategien in Europa und in vergleichender Perspektive zu den Vereinigten Staaten. Sie ist Mitglied des Board of Directors der International Society for Third Sector Research (ISTR).

Heller, Peter W., Dr., geb. 1957, „Venture Philanthropist und Venture Capitalist". Studium der Wirtschaftswissenschaften und Philosophie an den Universitäten St. Gallen, Lausanne und Freiburg (Promotion 1988). 1990-1997 Beigeordneter Bürgermeister für Umweltschutz der Stadt Freiburg i. Br. Seit 1997 geschäftsführender Vorstand der Canopus Foundation in Freiburg, seit 2001 Mitglied des Stiftungsrats der BASE Foundation in Basel. Über seine Investmentgesellschaft Forseo GmbH hält er Unternehmensbeteiligungen in der Solar- und Windindustrie; er ist Vorsitzender des Aufsichtsrats der börsennotierten S.A.G. Solarstrom AG und Aufsichtsratsmitglied der Streb AG.

Hoelscher, Philipp, M.A., geb. 1978. Studium der Politikwissenschaft, Kommunikationswissenschaft und Italienischen Literatur in Augsburg und Rom. 2004-2006 wissenschaftlicher Mitarbeiter am Maecenata Institut für Philanthropie und Zivilgesellschaft an der Humboldt-Universität zu Berlin, seit 2006 Fellow des Instituts. Seit 2006 freier Sozialwissenschaftler und Journalist mit den Themen- und Publikationsschwerpunkten Zivilgesellschaft - Nonprofit-Organisationen - Stiftungen. Seit 2007 Doktorand am Internationalen Graduiertenkolleg Halle-Tokio „Formwandel der Bürgergesellschaft" der Universität Halle-Wittenberg.

Heister, Peter, Wirtschaftswissenschaftler. Seit 2005 wissenschaftlicher Mitarbeiter am KfW-Stiftungslehrstuhl für Entrepreneurial Finance an der Technischen Universität München.

Koopmann, Stephanie, selbständige Beraterin für Nonprofit-Management und Fundraising. Studium Internationales Kulturmanagement in Freiburg. Sie begann ihre Fundraising-Karriere an der Metropolitan Opera in New York City. Danach war sie über sechs Jahre bei Brakeley Ltd., einer internationalen Fundraising- und Managementberatung, in unterschiedlichen Bereichen des gemeinnützigen Sektors als Senior Consultant tätig. 2007 wechselte sie zur Zoologischen Gesellschaft Frankfurt und deren Stiftung „Hilfe für die bedrohte Tierwelt" und verantwortete das Referat Fundraising. Seit 2009 ist sie als selbständige Beraterin aktiv. Ihre Expertise liegt im Bereich der individuellen Fördereransprache, im Auf- und Ausbau von Großspender- oder Legat-Programmen sowie in der Vorbereitung und Durchführung von Capital Campaigns.

Krüger, Susanna, M.A., geb. 1974. Studium der Geschichte, Philosophie und öffentliches Recht in Göttingen, Krakau und Berlin (Abschluss 2000), danach McCloy-Stipendiatin der Studienstiftung des Deutschen Volkes an der Kennedy School in Harvard (Master of Public Administration, 2002). 2008 gründete sie *goodroot* (http://www.good-root.org) und evaluiert, erforscht und erprobt Verfahren der Wirkungsmessung gemeinsam mit Stiftungen, sozialen Unternehmen und Akteuren der internationalen Entwicklungszusammenarbeit. Davor war sie u.a. in der Bremer Verwaltungsreform tätig, am Aufbau der Humboldt-Viadrina School of Governance in Berlin beteiligt und arbeitete zwischen 2005–2008 in den Palästinensischen Gebieten.

Lülf, Stefan, geb. 1986. Studium der Betriebswirtschaft mit Nebenfach Informatik an der Technischen Universität München. Er verfasste 2009 seine Diplomarbeit über soziales Venture Capital. Nach diversen Praktika arbeitete er seit 2008 zunächst als Praktikant und später als freier Mitarbeiter bei der BonVenture Management GmbH. Derzeit studiert er Geschichte an der Ludwig-Maximilians-Universität in München.

Oldenburg, Felix, geb. 1976. Studium der Philosophie an den Universitäten Bonn, Tübingen und Oxford, Executive Master in Policy Management in Washington, DC (Georgetown). Er übernahm 2009 die Leitung von Ashoka Deutschland, einer Pionierorganisation im Feld Venture Philanthropy, die weltweit 2.500 Social Entrepreneurs fördert. Er hat Erfahrung als Gründer, Projektpionier und Berater an den Schnittstellen von Politik, Unternehmen und sozialem Sektor. In der Geschäftsleitung der Politikberatung IFOK setzte er für zahlreiche Ministerien und Stiftungen innovative Partizipationsprojekte um, initiierte Bürgerbeteiligungsverfahren auf nationaler und EU-Ebene und publizierte zu den Themen Beteiligung, Governance und CSR. Zuvor arbeitete er als Berater bei McKinsey & Company in London. Er ist Mitgründer eines IT-Startups und eines Social Network im Internet.

Sandberg, Berit, Prof. Dr., geb. 1965. Studium der Betriebswirtschaftslehre, Promotion und Habilitation an der Universität Göttingen. Bis 2001 wissenschaftliche Assistentin am Lehrstuhl für Rechnungs- und Prüfungswesen privater und öffentlicher Betriebe ebd. 2001–2003 Regierungsdirektorin im Niedersächsischen Ministerium für Wissenschaft und Kultur, Hannover, Abteilung Hochschulen und Forschung. Seit April 2003 Professorin für Öffentliche Betriebswirtschaftslehre/Public Management an der HTW Berlin. Aktuelle Forschungsschwerpunkte: Nonprofit-Management, empirische Studien zum Stiftungsmanagement, Corporate Social Responsibility.

Schlüter, Andreas, Prof. Dr., geb. 1956. 1977–1983 Studium der Rechtswissenschaften und der Betriebswirtschaftslehre, 1986 Promotion und Einstieg beim Bertelsmann-Konzern, zunächst als Assistent des Vorstandsvorsitzenden, 1988 Personalreferent und ein Jahr später Personalchef der Bertelsmann Industriegruppe, 1992 zusätzlich kaufmännischer Leiter Mohndruck Graphischen Betriebe. 1995–2000 Erster Geschäftsführer der Bertelsmann Stiftung, 2000 Eintritt in die Sozietät Brandi, Dröge, Piltz, Heuer und Gronemeyer, 2003 Habilitation am Rechtszentrum für Europäische und Internationale Zusammenarbeit der Universität Köln zum Thema „Stiftungsprivatrecht zwischen Privatautonomie und Gemeinwohlbindung“, seitdem Rechtswissenschaftliche Fakultät der Universität Köln, zunächst als Privatdozent, von 2008 an als außerplanmäßiger Professor, 2004 Generalsekretär des Goethe-Instituts, seit 2005 Generalsekretär beim Stifterverband der Deutschen Wissenschaft.

Spiess-Knafl, Wolfgang, Wirtschaftwissenschaftler. Seit 2009 wissenschaftlicher Mitarbeiter am KfW-Stiftungslehrstuhl für Entrepreneurial Finance an der Technischen Universität München.

Stahl, Erwin, Dr., geb. 1966. Geschäftsführer der BonVenture Management GmbH/ BonVenture gGmbH und u. a. Beirat bzw. Aufsichtsrat mehrerer Start-up Gesellschaften und Organisationen. Studium der Betriebswirtschaft an der Universität Regensburg, Promotion Ende 1995 in Wirtschaftswissenschaften. Er war von 1996 - 1999 Projektmanager bei der Venture Capital Gruppe Wellington Partners und betreute in dieser Zeit eine Reihe verschiedener Technologie-Unternehmen. Von 1999 - 2002 war er Gründer und Geschäftsführer der Upside Ventures GmbH (Beratung und Gründungsinvestitionen).

Stolte, Stefan, RA Dr., geb. 1973, Jurist. Nach Ausbildung zum Bankkaufmann Jurastudium, Referendariat und Promotion in Bonn; Auszeichnung mit dem Fakultätspreis „doctor egregius“. Bis 2005 wissenschaftlicher Mitarbeiter am Institut für Deutsche und Rheinische Rechtsgeschichte der Universität Bonn. Seit 2005 Bereichsleiter Personal, Recht, Grundsatzfragen im Stifterverband für die Deutsche Wissenschaft, Essen. Stolte ist Mitglied in mehreren Gremien, u.a. im Legal Committee des European Foundation Centre, Brüssel, sowie in der Expertengruppe der EU-Kommission zum Thema „fundraising by universities from philanthropic sources“. Er ist Autor zahlreicher Veröffentlichungen zum deutschen und europäischen Stiftungsrecht sowie Dozent an der European Business School (Oestrich-Winkel) sowie der DSA - Deutsche Stiftungsakademie (Bonn/Berlin).

Strachwitz, Rupert Graf, M.A., geb. 1947. Studium der Politischen Wissenschaft, Geschichte und Kunstgeschichte an der Colgate University (USA) und der Ludwig-Maximilians-Universität, München. Seit 1989 geschäftsführender Gesellschafter der Maecenata Management GmbH, München, seit 1997 auch Direktor des Maecenata Instituts für Philanthropie und Zivilgesellschaft an der Humboldt-Universität zu Berlin; Stiftungsrat oder Vorstand mehrerer Stiftungen. 1999 - 2002 Mitglied der Enquete Kommission des Deutschen Bundestages ‚Zukunft des bürgerschaftlichen Engagements'. Ca. 300 Publikationen. Weitere Informationen unter www.maecenata.eu oder www.strachwitz.info.

FSC
www.fsc.org
MIX
Papier | Fördert
gute Waldnutzung
FSC® C083411

Kolibri 360 GmbH
Ferdinand-Jühlke-Straße 7
99095 Erfurt, Deutschland
produktsicherheit@kolibri360.de